障がいを恵みとして、社会を創る

近藤秀夫と樋口恵子

田中恵美子

現代書館

はじめに

高知県安芸駅から車で一〇分。小高い丘の上の開けた土地に、新しい家が立ち並ぶ住宅街がある。その一角に近藤秀夫《こんどうひでお》・樋口恵子《ひぐちけいこ》夫婦の家がある。段差のない緩やかなスロープで家の入口から玄関までがつながっている。玄関を入ると二階まで吹き抜けの広い空間があり、そこがリビング兼居間となっている。大きな窓から暖かい日差しが差し込んでくる。二階建てだが階段はない。リビングの奥の洗面台のそばに少し大きめのリフトがある。リフトで二階に上がると、壁沿いに部屋があり、リビングが見渡せるようになっている。

バリアフリーコンサルタントで一級建築士の吉田紗栄子がデザインした家は、近藤と樋口にとって暮らしやすい居心地のいい空間である。

しばらくすると、樋口の姉が訪ねてきて、食料品や日用雑貨など、あれこれと頼まれたものや頼まれていないものも持ってきてくれた。来客があると聞いて豪華な郷土料理も用意してくれていた。

「では始めましょうかね。私の人生は長いから時間がかかる」

近藤のこの言葉からインタビューが始まり、それから二泊三日の滞在中、集中して近藤と樋口の話を聞いた。折しも二〇一八年の平昌パラリンピックが開催されているときだった。

近藤秀夫は一九三五年、戦争に向かう日本に生まれ、戦中の貧しい時代を生き抜き、そして敗戦後の混乱のさなか、一九五一年に障がい者となった。近藤は一九六四年に開催された東京パラリンピックの選手として活躍し、またその後、車椅子の公務員として二十年以上、町田市で働いた。戦後の復興、さらに高度経済成長期を経て国際社会へと、近藤はさまざまな転機を障がいとともに生きてきた。近藤の人生を通して、私たちは戦後日本社会と障害についてより深く知ることになるだろう。

樋口恵子は一九五一年、敗戦後の貧しい時代に生まれた。その後の高度経済成長期に施設入所を経験したが、家族のもとに帰り、やがて結婚し大学進学、海外研修を経て、日本の自立生活運動のリーダーの一人として国内のみならず国際的にも活躍した。障害のある女性として初めて国政にも挑んだ。近藤とともに、樋口の存在もまた戦後の、特に自立生活運動が活発になった国際障害者年以降の障害に関するさまざまな事象を学ぶうえでは欠かせない人物である。

本書は、近藤と樋口のインタビューをもとに、彼らのライフ・ヒストリーとそれをとおして戦後障害福祉と自立生活運動の歴史を描こうとしたものである。「大人物や権力者を中心にした歴史」ではなく、取り上げることがなければ「無名のままで終わったある個人」（ギンズブルグ　一九九三、八、一三頁）の側から歴史を見ること、そして、映像でいえば「「ロングショット」にあたる歴史の全体像と「ズームアップ」されたミクロな世界とを往復する方法」（長谷川二〇二〇、一頁）ととることもでき、その点において「ミクロヒストリー」[1]研究の一端を担うといえるかもしれない。もちろん、近藤も樋口も自立生活運動の分野では、すでに著名である。しかしこのようなミクロヒストリーを、障害者運動や障害者福祉の歴史と結び合わせて取り上げることによって、新たな発見があるのではないかと思う。

そこで、本書では二つの試みを行った。一つは、近藤と樋口の活動を、当事者活動とソーシャルワーク実践に重ねつつ考えてみるということである。文字どおり、近藤は、二〇年以上にわたって町田市の福祉事務所の公務員として勤務した。だが、その時期以外も、近藤は、そして樋口も「ソーシャルワーク的支援」（大津ほか　二〇一七）を実践してきた。「ソーシャルワーク的支援」とは、「ソーシャルワーク機能の一端を担ってきた多くの専門職や地域住民、個人の活動」を指す。ここで「ソーシャルワーク機能」とは「①人と環境とを調整する機能、②人の対処能力

1　Microhistory「ミクロヒストリー」、または「マイクロヒストリー」、さらにその発展の中心にあったイタリア語表記で、「ミクロストリア」ともいわれる。ただし、ミクロとマクロという視点に着目し、市井の人びとの声を紡ぎ、いわばミクロの側から歴史を語る手法としては、生活史としてのライフ・ヒストリーやライフ・ストーリー、自叙伝の構築過程に重きを置いたライフ・ライティング、一人称語りのエゴ・ドキュメントなど、さまざまな言葉と手法がある。これらの整理は別に改める必要があろう。

を強化する機能、③環境を修正・開発する機能」である。大津ほかは「当事者による自助的（セルフヘルプ）な取り組み」を「地域住民における「ソーシャルワーク的支援」」としている（大津ほか 二〇一七、一一九‐一二〇頁）。

「反抑圧的ソーシャルワーク」（坂本ほか 二〇二一）では、障害当事者の運動は先駆的な例とされている。障害福祉の研究者である茨木尚子は、「日本の障害当事者の運動には、抑圧を構造的に変えようとする継続的な営みがあり、ＡＯＰ（Anti-oppressive (social work) practice）の先駆的な例として、そこからソーシャルワークが真摯に学ぶべきことは極めて大きい」と述べている（茨木二〇二一、一四三頁）。本書では近藤と樋口の活動におけるソーシャルワーク実践を確認し、当事者活動との関係を考えたい。

もう一つは、近藤と樋口の人生を描きながら、障害の社会モデルの中でいわれている障害の二つの側面、すなわち、機能障害（impairment）と社会的障害（disability）を浮かび上がらせてみる、というものだ。そのため、本書では、「障がい」と「障害」を使い分けて記載し、前者の体の特徴を「障がい」、後者の、社会との関係によってもたらされる生きづらさを「障害」と記載して、その違いを表現してみようと試みた。[2]

本書はできるだけ多くの、さまざまな立場の人に読んでほしい。障害に今まで興味がなかった人、障がい者にあまりこれまで直接関わったことがないという人は、近藤と樋口の人生をとおして、おそらくそれまで抱いてきた、障がい者の、そして障害のイメージが、豊富化されるだろう。

二人の出会い、結婚、その後の関係性の変化にも着目してほしい。

障がいのある人の支援や制度設計に携わる人は、支援の仕方や制度がどうあるかによって障がい者の人生が大きく変わるのだということを、二人の人生から学ぶことができる。特に障がいのある人と直接関わり、その生活を、制度利用をとおして形づくることに加担するソーシャルワーカーには必読である。障がい者をいつの間にか支援の対象としてしかみられなくなってしまわないように。加えて、前述のようにソーシャルワーカーとしての視点や動きを近藤や樋口から学ぶために。

もちろん、障がいのある人にもぜひ読んでほしい。時代背景の影響や偶然のできごともあるが、二人が自分の人生を切り開いていくさまはきっとみなさんに勇気を与えてくれると思うから。

2　ただし、固有名詞、法律、引用、制度の名称については、そのままとした。

障がいを恵みとして、社会を創る＊目次

第4章　樋口恵子——形成期——148

【凡例】

「　」内のゴシック体は近藤と樋口に行ったインタビューからの引用を意味する。［　］内は筆者の補足。

インタビューは、二〇一八年二月十九日〜二十一日に近藤・樋口宅にて筆者が行った。二〇二一年、二〇二二年にも追加で電話インタビューを行っている。その後はメールを中心に追加で情報を得た。

それ以外の具体的な資料からの引用は、（　）で出典を記している。

第1章　障がい者として障害と出会う

1　明るい障がい者生活の始まり

障がいを得るまで

近藤は、三人兄弟の三番目として、一九三五年に岡山県の山間部で生まれた。長兄は五歳上、次兄は三歳上で知的障害があった。近藤が二歳のとき、実の母は家を出て行ったため、近藤には産みの母の記憶はない。後に父が再婚し、近藤は継母に育てられた。

近藤の父は技術系の学校を卒業し、左官や大工、電気工として働いていた。腕がよく、神戸や鹿児島など全国各地から声がかかっていたという。ラジオは自分で部品から組み立てるほどだったらしい。やがて一家は父の働き口を得るために、岡山県から鹿児島県へ、そして戦後まもなく福岡県の筑豊炭田に移住した（『朝日新聞』二〇二一年一月三日）。

筑豊炭田は、現在の北九州市を含む広大な土地を占める日本の主要な石炭の産地であり、戦前

当時の筑豊炭田の様子（近藤氏提供）

は国内最大の炭鉱地帯だった。炭鉱の仕事は、通常の労働と異なり、地下という悪環境での労働で、一人では成しえないものでもあり、またその立地は採掘場との関係から一般の社会から隔離された場に存在するため、独自の社会を形成していた。特徴的な仕組として、「共済組合制度」があり、賃金制度や子どもの教育や保健、娯楽など多方面にわたって、温情的な福利厚生制度を含み、これによって家族ぐるみで面倒を見てもらえるのが炭鉱の魅力ともいわれていた。特に次男や三男など、継ぐ家がない嫡男以外の者は貧しい農村地帯から、紹介者を介して、あるいは直接、九州だけでなく、中国地方や四国からも職を求めて移住した（田中一九八一）。

とはいえ、これは戦前の話である。戦中の炭鉱は、戦時下の増産体制に応えるため、前述した共済組合制度は、その性質を変容し、それまでの経営家族主義から、戦時労働政策へと転換し、生産力拡充に傾倒していた。加えて、これまでの農村地帯からの労働力供給が軍需工場の工員増加の影響で困難となり、より深刻な人手不足となっていった。労働時間の延長緩和、朝鮮人労働者の移入、その後の強制連行、女子の入坑の承認、徴用者や学生、捕虜も坑内採炭作業へと投入された。しかし、不熟練な者が多数いても生産性は上がらず、加えて従業員の逃亡や賭博による解雇など労働環境は悪くなるばかりだった（高橋・若林　一九九〇／田中　一九六九）。

このようななか、近藤が一〇歳のとき、日本は敗戦を迎えた。そして近藤の父は炭鉱で働き始めた。高い技術を持っているはずの近藤の父が、なぜ過酷な炭鉱での仕事を選ぶことになったのか。その理由はわからない[1]。近藤の父は手先が器用だったので重宝され、すぐに坑道の最前線で働くようになったという。

そして敗戦の二年後、一九四七年、父は結核[2]で死亡した[3]。近藤が小学校を卒業する一二歳のときだった。父が亡くなると、息子たちは悪さばかりするようになり、継母は、女一人でこのまま

1　田中（一九八一）によれば、炭鉱の職は縁故や紹介募集及び自ら希望してくる者が多く、公的な紹介所を経てくる者はほとんどいなかった。近藤の父も知り合いの紹介で炭鉱にたどり着いた可能性はある。
2　結核は当時の日本の死因第一位だった。したがって、死因としては珍しいものではないが、のちの研究で炭鉱での労働と結核との関係が論じられており、近藤の父の場合、過酷な炭鉱労働の影響の可能性はあったと思われる（畝・江崎　一九九三）。

では生活が立ちゆかないと、のちに生まれた当時二歳の妹を連れて、鹿児島県の実家に帰った。近藤だけは継母から「一緒に来ないか」と誘われた。継母にかわいがってもらっていたので、ついていくかどうかずいぶん悩んだ。だが、本当の母親ではない。そのうえ小さな妹を連れて実家に帰るのだ。自分まで連れて帰ったら、実家で継母が肩身の狭い思いをするのではないか。近藤はその申し出を断り、兄二人と一緒に暮らすことを選んだ。長兄が父に代わって炭鉱で勤め始め、生活はなんとか回っていくようにみえた。

しかし、まだ若い一七歳、一五歳、一二歳の男三人だけの生活は、すぐに破綻をきたした。給料日を境に突然長兄が帰ってこなくなったのである。当時、早期退職して家を明け渡す者には会社が一カ月分の給料を余分に渡すという策を講じているところだった。長兄はその金をすべてもって失踪したのだった。知的障害のある次兄とともに残された近藤は、次兄の仕事も探し、一人でさまざまな手続きや書類の提出などを行った。幸いにも次兄は就職先が見つかり、寮に入ることができた。

一人残った近藤は家を出なくてはならない。そこへ長兄の友人という人が来て、長兄に近藤のことを頼まれたから「一緒に来い」という。ついて行くと、北九州の小倉駅にたどり着いた。そこでは、戦後の混乱が続いている状況のなか、戦争で親や親族を亡くし、行き場を失ったいわゆる「浮浪児」が、昼は靴磨きの仕事を、夜はまた別の仕事をしていた。近藤はその中に加わることになった。寝る場所にも食べるものにも事欠くような生活だった。生き延びていくためには、あらゆることをした。「子どもだったけど、裏から表まで知っちゃう」ような、一日一日を必死に生きる過酷な生活だった。

近藤は語らなかったが、当時の様子を表した記録によれば、その過酷さはまさに生死をさまようようなものだった。駅の地下道に寝ていて、次の日に起きてこない子は死んでいた。寝ていて蚤がたくさん来たら隣の子の体温が下がったこと、すなわち亡くなったことを意味した。いつ誰が死んでもおかしくない。みな、栄養失調だった。倒れても誰も気にも留めてくれなかった[4]。だから、たとえ犯罪に手を染めたとしても、自分たちで食べて、生きていくしかなかった。あるいは自ら死んでいった子もいた[5]。

3　近藤の父は徴兵されなかった。その理由は定かではない。父の年齢は定かではないが、子どもの年齢から推察すると、太平洋戦争の末期は徴収される可能性はあった。その頃は特権階級を除いて根こそぎ徴用された時期であった（渡邊　二〇一四a／渡邊　二〇一四b）。

4　朝日新聞による戦争孤児に関する特集（二〇一八年八月十三日）には、小倉駅の構内で薄い布に三人がくるまるようにして横になって眠る戦争孤児の写真が掲載されている。同写真は『「戦争孤児」を生きる』（土屋二〇一一、一〇一頁）にも掲載されている。新聞や書籍の証言の中に小倉駅を語ったものはないが、小倉駅は九州の交通の要所であり、敗戦後数年間は、大都市の乗換駅は同様の状況だったという記載がある（同前）。また子どもたちの中には上野駅から列車を乗り継いで東北から九州まで無賃乗車で行き来して過ごしていた、あるいは田舎の駅で降りて人びとに助けられながら、また上野に戻りつつ暮らしていたという記載もある。浮浪していた子どもたちの経験は日本中どこでもそれほど変わらなかったのではないか（石井　二〇一四、一一八 - 一二四頁）。

「浮浪児」のような生活を二年ほど送ったあと、一四歳のとき、近藤は一人の男性と出会い、その生活を脱することができた。その日は忍び込んだ汽車の中で夜を明かし、朝起き上がって座席の隣を見たら、弁当を食べているおじさんがいた。近藤は何も口に入れていなかったので、空腹で思わずじっとその様子を見つめた。すると、その人は近藤に「食べるか」と弁当を差し出した。そのうえ、交通費と自分の家の住所を書いた紙を渡し、「ここに行け」という。素直に従って行ってみると、表は下駄屋、裏は運送屋という会社にたどり着いた。おじさんはこの家の親方で、近藤を運送業の従業員として雇ってくれたのだった。

ただ、雇ってくれたといっても、用意してくれた寝場所は馬小屋だった。近藤は、犬や猫といった動物たちと一緒に、わらの中で眠った。冬は暖かいボイラーの上を動物たちと分け合った。それでも浮浪している頃の生活よりはずっとましだった。

近藤は、昼の運送業の仕事が終わると、夕方からは自分から進んで下駄屋を手伝った。愛想よく一生懸命働くので、親方は近藤を大事にしてくれ、正月になるといつも服を新調してくれた。近所の商店街に娘ばかり三人いる店があって、働き者の近藤は、その家の婿としてどうかという話まで進められていた。

「あれ［近藤］なら特に親もいないし、本人がいいって言ったら、それでいいんだろうから。それで割合真面目だし、いいよって。親方は、「秀夫、そんな話があるがどうするか」って言うから、私は「親方がよかったらいいよ」ってそれで任せたわけよ。だから全部任せるわけ。だって、自分の兄弟も誰もいなくなっちゃって、身内もいないんだもん。だからいいよ、いいよしかないわけ。いいよっていう人生っていうのは悪いほうに行かない」

その後、経緯ははっきりしないのだが、次兄が馬引きとして近藤のいる運送屋に雇われることになった。一緒にいると、兄はあれこれと近藤に指図するが、近藤は機転が利くのでそれ以上のことに気づいて動く。はたから見ていると、兄は働いていないように見える。

「兄貴は要領がよくないね、知的だから。だから、元気な体で大きいのに、あいつは仕事をしない。弟の秀夫だけがよく仕事しているっていうふうに、目が僕のほうに向いちゃうのね。兄貴も僕といると楽をしようとするわけ。「秀夫、これせえ」とか言って。僕はなんの気なしに、それをやっちゃうと、あいつは自分の仕事を秀夫に押しつけてやらせているって兄貴の立場が悪くなっちゃうわけ。一緒にいると。僕は要領がいいんじゃないけども、普通どおりやってい

5　石井（二〇一四）の「序章　遺書」には一九四九年三月に薬を飲んで自死した子どもの遺書が掲載されている。また、電車に飛び込んだ子どももいた（『朝日新聞デジタル』二〇一八年八月十四日）。

るだけなんだけどね」

事故

ようやく生活が落ち着き始めたとき、近藤は事故にあい、大けがをして障がい者となった。一六歳のときだった。運送業の移送手段としてオート三輪車が主流となる頃であり、近藤は器用で機転が利くことを買われ、オート三輪車の運転を覚えるために、親方の息子とともに他の会社に出向して運転の助手をつとめていた。あるとき、炭坑のトロッコ用のレールを馬車に積むところに出くわした。通常、レールを持ち上げるのに十五、六人が必要になるところ、そのときは十三、四人でやろうとしていた。

「グラウンド（馬場）を通りかかったら、『おーい、止まれ』というから誰かと思ったら、自分の会社の馬車を担当している人だった。人手が足りないからちょっと手伝ってくれと言われて」

自分の会社の先輩から頼まれ、近藤は快く引き受けた。レールの片方を持ち上げ、木を滑り込ませて梃の原理で持ち上げるというやり方だった。最初に片側を持ち上げるとき、背の小さい近藤は一番前に肩を入れた。ところが木を滑り込ませる人が一人、足を滑らせた。木が外れたところを見て、「危ない」とレールを持っていたほかの人たちが肩を外した。近藤は一番前でたった一人、肩に鉄のレールの重みを受けた。

「レールの重みを僕が一人で受けちゃったわけ。胸の下からVの字に折れたのがわかった」(『東京新聞』二〇一九年八月二十五日)。

前日は雨で、水が引いたあとのぬかるんだ地面での作業だった。また、作業をしていた人たちの中には昼間から酒を飲んでいた人もいた。

「あと二年でこの炭鉱[6]は廃坑だから、自分で行くところを探せと言われていた。組合は反対していたけれど、組合そのものが会社と一緒になって、辞めるんなら仕方ない、できるだけいい条件で辞めようという形。組合が(廃坑を)阻止するんじゃなくて、向こうについていた。そういう時代。……やっぱり時代ね。時代が労働条件をそんなふうに過酷にしていったのよ。おまけに炭坑にはアルコールがいくらでもあった」

6 近藤が当時いた小倉にあった炭鉱(小倉炭鉱)のことを指すと思われる。ただし、小倉鉱山の閉山は正式には一九六五年である。

のちに近藤は受傷したことについて、次のように語っている。

「一生逃げきれない障害者になっているんですけれども、これが時代の中で作られた障害者であって、アル中の一人のおじさんの問題じゃないものを自分の身体で受け止めたんだと僕はとってますね。ある時代の大きな黒い塊のようなものは、どの時代にもあって、おそらく今は今の時代にもあって、やっぱりそれを固いものを自分の身体で受けて、時代の中を生きてる」（ＮＨＫ、二〇二〇）

病院での生活

気がつくと、白いシーツの中に寝ていた。わらの中ではなかった。上を見たら天井がある。一瞬わけがわからなくなってパッと起きようとして、体が動かない。ああそうか、と思い出す。ここは病院なんだ。一週間ほど意識がなかったらしい。

「ようし、しめた。この生活は絶対逃さないぞ」。

寝ていたら朝昼晩とご飯が出てくる。足は動かないが、受傷直後の痛みから解放されるとその後は痛みも感じなくなった[7]。医師には「お前の命はあと二年ぐらい、長くて三年だ」と言われた[8]。

しかし近藤には信じられなかった。足が動かないだけで上半身はどうもない。口も動く。食事もおいしくよく食べられた。医師から脊髄損傷で命が短いという宣告を聞いても、落ち込むよりも「なぜ死ぬのだろう」と思った。

「僕の場合は、前の生活がひどかった。それがすごくガンっと［生活の質が］上がったわけ。だからすっごく明るい障がい者生活。障がいはどうしても克服しないといけないっていうもんじゃない。どう受け取るかというだけ。だから受け取り方によって、その人が障がい者になってからの人生が決まるんじゃないだろうか。その点、僕は運がよかった。障がい者になってからの時間が長くて、障がい者になるまでが短い、しかも大変だった」

「浮浪児」の生活から、親方との出会いによって近藤の生活は少しずつ人間らしいものになっていた。新しい仕事も軌道に乗り出していた。とはいえ、まだ先が見えない生活だった。懸命に働かなくてはならなかったし、すべてが親方次第、親方に気に入られなかったら暮らしていけな

7　近藤（一九九六）によれば、「病院に運ばれて、あまりの痛みにゴムの枕を食い破ったことだけを覚えています」とある。受傷直後は相当な痛みだったと思われる。
8　第二次世界大戦の頃は、海外の文献には三年以内に八〇％は死亡していたと記されていた（松井　一九八四）。

い状態だった。近藤は、障がい者になったときが「一番幸せになったとき」と振り返った。

「生活が安定した。だから絶対、この生活を逃さないぞと思ったら、逃れられなかった。障がいは治らないものだから（苦笑）」

近藤が受傷したときは一六歳と、年齢としては子どもだったが、働いていたので労働災害として認定された。当時、炭鉱での労災で脊髄損傷になる人は多かった。当時は労災になると重度障害者には個室が与えられ、付き添いがついた。近藤は若い人に体を見られるのがいやで、年配の女性を希望した。家政婦協会は、通常希望されない年配の女性が指名されたので、喜んで二人ほど続けて派遣したが、あまりの重労働にそれぞれ疲れて寝込んでしまい、長続きしなかった。

そのうちに病院から連絡がいったのか、鹿児島に引っ越した継母が病院に訪ねてきて、自分が付き添いをするという。そうしたらまた親子で生活できるからと。しかし近藤は迷った末に、その申し出を断った。

それは隣の部屋のおじさんからの助言だった。

「僕が悩んでいたとき、何悩んでいるって言うから、事情を話したら、君が僕の話を聞く聞かないは別にしても、僕の意見としては、あんたはすごい苦労をしてきた、しかしこれからは本当に生活だけは苦労しなくて済むだろう。それには、身内はつくらないほうがいい。ひとりのほうがいい。そのおじさんが全部伝授してくれた。生活保護にかかれば付き添い料から何から全部無料になる。その道を歩めと。それと、［身体］障害者福祉法っていうのができたから、生活保護とマッチングしたら、君は本当に今までの大変な時代を忘れるような、いい時代が来るぞって言われて。何のことを言っているのかわからなかったから、その道を歩んだ。本当に知らない人が教えてくれた」

近藤が障がい者となった一九五一年は、欠格条項があった旧生活保護法から、「無差別平等」を掲げる現在の生活保護法に変わった（一九五〇年）翌年であった。生活保護法は貧困状態にある者に、世帯単位で最低生活費を給付する制度である。隣の部屋のおじさんは、この制度が世帯単位で支給されること、すなわち一人のほうが自らの所得だけで受給要件を満たすことができることを知っていたのだった。さらに、医療扶助により、身寄りのない者の医療費はすべて生活保護費で対応されることも知っていた。加えて、一九四九年に制定された身体障害者福祉法が、なんらかの恩恵を与えてくれるだろうと教えてくれたのだった。

継母との再びの別れは辛いものだった。

「それしかない。いくつかの選択肢があってやるんじゃなくって、その道しか私にはなかった」。

継母のほかには、以前結婚を約束した娘が父親と一緒に訪ねてきたが、近藤は、結婚の約束は元気だったときのことだと断った。何もできなくなった、足が棒のようになってしまった自分が結婚などできるはずもなかった。

たった一人になった近藤のもとに、生活保護の担当者である「福祉のおじさん」がしばらくして訪ねてきた。

「「近藤さん、あんたのことは病院から相談があって私が来たけれども、どうするかい」と言われて。それは身体障害者福祉法ができて、ちょっとしてから。その人に聞いてみたら、あんたのような人は［ケースを受け持つのは］初めてだと。だから何があるかわからない、どうしたらいいか、勉強させてくださいって。それでその人が勉強したら、ちょっと前から障害者の施設が入れるようになっているって。傷痍軍人とぼつぼつ切り替わるときだった」

施設での生活

一九五四年、近藤は受傷後三年を経て、別府にある国立別府保養所（現・国立障害者リハビリテーションセンター自立支援局別府重度障害者センター）に移った。近藤の生活保護を担当したケースワーカーが探してくれたのだ。そこは一九五二年に、戦傷病者戦没者遺族等援護法の制定にともなう厚生省設置法の一部改正によって、重度の傷痍軍人を入院対象として開設されたものであった。戦後、障害福祉は、GHQの無差別平等政策のもと、戦争との関与に関係なく、一般の障害者に開かれたはずだった。だが、日本は一九五一年にサンフランシスコ平和条約の締結後、一九五二年戦傷病者戦没者遺族等援護法を成立させた。しかし、その対応は十分なものではなかったため、翌一九五三年には遺族等の要求をうけて恩給法の一部改正法が成立し、軍人恩給を復活させるなど、傷痍軍人のための施策が実施された。

「傷痍軍人はそこ（国立別府保養所）に入ってたけれども、だんだん恩給[9]が、すごい金額でしょ。だからどんどん出ていくわけね。それが空いてきたところに一般の障害者も入れるようになった。その変わるときがちょうど僕の［受傷した］時期だった。誰も引き取り手がいないということで、僕は優先的に入れた」

近藤が入所した施設は、前述のとおり重度の傷痍軍人を対象としたもので、全国に箱根と別府

9　厚生白書（昭和三一年版）によれば、数次の改正が行われ、処遇内容はおおむね戦前のベースに回復し、一九五一年の予算において、遺族援護費一六三億円、恩給七二六億円、計八八九億円を超え、国家予算総額の八・六％を占めるに至った。https://www.mhlw.go.jp/toukei_hakusho/hakusho/kousei/1956/dl/03.pdf

の二カ所開設されたものであったが、これが一九五四年から身体障害者福祉法に基づいて、重度身体障害者にもその利用が開かれた。このとき、近藤は受傷後三年で一九歳になっていたので、身体障害者福祉法の対象としてこの施設が利用可能だった。身体障害者福祉法に基づく通常の施設は、「産業戦線」への復帰を目的としたものであったため、中・軽度の身体障害者を対象としており、近藤のような重度者は対象から外されていた。近藤のような重度の障がい者の多くは、病院に長期入院していることが多かった。[10] 近藤にとっては幸運が重なった。

施設は「人里離れた」山の中腹にあった。しかし、若い障がい者たちはそこに引きこもってはいなかった。

「映画見に行こうって言ったら、もう街まで下りていかないといけない。それを若いときは下りていくんですよ」。

映画のあとには紳士服の店に行って、ズボンの予約を最低でも五本とって、施設の中で売れるようにするから施設に洋服を売りに来てくれ、と交渉した。一方で、施設の中ではみんなに声をかけてズボンが必要な人を募っておく。いわば営業だ。脊髄損傷者は排せつ管理の問題でどうしても尿漏れが多く、ズボンの股の部分が尿で焼けてしまう。ズボンを五本売るのはそう難しいことじゃない。さらに五本売れたら阿蘇山にドライブに連れて行ってくれと業者に要求しておく。

「自分たちで遊びをつくっちゃうわけ。それから年末になったら、今でいうたら七〇〇円ぐらい、チケットを売る。これを七〇〇円で買わないかと。何かというと、一年にいっぺん車椅子を全部ばらして、グリスから何から全部入れ替えてキレイに拭いて、それを納品するぞと。僕を含めた四人ぐらいのガキ大将で考えたんだけど。それが売れたのよ。施設も車椅子がきれいになるから喜んだ。障がい者はもちろん喜んで、前売り券はいつ出すの？ って言われるくらい。庭にブルーシートを敷いてね。油をそろえてね。ぼろぎれをそろえてね。工具をそろえてね。そこへ座り込んでやるわけ。そう。それはいい小遣いになった」

「「またコンちゃんいなくなったと思ったら、あの子と行ったんか」っていうくらい、よく車椅子の女の子を連れだして遊びに行った。ベッドにいるしかない人の場合は部屋に行ってギャーギャー言わせる。女の子の病棟でキャーキャー声がしたら近藤さんがいるっていうくらい有名だった」

10　赤津によれば、戦後の混乱期の労災医療の中心を担うものとして労災病院が開設されたが、昭和三十年代後半までに炭坑災害が多発した地区に全国三七病院のうちの五カ所が開設され、労災保険上の優遇措置もあって、多数の労災脊損患者が長期在院していた（赤津　一九八三）。

当時の施設の様子（近藤氏提供）

外出も届けを出せば許可された。保護者の許可や迎えがなければ出かけられなくなったその後の時代の施設[11]と比べると、のどかだった。施設側がどこまで把握していたのか、今となっては定かではないが、施設が禁止していたことも人目を盗んで行っていた。

「施設が認めた遊びだけじゃなくて、施設が禁止してることもやるからね、あのね、もつ煮。もつを買ってきて、もつ煮をやるわけ。その頃の施設の暖房は、火鉢だから、そこで料理ができちゃうの。鍋をかけて、そういうことに興味のない障がい者も連れてきて、うちわを与えて、三人は廊下のほうに臭いが行ったら施設［部屋のほう］に向けるようにあおぐ。廊下側のドアを閉めて、反対側の窓は開けて、そちらへ臭いを逃がす。「あおげ、あおげ！　もっとあおげ、あおげ！」とか言ってやらせるわけよ。ところがね、あるとき失敗したのは、卵が古かったんだね。何ぼやっても味見してもよくならないの。で、もっと卵入れるほうがいいだろう、いいだろう言うて、どんどん入れたけどダメで。結局、卵が古かったみたい。味見したら、食べられないような味だったから、「これ、近藤さんどうするんだ？」って、もう食べられないとなるとおっきい鍋だから、どうするんだって言って、そうなったら障がい者が、俺は知らんど、知らんどって、もう全部散っていくわけ（笑）」

結局、近藤は誰にもばれることなく、一人でトイレで処分したという。重度とはいえ近藤のように自分で考え、ある程度自分の意思で動ける障がい者は手がかからない。施設の中でも一番端の部屋で過ごしていた。もっと医療依存度の高い障がい者に目をかけている分、近藤たちのような障がい者はよっぽどの問題を起こさない限り自由にしていられた。そして、やることがなかった。

11　たとえば一九六八年に創設された都立府中療育センターでは、障がい者が外出する際は必ず保護者の許可が必要だった。「府中療育センター／闘争」　http://www.arsvi.com/d/i051970.htm

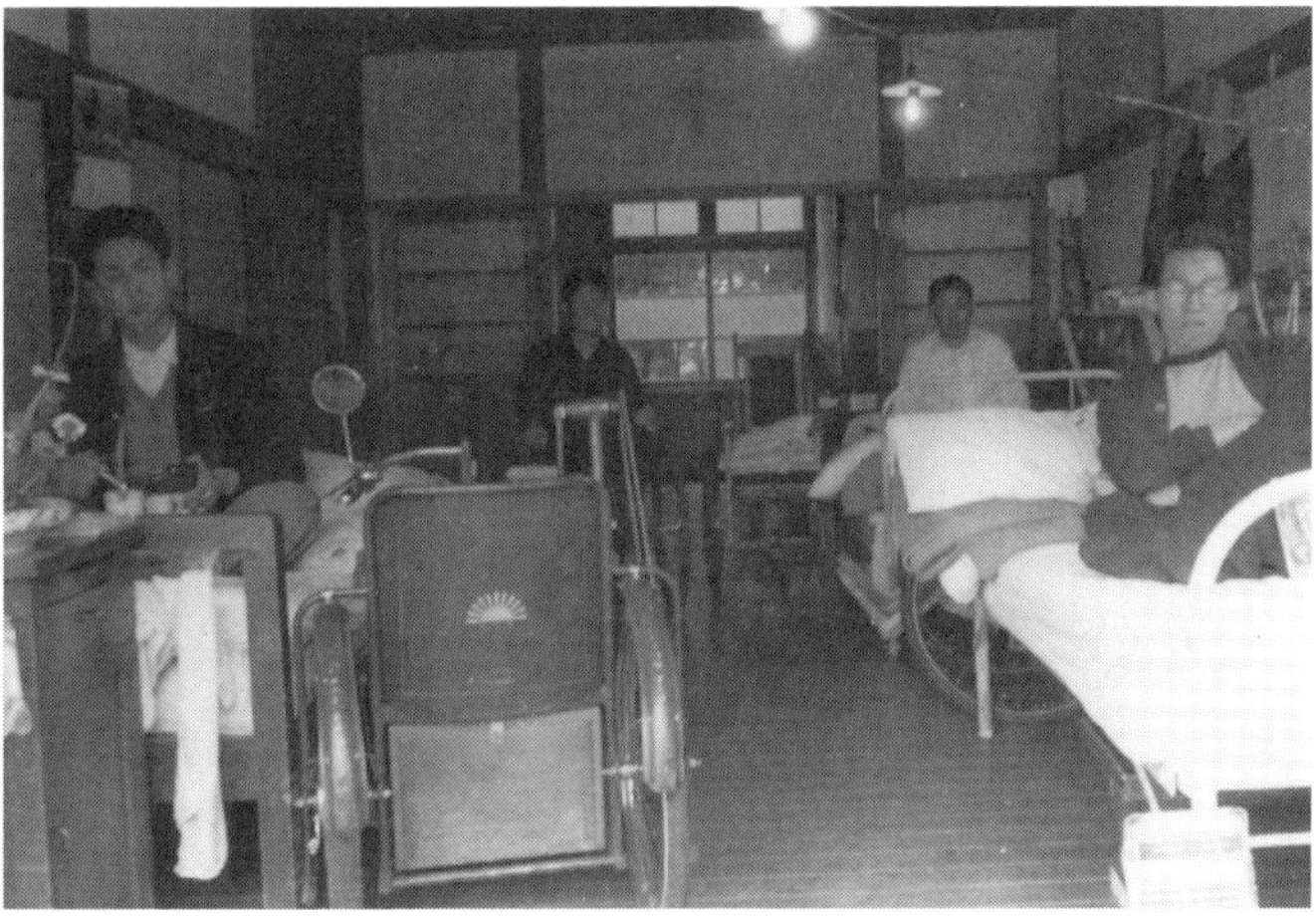

居室の様子（４人部屋）（近藤氏提供）

「僕が入ったときには、施設はそんな作業のない時代だったのよ。だって傷痍軍人の後だから[12]。当時はただ食べさせて、風呂へ入れて、生活できるだけのもんだったの。ところが、僕たちはそれじゃあ物足りない。何かさせてくれ、って五人で言いに行って。じゃあ、何がしたいって言われて、壊れていた時計の修理がしたいとか、印鑑彫をしたいとか、端から言っていったら、最後にいた僕の番で言うことがなくなっちゃった。同じこと言うのも嫌だと思って、何かないかなと思っていたときに、ああそうだ、編み物って言っちゃった。どこで見たのかもよく思い出せないけれど、そのときに編み物がしたいって言ったんだよね。それで一〇年習った。だから編み物の教員免許、持ってます」

「[当時は]全国の障がい者が施設に移りたい、家庭のほうが［家から］出られないから、施設のほうが広いからと施設を望んでいた」

「施設の職員から、近藤さん、もうどこも行かなくていい、ここは一生あなたのいていいところだから、と言われて精神的にすごく安定した。ああよかったと思ったわけ」

生活保護を受け、ある程度の自由を手に入れて暮らしていた。一生いてもよいと言われて安心した。しかしそれでもやはり、近藤は施設での生活には物足りなさを感じ始めていた。

「やっぱり僕は若かったから、遊んだり、スポーツしたり、それから手仕事したりすることに、すごく熱中したからね。そしたら、そのあとは、でも息詰まっちゃうのよ。地域に出られないから」

「僕は教員免許三つも持っていた。でもそこまでいかなくても、技術を一つでも取ったら、他の人は親に言って家に帰って内職できたりして、それが自立といっていた。当時はね。店と

12　傷痍軍人のあとだからというよりも、当時の脊髄損傷者に対する治療が、日本ではマッサージ師によるマッサージ、電気治療、温泉治療といった他動的なものしかなかった（天児監修　中村裕・佐々木忠重一九六四、一頁）。

か持たなくても。そのために家に帰っていった。ところが僕は家がないじゃない。誰も来ないじゃない。来るとしたら二番目の兄貴が字を教えてくれって来るぐらい[13]」

このまま一生ここにいるのかと考えても、先が見えなかった。

2 パラリンピック——夢の祭典

パラリンピックの準備

一九四八年七月二十九日、ロンドンオリンピック開会式と同じ日に、イギリスのストーク・マンデビル病院で、車椅子患者によるアーチェリー大会が開催された。第一回ストーク・マンデビル大会である。これがパラリンピックの原点といわれている(日本パラリンピック委員会HP)。その後、この大会は毎年行われ、一九五二年にはオランダの参加を得て、国際競技会へと発展し、一九六〇年からはオリンピック開催年に実施する大会を、オリンピック開催地でオリンピック終了後に実施するようになった。そして同年ローマで行われた第十七回夏季オリンピックのあと、第十二回国際ストーク・マンデビル大会が開催された。次のオリンピック(一九六四年)は、一九五九年に西ドイツ(当時)で開催された第五十五回IOC総会において、東京とすでに決まっていた。

パラリンピック出場のために正装

同じ一九六〇年、国立別府病院の医師だった中村裕医師は、ストーク・マンデビル病院に三カ月の研修で訪れていた。当時同病院では、最も重度な障がいである脊髄損傷者を受傷から就職まで平均六・五カ月で、その八五％を有給就職させていた。何か特別な手術などが行われているのではないかと学ぶための研修だった。しかし、実際には特

13　近藤の次兄は近藤が入院していた一〇年間に二、三度は自力で見舞いに来た。きちんと教えてくれる人がいれば移動もできた。仕事もコツコツと働く職人肌の人間だった。

パラリンピック会場に向けて施設から出発（近藤氏提供）

別な手術などは行われておらず、大きく異なっていたのは術後の対応だった。日本では脊髄損傷者の「治療は安静が中心[14]」だったが、同病院では、積極的に体を自ら動かし、さらにスポーツをしていたのだった。

中村は帰国後、日本に障害者スポーツを広めるべく奔走し、一九六一年には「第一回大分県身体障害者体育大会」を全国で初めて開催した。当時は「障害者を見世物にするな」「障害者にスポーツなど無茶だ」との反対の声も多かったが、その効果を目の当たりにして知っていた中村は障害者スポーツを広めるべきという信念を持っていた[15]。

近藤と中村との出会いは、ちょうど一九六一年だった。近藤は大きな褥瘡《じょくそう》をつくってしまい、それを見てくれたのが中村だった。

「脊髄損傷者は排泄物がわからないんです。これから[胸から]下が麻痺してしまって動かないだけじゃなくて、おしっこもうんちもできない。子どももつくれなくなるんですよ。[16] そうしたらもう、当時は「人間じゃない」と言われていた。「生きがいも、なんにもなくなった人生にどうかならないか」というところで先生が考えたのが〝スポーツ〟だったんですね」（NHK　二〇二〇年三月二十九日）

一九六二年、中村は障害者スポーツの機運を高めるため、大分大会の優秀選手二名を国際ストーク・マンデビル大会に参加させることを思いつき、その金策のために自家用車を処分した。壮行会はマスコミの取材があり、またこの大会で日本人選手が銀メダル一つを獲得するという快挙があった。ようやく二年後の国際身体障害者スポーツ大会、のちにパラリンピックと呼ばれるスポーツの祭典[17]の開催に向け、運営委員会が設立された。中村は、運営委員会の委員長となった社会福祉事業振興会会長・葛西嘉資（第4章参照）とともに大会開催の準備を行った。

14　社会福祉法人太陽の家HP「中村裕博士とパラスポーツ　2．身体障害者体育大会」http://www.taiyonoie.or.jp/sports
15　笹川スポーツ財団HP「パラリンピックの歴史を知る　3．日本のパラリンピック『一人の情熱から始まった』医師・中村裕のエネルギー」https://www.ssf.or.jp/ssf_eyes/history/paralympic/03.html
16　生殖機能については受傷した箇所や個人によって差があり、必ずしも子どもができないというわけではない。

車椅子バスケットボールの試合

大会に出場する選手は、病院では受傷後まだ障がいが固定していない患者しかいないため、保養所にいる近藤たちに白羽の矢が立った。とはいえ、人が足りず、結局は病院からも選手が選ばれた。近藤は、スポーツはどちらかといえば苦手なほうだった。

「僕はスポーツが一番弱いのよ。何をしても。例えば将棋とか碁をしても、習うんだったらコンちゃんに習えって言われたくらいに、僕んところへ来て教えて……でも、手は短いし背は低いからスポーツには向かない」

しかしそれでも体力があることと、とにかくほかに誰も選手になるような人がいないので、近藤は選ばれた。

「施設にバスケットボールを持ってきて、これで球遊びしといてくれと。あとからルールは持ってくるからって言われたけど、ルールが来なくてね。先生、まだですか、って言ったら、英文で来てるから、まだ翻訳できないんだよって言われて。本当にぎりぎりに来た」

東京パラリンピックのバスケットボールチームは、日本には二つあった。中村が「日本はまだこれからだから」と交渉し、二チームが参加できるようになったのだという。一つは近藤のいる九州チーム、もう一つは関東労災病院のチームだった。バスケットボールのルールは関東労災病院チームのほうが先に手に入れていた。当時東京で仕事をすることが多くなっていた中村は、川崎にある関東労災病院のチームに先にルールを渡していたのだった。九州チームは飛行機に乗る前日ぐらいにようやくルールを手にしたという。

近藤たちは、選手村で関東労災チームの人たちから声をかけられた。

「『あんたたち九州だよね?』っていうから『そうや』って言ったらね、『頼むから一回バスケット練習してくれ』っていうわけ。『どういうこと?』って言ったら、『俺たちはルールは知って

17　パラリンピックという名称は東京大会の愛称であった。パラリンピックが正式名称となったのは一九八五年のことである。一九六四年の東京大会は二部制で行われ、一部を従来の国際ストーク・マンデビル大会(脊髄損傷者の国際大会)、二部をすべての身体障害者と西ドイツの招待選手による国内大会として実施した。(日本パラリンピック委員会HP)

選手村での食事（近藤氏提供）

いるけど、やったことはないんだよ」という（笑）。僕たちは病院じゃないから、やるところ探し回ってやるけど、彼らはまだ病棟にいるわけじゃない？　病院じゃやるところもなかったんだろうね。ルールは知っているけれどって」

もう一種目登録したアーチェリーも、独自の練習が行われた。

「アーチェリーっていうのは、別府では見たことがなかったのよ。施設で傷痍軍人の人が和弓の稽古、日本の弓をやっていて、それで遊んでいた」。

そのことを知った中村が、近藤はアーチェリーができると判断し、近藤はアーチェリーにも参加することになった。当初参加を予定していたのは、車椅子バスケットボールとアーチェリーの二種目だったが、大会中に実際に出場したのは六種目だった。

「エントリーしたのは間違いなく自分でしたんだから覚えている。あとは中村先生が困ったら近藤に言えと。ゼッケンつけてたくさんの障がい者を選手にしたんだけど、やれる人がいないわけ、競技を。そういう時代だったから。

その点、僕は体が丈夫だったから、あいつなら代替えを何でも聞いてくれるからって言って、役員たちに言ってたんでしょうね。だから、選手村では、近藤さん、近藤さんって探し回るわけ。はい、近藤ですって言ったら、明日どこどこの競技場に何時に来てくれっていうわけよ。で、なんかあるんですかって聞いたら、来たらわかるって、中村先生にそう言われているだろうって言われて、行く。そうやって六種目になっちゃった」

「アーチェリーは和弓のことだと思っていたからね。竹をまげて弦を付けただけの弓と、竹の矢を持って行った。しかも稽古用。選手村の練習場に行ったら、みんな見たこともない弓でやっているじゃない。他の選手が恥ずかしいと思ったのか、ぼくの和弓を隠して、当日は立派なアーチェリーが準備された。見よう見まねで撃ったけど、そもそも和弓で稽古したのは15メートル。アーチェリーは70メートルだから、撃った矢がどこへ飛んで行ったかもわからない（笑）」（『東京新聞』二〇一九年八年二十五日）

あまりの差があった

ルールもよくわからないままに本番を迎えた車椅子バスケットボールの試合。

「アメリカには六対六〇で大敗。体格も力も桁違いだった。あまりにも日本が弱いから、ゴールまでの道を開けて花道まで作ってくれたよ。まだ普通の車椅子が多かったけど、海外では［現在主流の］ハの字にタイヤがついた車椅子を使う人もいた。仲間と「あれは技術が低いから、ハの字になる。日本は技術が高いから［地面に］垂直につけられるんだ」なんて話していた。ただね、垂直同士でぶつかると、タイヤに指を挟まれる。危ないから前もって両手を離すと、ぶつかった衝撃で体が飛んじゃうわけ。そんなふうに車椅子から落ちるのは日本人だけだった」（同前）

だが、近藤が圧倒的に違うと感じたのは、スポーツそのものの体験だけではなかった。施設の職員から教えられた情報や目指すべき方向、それによって描いてきた自分たちの考える「自立」と、今、自分たちが目の前で見ている状況の違いがあまりに大きかった。

「それまで僕たちが考える自立、僕たちに教えてくれた自立の考えっていうのは、手に職を

外国人の選手団との交流（近藤氏提供）

つけて機能訓練してっていうパターンだった。それが専門家の、施設の職員たちが言う自立だった。ところがパラリンピックに出てみたら、訓練がどうのこうのっていうんじゃないわけ。みんな地域で暮らして何か仕事をしている。彼たちは地域で生活していたわけよ。リハビリとかなんとかじゃなくて。自立していたわけ。その自立は、日本の自立とおおよそ違う。彼たちはあれほど明るく、あれだけ自信をもっている。そのことを直感的に感じて、日本の、専門家と呼ばれる人たちを先生、先生って呼んでいるそれとはあまりに違うということに気がついた」

海外からの参加者は仕事をもち、結婚し、地域で暮らしていた。一方、日本からの参加者は五三人中五人が自営業で働き、地域に暮らしていたが、ほかは病院や施設から会場に直行していた（『東京新聞』二〇一九年八月二五日)。

パラリンピックのときは日本にも夢見た空間があった。会場まで向かうなかで、飛行機にも乗り、車椅子も乗れる大型バスにも乗り、そのバスが羽田から選手村まで向かう首都高では、パトカーに先導された。選手村は、バリアフリーに改修されており、「理想郷」だった。どこにでも自由に行ける。でもそれは「突貫工事」でつくられた特別なものだった。夜、カフェテリアで生バンドの演奏があり、「外国人は当たり前のように抱き合ってキスをする。でも僕たちはそんな感覚がないし、とても一人ではいけない。同じ障害がありながら、なぜこんなに違うのか」(同前)。

「それが一つや二つの国じゃなく、来ている全部の国が日本人と比較して違うんだもん。もうこれは違うという気がしちゃうわけよ。それは文化が違うのか、何が違うのか、わかんない。ちょっと待てよ、何をどう変えたらあんなになるのかっていうぐらい大きな差を感じたわけ。そこには長い時間の流れもあったかもしれないけど、何か全然違う社会の、世界を見た気がした」

圧倒的な違い。その違いがどこからくるのかは分からないが、生き生きと自信をもって生きている彼らの姿を見て、近藤は専門家不信になった。

「あの明るさは本当に僕たちが専門家から、先生たちから聞いたことじゃない。それで、一時は専門家に批判的になったの。専門家の言うことは聞けないと。お金を出してもらって研修にいっているのに、必要なことは見てきてくれていない。自分の目で、初めてパラリンピック見て、外国の選手に会ってみて、これはちょっと違うぞと思っちゃったわけよ。こんなこと聞いてないぞと。教えてくれてないじゃないかと。そこから僕は再三言うようになったね。専門家っていうのは自分たちにとっての研修であって、本当の障がい者が望んでいる研修を受けに行ってないと」

もう一つの「贈り物」

「私が、(一九六四年東京パラリンピック大会で)一番印象に残っているのが、収尿器。中村裕先生が選手に、「車椅子バスケをするなら〝これ〟をつけないとできないから」と言って、配ってくれたんです。収尿器はその当時、日本になくて、アメリカから取り寄せたの。特に車椅子バスケは過酷な競技なので、おしっこはおむつをしてやったんじゃだめだっていうので、中村先生はアメリカで販売されていた収尿器を仕入れて。当時はものすごく高価で、「自分じゃ手が届かないから」って国から予算を取って支給してくれたんです」(『東京新聞』二〇一九年八月二五日)

それはちょうど車椅子バスケットボールのルールと同じ頃、大会の一、二日前に中村から渡された。装着してみると、緊張で今度は尿が出なくなった。選手村に着いても、仲間と尿が出たか出ないかという話ばかりしていた。それでもなんとか慣れて、これがあったらこれから便利だと思っていた矢先、パラリンピックが終わって施設に戻ってしばらくすると中村が施設に来た。

「「あれは国の予算で買ったものであって、国にもう言ってある。ものかお金で返さなくてはいけない」と言ってきた。「捨ててしまうんだ」というから、「捨てるならいいじゃない、ちょうだいよ、このまま」って言ったけれども先生は「だめだ」って言う。「明日集めるぞ」って言ったその晩に、僕は全部ばらして作り方を覚えちゃうわけ」

器用な近藤は、のちにこれを商品化し、販売した。これも近藤がパラリンピックで経験した重要なできごとであった。

小括——障がいが恵みとなった近藤の環境と障害との出会い

近藤二九歳まで、人生の前半部分について描いた。そのほぼ中間地点である一六歳が受傷のときであり、近藤が障がい者として生まれ変わった年だ。その前半、障がいを得るまでの近藤の人生はどのようだったのか。

近藤は一〇歳で敗戦を経験し、一二歳で父を亡くした。その後、継母との別れ、兄の失踪、そして小倉駅での浮浪生活へと、近藤の人生は悲惨なものになっていく。豊かではなかったにせよ、父が存命だったときには炭鉱での家族の生活があったが、その父の死をきっかけとして、近藤はひとりぼっちで社会に放り出された。敗戦は日本中にとって大きなできごとだったが、近藤はそのことはどこにも語っていない。二年後の父の死のほうが近藤の人生を大きく変化させたからだろう。

当時、上野駅や大阪駅、京都駅など、交通の要所となる駅では、戦争孤児たちが行き場を失って蝟集《いしゅう》していた。しかしその数は定かではない。厚生省は一九四八年に調査を行い、戦災孤児及びその状態にある者の数を一二万三五一一人と発表したが、この調査には収容保護されなかった浮浪児は除かれていた。自らも戦争孤児である金田茉莉は、浮浪児なども含めて推計し、実態は四万人はいたのではないかと推測している（金田 二〇〇二、一七一頁）。

保護者を失い、家を失って浮浪するしかなかった彼らはどのような経験をしたのか。近藤は「表から裏まで知ってしまうような生活」としか語らなかった。だが、戦後七〇年を契機として二〇一五年頃から戦争孤児に関する出版が相次いでいる。川崎はこの時期まで証言が集まらなかった原因として、孤児たちが孤児であることを隠し続けてきたこと、それはスティグマや言葉に表すこともできないくらい辛い経験を語ることができなかったのだと述べている（川崎　二〇二三）。

近藤は一四歳のとき、過酷な「浮浪児」としての生活を、親方との偶然の出会いで終結することができた。親方は近藤に寝床を与え、仕事を与えてくれた。新しい仕事も任せるほど、信頼してくれたのだろう。だが、親方次第の不安定な生活ではあった。実際、近藤と同じように大人に声をかけられて生活をともにする、あるいは住み込みで働きだす「浮浪児」もいたが、大人の都合でまた浮浪生活に戻る例もあった（石井　二〇一四、一二五－一二八頁）。近藤の場合は、そうした不安定な生活を「障がい」が救ってくれた。障がいは一生治らない。それは近藤にとっては一生安定した暮らしが得られたということでもあった。むろん、その安定は、けがをしたことだけではなく、その状態を「障害」と認定し（身体障害者福祉法）、身寄りのない、働けない者の最低生活を保障する仕組（生活保護制度）があってのことである。加えて近藤の場合は、傷痍軍人に対する恩給開始による施設利用者の一般化などの他制度の恩恵も受けて、重度障がいをもちながら、当時誰もが希望したという施設入所が可能となった。近藤が「明るい障がい者」と表現するのは、障がいを負ったことが、彼を貧困のどん底から掬い上げてくれたからだろう。

近藤が施設にいる一九五四年からの十年間に、日本は高度経済成長期を迎え、所得の増加、物価の上昇、産業構造の変化、都市部への人口集中と地方の過疎化が進行するなどさまざまな変化が起こっていた。一方、近藤は、施設の中で、自分たちであれこれと楽しみをつくり出してはいたが、基本的にはすることがなく、安定していたが変化のない日々を送っていた。

その近藤に大きな変化をもたらしたのが、東京パラリンピックの開催である。近藤にとって、祭典への参加は人生における偶然の大イベントであったが、この実施に向けて私財を投げうって尽力した中村裕医師にとっては、レールを引き、努力を積み重ねた結果のできごとだったといえるだろう。パラリンピックの後は、当初未熟な組織であったとはいえ、日本身体障害者スポーツ協会が発足し（第2章）、今日まで発展し、続いている。[18] 一九六五年には理学療法・作業療法士協会が設立されるなど、その影響はスポーツ界だけでなく、医学・リハビリテーション界にも及んだ。

とはいえ、東京オリンピックとの差は歴然としたものだった。オリンピックは九三カ国から五一三三人の選手が集まり、日本からは三五五人の選手の参加があった。[19] 総予算も一兆八〇〇〇億円という規模だった。一方のパラリンピックは二二カ国から三六九人の参加があり、日本からは五三人の選手が参加した。予算は政府からは二〇〇〇万円、東京都助成金から

18 イギリスでは、一九六一年に「全英障害者スポーツ協会」が設立したが、障害種別ごとの対立の結果、一九九七年に事実上消滅した。
19 田中（二〇一三）によると、「日本からは、四三七人（スタッフ八二人、男子選手二九四人、女子選手六一人、計三五五人）」とあるが、ウィキペディアでは三七五人となっている。

一〇〇〇万円、日本競輪協会から四〇八三万円、自動車工業会から二五〇〇万円が出資されるなど、民間の力に支えられた（田中　二〇一三、一七頁）。メダルの獲得数もオリンピックは一六個の金メダル、五個の銀メダル、八個の銅メダルで、世界四位のメダル数だったが、パラリンピックは金メダル一個、銀メダル五個、銅メダル四個で、二二カ国中一三位であった。マスコミ報道も、パラリンピックがテレビ放映されたのは開会式の模様だけであった（渡　二〇一二、一二五頁）。

障害者スポーツを社会学の立場から論じている渡邊によれば、それまで社会から不可視化されてきた障がい者が注目を集めた、しかも福祉とは別の文脈で新聞紙上に取り上げられたことは画期的なことだった。しかし、健常者の「障害の理解」を前進させたとはいえないと述べている。報道は新聞が多く、それも外国人の障がい者、多くは開会式と閉会式の様子だった。渡邊は、可視化したことを「大きな前進」とはとらえながらも、それは「「障害者のことを気にかけているふりをする」状態」（同前、一二八頁）だったと評している。近藤も、大会後、パラリンピックで使われたリフト付きバスが施設に配られたが、人目につかないように閑散とした場所に連れていくときに使われたし、ねじ一本の予算もなかったから、修理もできず朽ち果てていったと述べている（『朝日新聞』二〇二一年一月二日）。

このようにパラリンピックは、予算規模も参加者も報道もオリンピックに比べものにならないくらい注目度が低かった。だが、田中暢子は戦後の日本における障害者スポーツの発展について論じる中で、東京パラリンピックがもたらしたものの一つとして、「人々の意識改革」を挙げている（田中　二〇一三、一七一—一八頁）。田中によれば、パラリンピックが開催される以前、一九五六年の『厚生白書（昭和三一年度版）』で「身体障害は、人間をおそう不幸の中でもきわめて深刻なもののひとつである」（七一頁）と記述されているように、障がい者は「かわいそうな人」「不幸な人」と認識されていた。しかしパラリンピックをとおして、特に欧米の障がい者に接してその印象が変わったという。欧米の選手の多くは仕事をもち、地域で暮らしていた。日本滞在中も一人でタクシーに乗って銀座に出かけたり、競技の合間に商談に出かける人もいた。こうした事実を目の当たりにした人たちは、障がいについての印象を大きく変えることになった。

確かにパラリンピックは、渡邊がいうように、大衆の印象を変えるほどの大きなインパクトはなかったかもしれない。しかし、田中が述べているように、ボランティアも含めて大会に携わり、身近に東京パラリンピックを経験した人たちは、東京パラリンピックでの経験がその後のその人たちの人生に影響を与え、のちの日本の障害者施策を変えていくことにつながった。のちに厚生省更生課長となり、国際障害者年に際して障害者団体と関係を構築した板山賢治（第3章）、バリアフリー建築の第一人者となった吉田紗栄子（第4章）、厚生省専門官など歴任し、のちに近藤や樋口の活動の後押しをする政策の実施を進めた丸山一郎（第6章）が自らの活動の原点として東京パラリンピックを挙げている（板山　二〇〇八）。中村医師もその後障害者スポーツをさらに国内外に広めつつ[20]、「保護より機会を！（No Charity, but a chance!）」を合い言葉に社会福祉法人「太陽の家」を設立し、障害者就労を推進した[21]。

近藤ももちろんその一人だ。近藤は、海外の選手たちとのかかわりのなかで、初めて自分の体の特徴のままでも、障がいのない人と同じ暮らしを地域で営むことができることを知った。同じ障がい者であるにもかかわらず、日本と他の国との圧倒的な違いはなんなのか？　自分の体の特徴である障がいがもたらす社会的な位置づけの圧倒的な違いは、どこからくるのか？

極貧の近藤が、施設の中で生きることを保障した「障がい」は、日本では施設でしか生きられない「障害」を生み出していた。障がいのない人と同じように仕事をもち、スポーツを楽しみ、ダンスを踊ってキスをする。生き生きと人生を謳歌している各国のパラリンピアンの姿を見て、近藤は初めて自分たちの「障害」に気づいたのだった。

最後に、近藤個人の強さについて。もちろん、汽車の中でのおじさん（親方）、受傷後の病院で制度を教えてくれた隣の部屋のおじさん、福祉事務所の担当者、さらに中村医師など、たくさんの人と出会い、また生活保護制度などさまざまな制度に助けられた。だが、一二歳で父を亡くし、さらに一六歳で障がい者となった直後に継母との別れを決意し、未知の環境を選んだ。この後もさまざまな状況のなかで常に前を向く。その強さの源は、いったいどこにあるのか。人を惹きつける能力、父親から受け継いだに違いない器用さ、勤勉さ、施設の中で習得したに違いない知識や技術、さまざまな出会いからの学び、それらを考え合わせても、感嘆するばかりである。

第2章　人生の基盤整備

1　会社と障害者スポーツ

ジャスティン・ダートとの出会いと別れ

パラリンピックの経験をとおして、近藤たちは中村医師と親しくなり、「おやじ」のような存在になっていた。

20　一九七五年第一回極東・南太平洋身体障害者スポーツ大会（フェスピック大会：現在のアジアパラ競技大会）、一九八一年に開催された第一回大分国際車いすマラソン大会は今日まで続いている。

21　中村は一九八一年第一回国際身体障害者技能競技大会（アビリンピック）の開催に尽力した。アビリンピックは、障害者が日頃職場などで培った技能を競う大会。

バスケットボールを練習している近藤（近藤氏提供）

「「近藤、お前どうするんだ」と言われたわけ。先生から。「まだこの施設にいるはずじゃないだろうけど、どうしようと思っているんだ」って言うけども、行くところがないじゃない、僕にとっては。だから、「そういわれても全然行くところがないんですよ」ってなるわけ。「先生、お願いしますよ」って。そしたら自分のところにも、アメリカ系の企業の求人と、それから自分も障がい者が主体的に運営する工場をつくりたいと思っていると。そのどちらに来てもいい。だから、どちらを選ぶかって言ってきた。でも「自分には」外で働くという経験がないじゃない。だから、先生にお任せするって言ったわけ。そしたら、俺のところにはいつでも帰ってきてもいいから、貴重な経験ができるだろうから、アメリカ系の会社の試験を受けてみるかということになって、試験を受けた」

それがジャスティン・ダート率いる日本タッパーウェア社だった。車椅子バスケットができる障がい者を雇いたいというのが希望だった。そのとき、近藤の住んでいた九州から五、六名、その他、長野、横浜、名古屋などからも集まり、その中から一〇人の障がい者が雇用された。採用に伴う試験は、それぞれの地域の体育館でスポーツテストのようなものが行われた。近藤は、全国の多数の応募者の中から一〇人に選ばれるような存在ではなかったという。そこには中村医師の推薦があった。

「中村先生が推している。本当は中村先生が人選を任されていたの。後から聞いたのね。ダートは社長だから、会うことはあっても、そのときにはもう全部決まっていた。僕が他の人と違ったのは体力が抜群だったの。だって、手が短くって手が小さくって背が低いんだ。バスケットに合うはずない、どっこも。だから、稽古するときには、みんなよりも一メートル手前が僕が［シュートを］入れるところ、みんなは普通のところ。それで、僕がみんなと勝負して勝ったら僕はチョコがもらえる。みんなが勝ったら煙草を買ってやるって、遊ばれてたくらいだから」

体力以外、身体的な条件は必ずしも優れているわけではなかったが、近藤には別の魅力があった。

1 「社会福祉法人太陽の家」を指す http://www.taiyonoie.or.jp/

車椅子の手入れを行う（近藤氏提供）

「タッパーウェアが僕を選んだのは、一番は一〇人の中の調和というところで、僕の果たす役割が大きかったって言われた。バスケットに強いからみんなを集めたんじゃなくて、バスケットってのはチームプレイだから、競うなかにはマスコットもあっていいじゃないかと。それを本人がいじめられ役だと取るんなら、そんな考え方じゃダメだけども、喜んでその役を受けるのなら、それは大きな役割がある……それと、チビでもやれば、こういうやり方をやれば出番があるんだというこ とをみんなに知ってもらう。僕はみんなと一緒に出ても［体力が］落ちないわけよ。だからみんなが落ちるのと僕が落ちないのとで力が交差しちゃうわけ。卓球のようにバシッと撃って一点っていうんじゃなくて、バスケットは時間が長い。だから体力は最後にものをいう。そこに僕の使い

宿舎（近藤氏提供）

道があった」

一〇人の障がい者は、ダートの秘書として雇われた。ダートは反骨心の強い人で、もともとレクソール（Rexall）というアメリカの大手製薬メーカーの御曹司として生まれたが、親の金に頼ることはしなかった。一九四八年、一八歳でポリオに罹患し、車椅子利用者となったが、ヒューストン大学に進学し、在学中に当時人種によって分離されていた大学の統合化を促進するための組織を立ち上げ、公民権運動に目覚めた。後述するが、一九九〇年に成立した障害者の公民権法といわれるＡＤＡ（Americans with Disabilities Act 障害をもつアメリカ人法）の設立のためにアメリカ中を奔走し、尽力した人だ。

時代を読み、冷蔵庫が三種の神器となればタッパーが売れるとにらんで来日し、三十代で

タッパーウェアのイベントに参加したときの近藤（近藤氏提供）

日本タッパーウェアを興し、従業員四人で始めた会社を、二年で二万五〇〇〇人に増して成功を収め、実業家としての才能も持ち合わせていた（Estrada 2002）。

なぜダートは日本で障がい者を、しかも一〇人も雇ったのか。

「パラリンピックを見たらがっかりしたっていうの。日本はもう散々だったじゃないかと。金メダルが一つと、あとは銅が二つぐらいで、そのほかは全部負けちゃったのね。だから、自分は思ったと。「これは日本の障がい者がスポーツに弱いんじゃなく、日本の障害者政策の中にスポーツが入ってないから、弱いのは当たり前だ」と。「だから、自分は日本で儲けさせてもらったから、自分でできるだけのことはしたいと思った」って。それがダートが障がい者を雇っ

一人ひとりに与えられた自家用車（近藤氏提供）

た契機なの」

テストが行われたとき、すでに体の寸法が測られ、その後の服はすべてオーダーメイドでつくられた。

「パンツぐらいじゃない？　自分で買うのは。あとは靴下から何から全部、ネクタイもブレザーもワイシャツも全部会社持ち」。

宿舎はフランス大使館の別邸を改造したものだった。日本庭園があり築山があったが、二日目に練習から帰ってくると築山はなくなり、コンクリート張りのバスケットボール場になっていた。夜間は照明をつけて練習ができ、アメリカからコーチも呼ばれ、朝ご飯までには二〇km走る。明けても暮れてもバスケットボールをする毎日だった。そんな生活のなかで近藤の体はメキメキと変わっていった。

「一カ月経ったらもう体が完全に変わった。首根っこのところにプロレスラーみたいに筋肉がついて。人生の中で、身体といい、体力といい、年齢としても最高位に位置する時期だった」。車の免許も取得し、全国を飛びまわった。面白い話がある。ダートがみんなに免許を取らせると言ったので、みんなが喜んだ。しかしダートはその後「とてもがっかりした」と言う。なぜならみんなが喜んで取るといった免許は「車の免許」、ダートは「小型飛行機の免許」を取ってほしかったのだ。それくらい生活のレベルも規模も違っていた。

車椅子チームの取材権は電通にあった。さまざまな企画が入ってきて、車椅子バスケットボールチームは宣伝塔でもあった。全国を試合でまわり、その地域に車椅子とバスケットボールのボールを寄付し、競技を教えた。試合は負けなしで一二〇勝を超えた。その年の最後の試合は国立体育館で全日本チームと対戦した。電通をとおして企業には高額でチケットをさばき、一方で障がい児や障がい者を施設や学校から無料で招待した。

ところがその生活は長くは続かなかった。二年でチームは解散し、近藤は日本タッパーウェアを退職することになった。それは、ダートがアメリカに帰国したことがきっかけだった。

「タッパーウェアの役員会で、「障がい者に力を入れすぎるんじゃないか」という問題が出て、それに対してダートは「どういうところに力を入れすぎるというのか」と聞いたら、お金のことも出てきた。ああ、これは報告書を見ていないなと。「見たら分かるように、会社のお金は一銭も使っていません」ということだった」

彼らにかけた費用はすべてダートの私費だった。ダートは「お前たちにお金をかけたけども、これはお前たちにかけたんじゃなく、日本の障がい者にかけたんだ」という言葉を残してアメリカに帰っていった。

収尿器を売りさばく

近藤はダートの帰国後も、会社に残っていいと言われた。しかし、すべてダートがお膳立てしてくれていた会社に、ダートが去ったあとも残るのは居心地が悪かった。車椅子バスケットボールチームの障がい者たちが会社を辞めるという情報が流れると、あちこちの企業から仕事の話が舞い込んできて、みんな次々と就職を決めて退職していった。近藤も退職したが一人就職せず、自分で事業を起こした。日本タッパーウェア社は、辞めても三カ月間は再就職準備金として給与を出してくれたので、近藤はかねてからやりたいと思っていた収尿器づくりに取りかかった。

収尿器は脊髄損傷者にとって必要なものなのに、まだ日本では手に入らなかった。そうなれば自分でつくるしかない。近藤は、パラリンピックのあとにばらして覚えた細部までを再現しようと懸命に材料を考え、試作を繰り返した。そのときの材料としては、熱が出たときに使う氷嚢を二重にし、そこに尿を入れる。逆流止めにはコンドームを使った。プラスチックのハンガーを使って管をつくり、体に着けるベルトはガーターベルト。排尿に使う管は血液を採るときに使う生ゴムのバンド。さまざまな材料をあちこちから仕入れて、一人アパートで製品をつくり上げては、パラリンピックで一緒に競技した仲間がいる労災病院に持って行った。

「これは売れた。これはすごく売れた。でもね、だんだん売っているうちにお金にはなるんだけれども、やっぱり最初に言っておくわけ。僕は「手づくりだから長く持たないと思うよ」っていうけれども、それでも［当時は商品が］ないもんだから、もう予約を次々受けるぐらい売[2]れた。一カ月ももたないうちに壊れてしまうようなものを、その頃のお金で四〇〇〇円ぐらいで売ったからね。でも作るのが間に合わないぐらいどんどん売れた」

だが、やがて手づくりでつくることがいやになってきた。もともと儲けるために作っていたのではない。必要とする人がいるのに、必要なものが市場にないから作ってきたのだ。だが、これ以上性能を高めるのは手づくりでは限界があった。

「気に食わなくなって、もっと製品の精度を上げたいと自分で思うようになったのね。それでないと売れない。売っちゃ悪いと思うようになって、そして［いろんな業者を］聞いて回ったら、商品化するには、ものすごいお金がかかるというの。型をおこさないといけないから。一つの型をおこすのに、その頃のお金で一〇〇万円はもらうと。つまり、全部で三つ型をおこさないといけない。それで一つは安く見積もっても一〇〇万円かかるって。そんなお金あるはずないじゃない。それまで生活保護だった僕が（笑）」

結局、製品化はあきらめた。しかし、商品の価値は高かった。

「情報がどこからどう漏れたのか、保健師さんから、あれはとっても期待できる商品だから、作り方を全国の保健師の会報に載せてくれって言われて、三回載せた。それからしばらくたって、日本のメーカーが収尿器を作り出した。それも高いお金だから、国が福祉予算で補助具として脊髄損傷者には出すようになった」

必要なものが市場に出るまでのつなぎ役として、近藤の役割は終わった。

2　一九六五（昭和四〇）年の大卒（上級職）の給与が一万九六一〇円であった。
https://www.jinji.go.jp/kyuuyo/kou/starting_salary.pdf

民間企業でバリバリ働く

近藤が一人で就職もせずにいることを、タッパーウェア時代の仲間は、近藤が就職を断られているのだと思って心配して声をかけてきた。中には自分が勤める会社の社長に掛け合って、就職口の手はずを整えてくれる者もいた。日本タッパーウェアからの給与も終わり、収尿器の製作も一段落して、ようやく近藤は就職する気持ちになった。ただ、友人たちの誘いに乗るのではなく、自分で就職先を開拓したいと思った。

「新聞〔記事〕の下に求人広告がたくさん載るじゃない。あの中から手でできる仕事を自分で選んで、そこに手紙と履歴書を送ったわけ。「私は障がい者だけどもこういうことはできます。タッパーウェアで鍛えられてきたから」って書くと、タッパーウェアの宣伝力がすごいから、「あ、あそこにいたんならできるわ」って言って、声かけてくれるわけよ」

その中の一つがオリオン精密だった。シチズンの下請けで、精密旋盤を扱う会社だった。

「一ミクロンのまた一〇分の一をこの指先で操る。だから障がいがあってもなくても勝負は上半身、手先なの」。

元来、手先の器用さには自信があった。だが面接を受けに行ったら、面談希望者の数に圧倒されてしまった。車椅子使用者はもちろん近藤一人だった。それでも列に並んでいると、事務員に声をかけられ、ついて行くといきなり社長面接だった。手紙を見たときから採用する予定だったという。希望を聞かれ、近藤は交渉に入った。

「僕は年齢がこういう年齢で［当時三二歳］、もうこれから結婚をしないといけない。そしたら自分で家を構えないといけない。車は絶対維持しないといけない。これからの生活をやっていくには最低これだけは必要だから、これだけは欲しいって言った金額を、僕は用意していった。それが［一般的に］どんな金額かは知らずに。そしたら社長が見て、「これは到底出せる金額じゃない」と。しかも大卒でもこれだけのお金は出せないという金額だったの。それがましてや障がい者でしょう。だから、「ああそうですか、失礼しました。また何か機会があったら」と言って出ようとしたら、「そちらの言うことだけを言いに来たんじゃないだろう。こちらの言うことも聞かないのか」って言われて怒られた（笑）」

社長は無遅刻無欠勤、一カ月三〇時間の残業、会社が言った仕事をするという条件をクリアすれば、皆勤手当を出すと言った。通常は初心者なので、給与も下から徐々に上がっていくのだが、近藤の場合はそれでは要求したレベルに追いつかないので、給与体系も仕事も途中のランクから

精神科医の医師と出会った船で（近藤氏提供）

入った。初心者でも仕事にそれ相応のレベルが要求された。卓上旋盤を使うときに姿勢を確保するための椅子を、自分で考案し用意してもらって、精いっぱい仕事をした。一年半言われたとおりに無遅刻無欠勤で働き、信頼を得た。タッパーウェア時代に鍛えた体と親譲りの手先の器用さがものをいった。

　働き始めて二年目のあるとき、タッパーウェア時代に知り合った精神科医から手紙がきた。その医師とは、近藤がダートと全国をまわっているときに、移動中の船の甲板で出会った。彼は兵庫県と宮崎県に精神科病院をもっていて、そこでは身体障害者も働く場があるという。一方、近藤は、「そういう情報がないから、身体障害者は施設の中で何もできない者として扱われている」という話をした。今回の手紙は、この医師がカンボジアに病院をつくることになったから、ぜひ近藤に一緒に働いてほしいと誘ってきたのだった。高飛車な物言いに戸惑いながらも、近藤は行ってみる決心をした。準備をほぼ終えていた矢先、交通事故を起こしてしまった。

近藤は当時アパートで一人暮らしをしていたが、買い物や食事の準備等に女子学生をアルバイトで雇っていた。その子が、近藤が関わっている障害者スポーツの祭典に一緒に行ってみたいと言った。近藤もカンボジアに行く前の最後の参加になるかもしれないと思っていたので、快く連れていく約束をした。当日、二人で会場に向かったとき、運転中の近藤の車の手動式装置のブレーキが壊れ、前の車に衝突し、助手席にいた学生の顔が血だらけになってしまった。

カンボジア行きを前に、準備に費用を費やしていた近藤は途方に暮れた。そのとき、オリオン精密が手を差し伸べてくれた。女学生の整形手術も含めてすべて面倒を見てくれた。その代わりの条件として、会社に残り、さらに障害者雇用を進めてほしいということだった。

近藤はカンボジア行きをあきらめ、会社の障害者雇用に尽力した。幸いタッパーウェア時代に全国の障害者施設をまわっていたこともあって、会社が要求した一〇名の障がい者を集め、会社がつくった寮に住まわせ、仕事を教えた。施設から採用者を連れ出すとき、施設側の反対にあったこともあったが、近藤には迷惑をかける家族もいなかったから、思ったことを思いどおりにすることができた。

「やる、言うたらとことんやれるわけ。責任は私がとればいいいんだから」。

そうして集めてきた障がい者たちとバスケットボールチームもつくり、県大会に出て優勝もした。会社は厚生省から障害者雇用で表彰も受けた。業績が上がり、障がい者たちの給与を増やすこともできた。

この当時、すなわち、一九六〇年代後半から一九七〇年代初頭の時期は、障害者雇用がようやく軌道に乗り出した頃といえよう。身体障害者雇用促進法が制定されたのは、一九六〇年のことである。高度経済成長での人手不足やＩＬＯ（国際労働機関）の職業更生（障害者）第九九号勧告の要請及び政府内での憲法（第二七条勤労の権利及び第二五条生存権）の保障への意識などに後押しされての制度化であった。割当雇用制度が導入され、一九六〇年の法定雇用率は、当時の区分で、官公庁として現業的機関が一・四％、非現業的機関が一・五％であり、民間の工場などの現場的事業所が一・一％、事務的事業所が一・三％で一九六一年の民間事業所の実雇用率は〇・七八％であった。それが一九六七年には実雇用率は一・一三％となり、ほぼ目標を達成する状況となった。そして翌年一九六八年に雇用率は一律一・三％に変更された（上田 二〇一〇）。

ただし、雇用率制度は、「障害者の雇用は、雇用主の理解のもとで実施されるべきで強制するものではない」という考え方から、民間においては努力規定であり、法定義務化されたのは、オイルショックの影響を受けた一九七六年の改正時であった。賃金においても「労使間の自主決定で、本人の能力・能率に応じて支払われるべき」という考えのもと、障害者は一九五九年に制定された最低賃金法の適用除外の対象となったため、最低賃金の保障もなかった。またＩＬＯ勧告が障害種別を身体障害に限定していなかったにもかかわらず、日本は「判定基準が明確ではない」として知的障害や精神障害などは除外し、身体障害に限定した。加えて身体障害者に通常困難な業務については、除外率も設定した（杉原　二〇〇八）。身体障害者雇用促進法がこうした限定的で雇用主の善意に依存した制度として成立していた点には触れておく必要があるだろう。

やがて、若い障がい者たちは力をつけ、近藤以上の仕事をする者も出てきた。近藤は自分の技術以上のことは他の健常の職員から教えるように会社に言ったが、会社は近藤以上の仕事を障がい者にさせようとはしなかった。会社は近藤をトップに据え、全体を統制させたいと思っていたのだろう。だが、近藤は自分よりも技術を身につけられる才能あふれる若者の足手まといになるのならと「ポンって辞めちゃった」。

そのとき、ちょうどオーダーメイドの車椅子をつくる会社を興すからこないかという誘いを受け、渡りに船とそちらに移った。「ドルフィン」という会社だった。障がい者は近藤一人だった。

「車椅子に乗った営業マン、日本で僕だけだからね。すっごい目立つのよ。で、病院の先生なども目をかけてくれて、「あれはもう当事者に任すほうがいいから、近藤が来たらこの仕事はやる」と「病院の先生が」言った。大阪の病院なども「同様に病院の先生が」任してくれるわけよ」

自家用車が運転できたこともあり、近藤は重宝された。営業の担当として兵庫、京都、大阪、そして青森と広範囲を任され、全国を飛びまわった。訪問先は病院のほか、市役所、福祉事務所と車椅子を扱う部署に積極的に顔を出した。

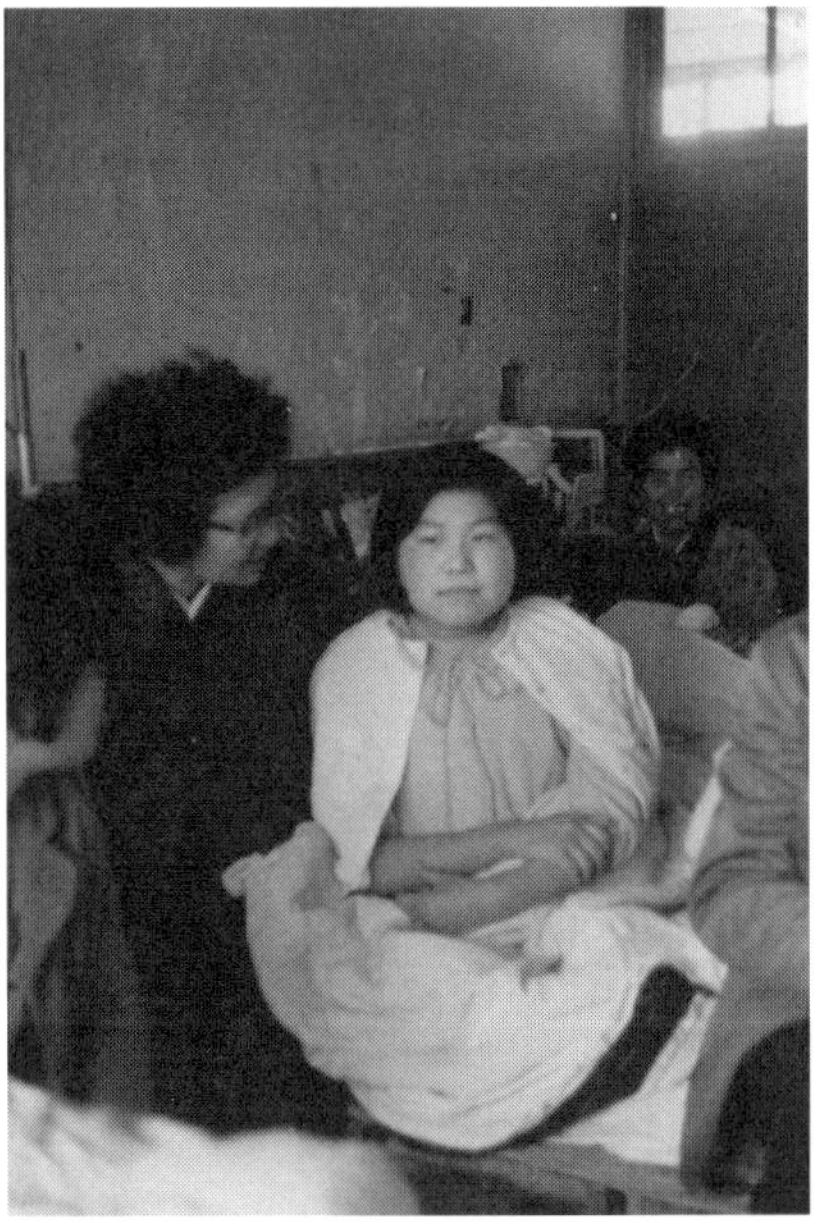

施設に入所していた頃の樋口（樋口氏提供）

2　結婚

出会い

のちに伴侶となる樋口恵子との出会いは、近藤が三〇歳、樋口が一四歳のときのことだった。当時樋口は高知の肢体不自由児施設に入所していた。樋口の障がいは脊椎カリエスである。樋口が生まれた一九五一年当時、結核は国民病とも呼ばれ、樋口誕生の前年である一九五〇年の国民の死因一位は結核だった。[3] 樋口の父は一九歳で結核を患って以来、菌が体に内在していて、罹っては治るを繰り返していた。そのせいか、樋口は一歳半のときに結核性脊髄炎、すなわち脊椎カリエスに罹患した。

小学校は当初地元の普通学校に通っていたが、小学校高学年になるとカリエスの再発が判明した。家の近くの病院、さらに高知の子ども病院へと入院したが、治療に長期を有すると分かり、施設であれば勉強を続けられるということで、自ら志願して肢体不自由児施設に中学生から入所

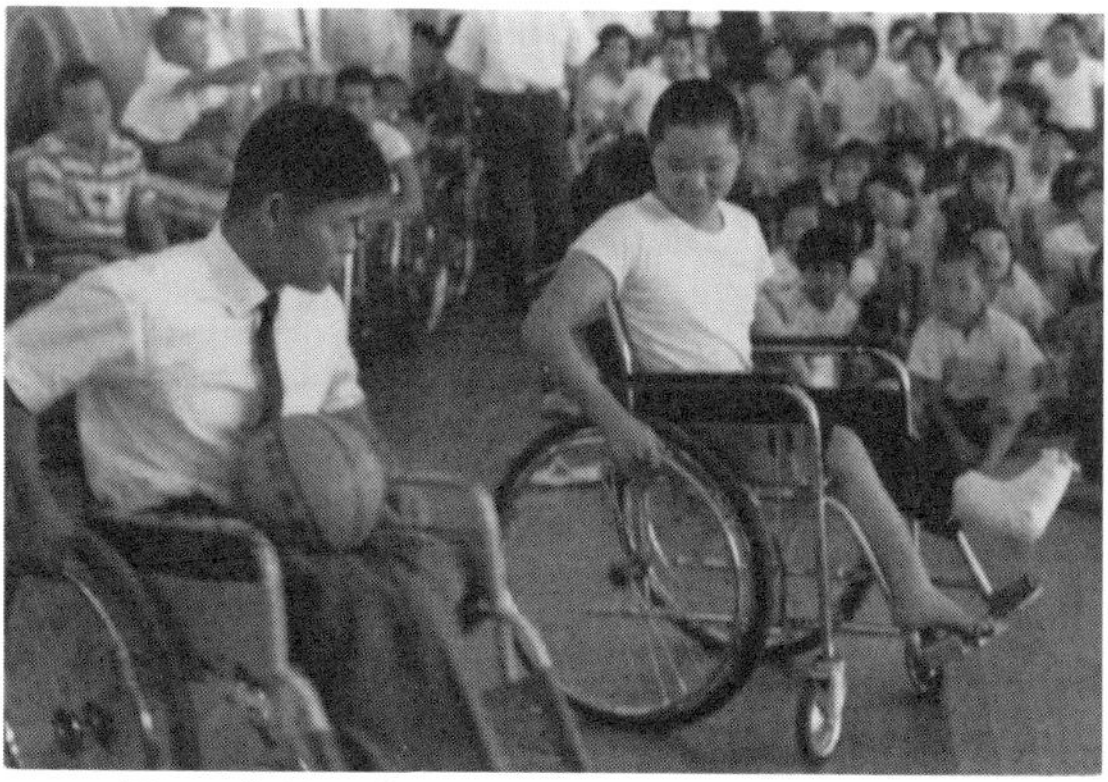
樋口の施設を訪問したときの近藤（近藤氏提供）

した（第4章参照）。

その頃、近藤は日本タッパーウェア社に所属し、ダートに同行して全国の障害児施設をまわり、車椅子バスケットボールを披露して子どもたちを勇気づける活動を行っていた。近藤が樋口のいる施設を訪問したとき、樋口はベッドに寝たきりだったため体育館に行けなかったが、近藤はそういう子のためにと病室をまわった。樋口はベッド上で近藤と出会った。

「私の中では車いすに乗っていて、いきいきと働いている人というイメージ」（樋口　一九九八、一二三頁）。

その後は、近藤が仕事で全国をまわりながら、訪問したことのある施設に出すはがきの一つが、樋口のもとに送られてくるような関係だった。樋口は中学校卒業の頃に、進

3　厚生労働省「人口動態統計年報　主要統計表」「第7表　死亡順位（第5位まで）別にみた死亡数・死亡率（人口10万対）の年次推移」。https://www.mhlw.go.jp/toukei/saikin/hw/jinkou/suii09/deth7.html

路相談の手紙を近藤に送ったことがあった。当時、樋口のいた施設に併設されていた養護学校は中学校までしかなかった。卒業後はみんな職業訓練学校に行き、技術を身につけて親元に帰るのだった。

「彼女から、自分はまだ何も社会のことを知らないから、勉強を続けたいのに、もう勉強はここでは終わりですよと、施設だから。あとは自分で仕事を選びなさいって言われているって手紙が来て。『私はそんなことしたくない。どうしたらいいんだろう』って。で、僕は『まだ若いんだし、自分で何を選びたいというのもないなら、勉強するほうがいいんじゃない？　そのうち必ず自分で何をしたいというときが出てくるから、それまではあまりふらふらせず学校で勉強するほうがいいんじゃない』と言った」

近藤はあっさりと言葉をかけたように言ったが、手紙を受け取ったほうの樋口は、もう少しロマンティックな印象だった。

「『自分の思うように生きていいんだよ。名前のとおり、きっと恵まれた子だから、よい人生を歩いていけるでしょう。自分の可能性を今、見つけられないのならそれが何か見つけられるまで、勉強して知識を広げておけば、自分がやりたいことが見つけられるからね』といった返

事をもらいました」(樋口　一九九八、二三頁)

樋口は、施設のベッドに寝たままで高校受験を受けられないか模索したが、かなわなかった。加えて、幼い頃から治療に使ってきた強い薬の副作用のため、ひどいめまいに襲われる日が続いていた。薬を止め、症状が回復するとまた薬を使う。この繰り返しのなかで、死をも覚悟し、どうせ死ぬなら家に帰りたいと意を決して父に手紙を書いた。樋口の父は、祖母が危篤と偽り、樋口を施設から一時帰宅させ、二度と戻らせなかった。

再会

樋口は施設を出て家に帰ると回復の兆しを見せ、その後徐々に体力をつけ、やがて地元の高校に通うようになった(第4章)。高校卒業後は、大阪の大学へ進学することとなり、卒業を前にした年の年賀状でそのことを近藤に告げた。すると、久しぶりに返事がきて、仕事で大阪に行くことがあるから、連絡するとあった。その後、樋口は大阪で大学生活を開始したが、思い描いたものとは異なっていた。溺愛していた猫の死も重なって、樋口は哀しみのなかあちこちに手紙を書いたが、そのなかに近藤がいた。近藤から突然電話がかかってきて、二人は会うことになった。その頃、近藤はドルフィンに所属し、前述のように関西方面を担当していた。

「大阪は僕の営業範囲。だから一、二カ月に一遍は必ず行っているから、『今度いったら会おう』ってことになって、学校の前で待ち合わせたわけ。ところが待ち合わせ場所に行ってもいない。寝たきりの彼女しか知らないから、まさか歩いているとは思わないじゃない。自分が長いあいだ車椅子に乗っているから、『車椅子に乗っているだろう』と思い込んでいた。で、彼女はまさか僕が車で来てるなんて思わなかった」

最初は出会えずすれちがったが、この時代は誰でも待ち合わせ場所で三〇分は待つような時代だ。近藤が車で何度か待ち合わせ場所をまわり、そこに待っている背の小さな女の子が樋口だと分かると、樋口も何度も同じ車がまわってくるので、その車を運転しているのが近藤だと分かった。ようやく互いが分かって近藤の車に乗ると、二人は海に向かった。

近藤「『どこに行ってみたい?』と言ったら、『海が見たい』というから、『じゃあ、海を見に行こう』って走り出して。いろいろ話して、今の彼女の生活を聞いたら『もうここは自分が考えた大学じゃなかったから、辞めようと思っている。もう一回四国(故郷)に帰って、出なおそうと思っている』って」

樋口「大学に行ったら、女の子が私ともう一人しかいなくて。その人は地元で、地方から出てきた女の子は私だけだった。運動系の学生が授業前に勧誘したりとかしている様子がとても怖かった。本当に。私は段ボールぐらいの筋金入りの箱入り娘として育てられたから。猫が危篤状態になったときも、「親友が亡くなりそうなので帰ります」って言って家に帰ったぐらいだったから」

大学の話、家族の話、どれもが近藤にとってはまったく経験したことのない話だった。そんな話をしているうちに海が見えてきた。

近藤「「あ、海が見えてきた」言うたら、「これは海じゃない」って言うから、「なんで？」って」
樋口「油がぷかぷか、船もぷかぷかみたいな、これは海じゃございません」

一九七〇年代初頭の、高度経済成長期の工業地帯の海である。生まれ育った高知の澄んだ海とは比べものにならなかったのだろう。志した大学、都会での生活、そして海までも彼女の思ったとおりじゃない。近藤は樋口が不憫に思えた。その後、夕食を食べ、いろんな話をした。話はいつまでも尽きず、とうとうその日は車で夜を明かし、翌日、こんな言葉を残して、近藤は去っていった。

近藤「それなら東京で、うん、大学はなんぼでもあるから、合うところがあるんなら行ったらどう？って。僕のところに来て、東京で行きたい大学を見つければいいんじゃない？って言った」

樋口「僕のところから学校へ行ってもいいよ」と言ってくれました」

確かにずいぶん前から知り合いではあったが、実際に会って面と向かって話をするのは今回がほぼ初めてだった。それなのに、東京に来ればいいという言葉、交際ゼロ日でのプロポーズに樋口は驚いた。

「会って二回目、大阪で会ってその日にいろいろあったから、「これはなんだろう？　この人はいったい何を考えているの？　この人の真意は何？」って」。

その日を境に近藤から頻繁に電話がかかってくるようになった。当時、電話は個人で所有している例はほとんどなく、アパートの場合は管理人室にかかってきた。あまり頻繁にかかってくるので、管理人に迷惑がられるようになるほどだった。「外の公衆電話からかけて、かけ直してもらったり、苦労しながらもはりのある、心ときめく青春時代」（樋口　一九九八、二八頁）が樋口にやってきた。

近藤は関西方面の出張のたびに樋口に連絡をし、二人で会うようになった。

「僕は大阪に来るたんびに、彼女に今度はいつ行くよ、いつ行くよって。今度は京都で、次は神戸でって、毎回会うじゃない。そうしたら段々ひかれていくのはあたり前じゃない。感情が熱くなっていった」

最初の「僕のところに来たら」という言葉が、確実に「結婚」という意味を帯びてきたのは、むしろそのあとだった。近藤にはそれまでも結婚話はあった。仲間と暮らしている寮にも、たくさんの結婚話が舞い込んできた。近藤はほかの人からまわされてきたお見合い写真を最後に対処する「処理役」だったという。それが本当だったかどうかはともかく、いろいろ話はあった。でもその誰ともまったく違う樋口の経験、樋口という存在に、近藤はどんどん引き込まれていった。樋口も同様だった。まったく違う人生を経験している近藤。分からないけれど、引き込まれていく気持ちに身をゆだねてみようという思いになっていった。

樋口「彼は、これまでいろんなことを経験している人。そんな彼に「僕のところに来たら」なんて付き合ってもいないのに言われて、ほんとに大丈夫かな、私騙されていないかしらと思ったけれど、でもまあ付き合い始めて。だんだん会っていくなかで、私もこの人に賭けてみようかなと思うようになって。もしかしたら騙されているかもしれない。でもそれでもいいか、みたいな感じ」

樋口は五月に近藤に再会したあと、高知の実家に帰った際に母に、近藤のお兄さん[4]から「自分のところに来て東京の大学を探したら」と言われたことを告げた。母親はタッパーウェア社の販売員を志した時期もあり、樋口が施設にいるとき近藤が樋口の施設を訪問し、そのベッドサイドまで行って話をしたこともよく覚えていた。「母は「良かったね」と言ってくれました」。

樋口は「小さい頃から、恋愛とか結婚とか普通の人と同じことを考えてはいけない、自分で仕事を持ち、楽しみも作って一人で生きていかなくちゃいけない、一人で生きていくんだと思っていた」。その彼女が大学を前期で辞め、夏には近藤が樋口の実家に挨拶に訪れ、そして次の年の正月にはお披露目をして東京に行くことになった。近藤三六歳、樋口二〇歳、二度目の出会いからわずか七カ月ほどでのできごとだった。

新婚生活

最初の生活は、ドルフィンの寮で始まった。ドルフィンは当初はカセットテープをつくっていた会社だったが、経済事情で倒産し、そのときに社長は自分がやりたいと思っていた車椅子の部門だけを残した。近藤はそこに唯一の車椅子営業マンとして入社し、男ばかり六人の寮で暮らしていた。ちょうど、それまで寮の賄いをしていた女性が辞めていなくなってしまい、樋口はその代わりをつとめることになった。

「私が女だから、「家にいて、やって」って。「朝と晩、ご飯をつくってくれたらいいから」って」。しかし前述したように筋金入りの箱入り娘はたくさんのエピソードをつくることになった。

樋口「私、キムチなんか食べたことなかったから、田舎では。それで［当時は］一斗缶みたいなので売っているでしょう。市場で買ってきて、開けたら中に何かどわっとものすごいものが入っている。せっせと洗ったわけ。白菜のお漬物食べる感覚で。そうしたらもうみんなから激しいブーイング。働いている人の中には在日［コリアン］の人もいて、おみそ汁にも七味かけて食べるような人だったから、ものすごい激しいブーイングだった」

近藤「寮長は新聞読みながら食べるから、真っ黒に焦げたハンバーグは寮長に食べさせたね。新聞読みながらだから分かんない」

4　樋口と樋口の家族は、近藤のことを結婚後も「お兄さん」と呼んだ（樋口　一九九八）。

樋口はみそ汁のだしをとることも分からなかった。それまで実家では食事などつくったこともなかった。大阪での短い一人暮らしが唯一自分で料理をした経験だった。それがいきなり六、七人分の男性の食事をつくることになったのだから、大変だった。それでも料理の本を見ながらなんとかやっていくしかなかった。加えて、関東の気候に慣れるのにも時間がかかった。

樋口「なんとかとからっ風みたいな、荒野に立っているような会社と寮だったから、私は高知で育ったからその寒い風のなか、洗濯物を干すのなんか、もう大変でした」

それでも樋口は持ち前の明るさと笑顔で乗り切ったのだろう。

近藤「恵ちゃん、恵ちゃん言ってみんなかわいがってくれたね。すごくいい雰囲気だった」

やがて、四月からの新しい東京での大学生活に備え、二人で住む場所を探し、引っ越した。樋口はまだ体力がついていなかったが、少しずつ動けるようになる過渡期だった。

樋口「近藤の会社の社長の奥さんに、掃除機が一人で持てるようになったんですよって言ったら、エ、今までできなかったの？って驚かれて。小さいことだけど、私にとっては一つ一つできることが増えていく時期だった」

だが、生活は経済的にはなかなか安定しなかった。近藤の会社は前述のように倒産を経験した会社だったので、仕事は徐々に軌道に乗り出してはいたが、給料は多くなかった。加えてこんなこともあった。

近藤「ボーナスを目の前にして、社長が言うんだよね。『これがあるとね、何々が助かるんだよね』って。恵ちゃんも家で待っているし、それもらったら高知に帰ろうという約束までして、夢見ているんだけど。そう言われちゃうともらえなくなっちゃう。みんな、当てにしてるんだけど、だんだんこういうことが重なると嫌気がさしちゃう。それでしまいには紙一枚、株券とかって渡されて、これがなんぼで投資したことになるって説明されたけど、そのお金は戻ってくることはなかった」

そんななかで、妻が大学に行くというのは異例のことだった。

樋口「お兄さんの会社の人が言ったこと。『僕はね、一番高い買い物はこのホンダの車だよ』って言ったら、『いやぁ恵ちゃんでしょ』って（笑）。どういう意味？　ねえ！　私にお金がかかるってことでしょう？」

傍《はた》からは分からなかっただろうが、学費は親に出してもらっていたし、在学中は奨学金をもらっての生活だった。

近藤「僕は恵ちゃんの奨学金で生活させてもらったようなもんだから」

樋口は母が以前税務署に勤めていたことから、税理士を目指していた。大学も商科大に入った。後に樋口はやりくり上手と言われたが、それは学問的な裏付けもさることながら、こうした日々の実践のなかで培われたものだったのかもしれない。

3　社会とつながる

「東京スポーツ愛好クラブ」から始まった

近藤は、日本タッパーウェアを辞めてから、仲間たちと車椅子バスケットボールチームをつくった。

「ダートさんが、「お前たちにお金をあげたのは、日本の障害者たちにサポートがないからだ」って言ったから、だからダートさんが帰ったあと、障害者スポーツを広めるのは僕たちの役割だった」

それが「東京スポーツ愛好クラブ」という、日本で最初の、民間の車椅子バスケットボールのクラブチームであった。一九六七年のことだった。どこから寄付を受けるでもなく、自分たちで必要なものは持ち寄った。

「僕たちの集まりを見て、びっくりしたって元気な人（健常者）に言われたけど、僕たちは自分たちで自分たちのスポーツをやるのに、なんでお金がいるのって思っていた。だって、広げないと。今からつくっていかないといけないのに、どこでお金もらうとかじゃなく、自分たちで全部やるわけ」

近藤の場合は、ドルフィンでの仕事で行き来のあった関西方面でも車椅子バスケットボールを広めた。樋口と付き合うようになってからは、前述のように樋口を連れていくこともあった。

「たとえば、土曜日は午前中が仕事で、所沢で終わるじゃない？　そしたら車に乗って京都、大阪、兵庫に、今度はバスケットをしに行くわけ。土曜日の夜、体育館を押さえておいてくれて、仲間が集まって車椅子バスケットをやる。その中に僕が入るわけ。日曜日も朝からバスケットをやって、夕方みんな帰っていくときに、「おお、もう今日はこれで終わろう。帰ろう、さいなら」って僕はそれから所沢に帰るわけよ。京都、大阪、兵庫から。みんなは家に帰るわけだけど。所沢についたら、月曜日の朝、早朝になるわけ。そのまま会社の前にポンと車を止めたらその中でグーッと寝ちゃうわけ。そうしたらドンドンとドアが叩かれて、「近藤さん仕事だよ」って言われて仕事をする」

この頃、東京パラリンピックの影響を受け、障害者スポーツが少しずつ全国に広がりを見せ始めていた。一九六五年には日本身体障害者スポーツ協会（現・公益財団法人日本パラスポーツ協会）が設立され、全国身体障害者スポーツ大会（現・全国障害者スポーツ大会）が催されるようになった。毎年、国民体育大会のあと、都道府県の持ちまわりで開催されるため、担当都道府県では大会の準備段階で障害者団体に呼びかけ、たとえば車椅子バスケットボールのチームをつくるなど障害者スポーツの基盤を整備するようになった。一九六六年には、国立リハビリテーションセンターで、障害者スポーツに関する指導法の初めてのセッションが行われ、以後、一九六八年に障害者スポーツの振興を目的として資格制度が導入され、毎年指導者研修が開催されるようになった。[5]
このように公式的な活動は広がりを見せてはいたが、運営基盤は未熟なものだった。日本身体障害者スポーツ協会は、国際パラリンピック運営委員会の財源[6]を引き継いで発足したが、その後しばらく下部組織も存在せず、助成金に関する規程などもなく、ボランティア一人が活動を支えていた（田中　二〇一三、一九頁）。当時、近藤たちの手弁当での活動が協会に認識されていたのかは、はっきりしない。

一方、近藤たちは自分たちで活動を起こして車椅子バスケットボールを楽しんでいたが、肝心の体育館を貸してくれるところを探すのは大変だった。それは、お金だけの話ではなかった。

「車椅子の跡がつくでしょ、コートに。それで貸してくれるところがどこもなくって、川口（埼玉県）の新しい体育館が段差もなくて貸してくれたんで、東京の人はみんな川口でバスケットの練習をしてた。そのうちに、あまり遠いから、やっぱり東京の中で探そうよって、コンちゃん探してよって言われて、僕が探し役になるの。それで都庁に行って交渉するなかで、新

5　現在は公認パラスポーツ指導員として定着している。公認養成講習会の受講のほか、認定された大学や専門学校に在籍して、該当するカリキュラムの単位を取得することで資格が取得できる。資格も初級、中級、上級の指導員、パラスポーツコーチ、パラスポーツトレーナー、パラスポーツ医など六種類に分かれている。詳しくは、「公益財団法人日本パラスポーツ協会」 https://www.parasports.or.jp/index.html

6　二二〇四万四七三〇円（田中　二〇一三、一九頁）。

宿なら使っていいよって言われたわけ。新宿の体育館。で行ってみたら、入り口に二段か三段大きなコンクリートの段差があるわけ。で、今度はそれを取ってもらわないと使えない。だから許可をくれるだけじゃダメなのよ。それで、段差を取るっていうのはものすごく抵抗があったのね。東京都と掛け合って、とってもいいか、お金はこっちでかけるからと言って。東京都はいいと言っても、今度は新宿区がいいと言ってくれなかった。そんなことをやっているうちに、僕は街づくりの運動をやっているというふうに見られるようになった。近藤が障害者の街づくり運動をやっていると」

車いす市民全国集会

一九七三年は福祉元年といわれた。[7] 高度経済成長の恩恵を受け、当時の田中角栄内閣は福祉に力を入れようとしていた。ちょうどそのとき、厚生省は「身障者モデル都市」づくりとして、仙台市、下関市、北九州市を選択した。特に仙台市では、このとき障害者の生活圏拡大運動が始まっていた。生活圏拡大運動とは、「西多賀ワークキャンパス」という重度障害者の施設の一人の車椅子利用者とそのボランティアが仙台の繁華街に出かけた際、物理的・社会的な障壁に気づき、その原因を探るところからスタートした。一九六九年のたった二人の活動から、やがて「西多賀ワークキャンパス」の筋ジストロフィー患者たち[8]と学生ボランティアを巻き込み、一九七一年には「福祉のまちづくり市民の会」が発足、まちづくり運動へと広がっていった。仙台市にある三越デパートが、全国にさきがけて車椅子利用者も利用できるように四階トイレを改修し、県庁と市役所も一階トイレを改修、県庁の正面玄関にスロープを設置、県内の福祉事務所が一階に窓口を構えるなど、官民挙げての具体的な活動が実を結び始めていた（平川 二〇〇六）。

「そうしたら、朝日新聞厚生文化事業団が、全国で細々ながら街づくりというものをやっている。エレベーターに乗せてくれとか、バスに乗せてくれとか、段差を取ってくれとかいう運動をしている障害者を集めて、仙台に行こうと言ったの。福祉モデル都市を見に行こうと」

一九七三年九月二十日、東京、名古屋、京都、福岡、那覇などから三十人ほどの障がい者[9]が仙台に集まって「車いすの身障者による仙台体験旅行と福祉のまちづくり運動（略称「福祉のまちづくり・車いす市民交流集会」）」が朝日新聞厚生文化事業団と仙台市「福祉のまちづくり市民の会」

7　ただし、その年の秋にはオイルショックの影響ですぐさま「福祉見直し」に転じた。
8　のちに「ありのまま舎」（http://www.arinomama.or.jp/）を創設した山田富也などが関わっていた。
9　山田昭義（二〇一三）によれば二九名となっているが、平川（二〇〇六）、横須賀（二〇一六）では三〇名となっている。

の主催で開催された。四日間、活発な議論が展開されたが、そのとき、運動のあり方として決まったのは、生活圏運動から生活権運動にシフトしていくことであった。「西多賀ワークキャンパス」で施設見学を行った際、外出に際していくつもの印鑑が必要だったことに対し、参加者から強烈な批判がなされ、この「生活権」拡大の意義が明確になった。つまり、この運動は生活する場のバリアフリーの問題だけでなく、そこに生活する者の移動の権利や自らの行動を決める権利の問題だった（山田　二〇一三）。

近藤は、この集会において、障害者自身がものを言うことの重要性を説明するに際し、「尻の下のぬくもりからの発言」という言葉を主張した。

> 「「足が地についていない」などと言いますが、私たちは現実に足を地につけていませんから、それで私たち車椅子障害者でなければわからないことを言葉にしようということなのです。たとえば道は一見、平らなように見えても、車椅子で歩いてみると右に左に傾いていたり、何か重いなあと思ったらゆるい登りだったとか、そういう微妙な障害者自身の体験に原点を置こうという意味なのです」（近藤　一九九六、一五－一六頁）

その後、この集会は隔年で一五回、すなわち三〇年続く運動となった。[10]

「厚生文化事業団は一回だけのつもりだったのよ。ところが、そこで侃々諤々《かんかんがくがく》やったもんだから、どうして二回目はやらないのかということになって、僕たちは自分たちで車いす市民集会をやろうって言いだして、そしたら朝日新聞も後に引けなくなったのね」

山田昭義[11]（二〇一三）によれば、隔年になったのには、一九七三年の翌年に第二回を行う予定だったが、ホストをつとめた東京のメンバーの中で活動路線の集約ができず、運動を根本から立て直す必要が出て、その後、全国の中心的なメンバーが手弁当で集まり、隔年での開催と決定したという。近藤は、一五回のうち一三回大会までは参加した。

10　一九七五年第二回京都、一九七七年第三回名古屋、一九七九年第四回東京、一九八一年第五回大阪、一九八三年第六回山形、一九八五年第七回沖縄、一九八七年第八回静岡、一九八九年第九回兵庫、一九九一年第十回愛媛、一九九三年第十一回山梨、一九九五年第十二回熊本、一九九七年第十三回福島、一九九九年第十四回鳥取、二〇〇一年第十五回秋田。なお第十二回熊本大会は、全国自立生活センター協議会（ＪＩＬ）との共催で第七回自立生活問題研究全国集会と合同開催、その後、第十三回福島大会、第十四回鳥取大会、第十五回秋田大会はＪＩＬとの共催、全国障害者市民フォーラムと名称を統一して大会を実施した（横須賀　二〇一六）。

11　山田は第一回車いす市民全国集会に参加し、その後、朝日新聞厚生文化事業団の後援を受けて、一九七四年、第一回東海４県車いす市民交流集会名古屋集会を開催した。この会は、その後二年に一回、二〇二一年までに二四回、開催された。

「沖縄でもやったかな。[12]そしたら、ここから沖縄まで行くのにどれだけ公共交通機関に乗るのに危ない思いをしたか、怖い思いをしたかということを、行った現場でみんなが体験を発表するわけ。みんな言えるよね、体験してここまで来ているから。そうやって当事者性を育てていくというか。……そうでないと、人が代弁ばっかりするわけよ、親とか。代弁することによって障害者問題をそれまでやってきたわけ。障がい者の声っていうけど、それは親の声であったり、親の希望であったりするのに、それが障がい者の声になっているわけ。そうじゃなくて、そうやってつくり上げた当事者の声こそ、生の声であって、親の声とは全然違う意見が生まれてくるのね」

市民集会を開けば一〇〇人近い障がい者が全国から集まってくる。移動手段、宿泊、街の中の食事やトイレ等々環境整備を二年かけてやることで、市民集会の開催地はバリアフリーになる。同時にまたそれは単に「生活圏」だけではなく、交通費の問題、仕事の問題、そして女性障害者[13]の問題にまで発展し、まさに「生活権」、生活する者の人権の問題にまで広がった。

小括——仕事、伴侶、社会運動との出会いを可能にしたもの

三十代は近藤にとって、仕事を得、結婚し、そして社会運動と出会うという、その後の人生を

支える基盤整備の時期となった
　中村医師の推薦を得て、近藤は、持久力と持ち前の人と人を結びつける性格とが見込まれて、日本タッパーウェア社という恵まれた環境を手に入れることになった。そこで創始者であるジャスティン・ダートに出会った。ダートは、公民権運動に熱心に取り組み、のちにADAの制定に深く携わり、ADAの父と呼ばれるほどの人物だ。また高度経済成長期の日本でタッパーウェアの販売で富を築いた実業家でもある。ダートは、東京パラリンピックでの日本の惨敗ぶりをみて、日本への恩返しとして障害者スポーツの環境整備に力を注いだ。そして、近藤たちに障害者自身が自分たちで環境を変えていくことの重要性を伝えてアメリカへと帰っていった。
　その後、近藤は、日本の市場に出まわっていなかった収尿器を自ら製作して販売したり、オリオン精密で障害者雇用を進め、車椅子バスケットボールチームをつくり、さらに自分が才能ある若者たちの足かせになると分かると、ポンと辞めて次に移った。そしてそこでも車椅子バスケットボールを広げ、やがてその活動は街づくり運動へと展開していった。常に障害者を取り巻く環境を変えようとはたらきかけてきたダートと近藤の姿が、ダブって見えてくる。

12　一九八五年第七回が沖縄大会であった。
13　一九七九年の大会で、子宮摘出問題が議論され、その後一九八一年大会では「女性障害者問題」という分科会が催された。参加者は一〇〇名近くに及んだ（瀬山　二〇〇一／横須賀　二〇一六）。

こうしたことが可能になったのは、近藤の性格や努力、中村裕医師やダートなどの良き人との出会いがあったわけだが、当時の時代背景に触れながら振り返っておく必要がある。

本章は、主に一九六五年から一九七三年までを取り上げたが、この間は、日本が高度経済成長のただ中にいた時期、そして一九七三年は福祉元年と言われ、福祉が推進された年でもある。同時に一九七三年のオイルショックに伴ってその終焉を迎えた時期とも重なる。

障害者雇用との関係でいえば、高度経済成長による労働力不足、政府の憲法への意識、ＩＬＯや諸外国の国際的な潮流に乗る形で身体障害者雇用促進法が一九六〇年に制定された。法は法定雇用率を定め、国・地方公共団体には義務化し、民間企業には障害者雇用を進めるようにうながしたが、義務とはしなかった。しかし徐々に雇用率は高くなっていった。その背景には、身体障害者等雇用奨励金や職場適応訓練の創設などの影響もあろうが、若年労働力の不足により、中小の零細企業が、従来正規の労働力として認識してこなかった身体障害者のそれを積極的に取り入れていったことがある（山田　一九九二、四七－四八頁）。一九五九年に労働省が実施した身体障害者雇用状況調査によれば、民間事業所において従業員五〇〇人以上の事業所の雇用率は〇・七七％、一〇〇名から四九九名の事業所で〇・五二％であるのに対し、従業員一〇名未満の事業所においては一・七二％となっていた（杉原　二〇〇八、九八頁）。この傾向は、一九七三年でも変わらなかった（同前、一〇三頁）。このような状況について、障害者本人の就職意欲が不十分であることとともに、事業主については、障害者に適する仕事がない、あるいは企業経営の負担になるなどの先入観が根強く残っていることが原因であるという指摘もあった（同前）。そのため、一九七六年の法改正では民間企業への法定雇用率の義務化、法定雇用率を守らない企業には納付金を支払ってもらう制度が導入されることとなった。

近藤の就職の場合、本人の経歴や器用さ、自動車の所有と運転技術など、個人的な要因のほうが就職に影響を与えていたと思われるが、その後、オリオン精密での障害者雇用の広がりや、零細企業への転職は、企業になんらかの制度による恩恵があり、促進された可能性は否定できない。とはいえ、近藤の働きを通して、障害者の就労意欲への疑念が払しょくされ、高度経済成長による労働力不足を、障害者が解消できるという、事業主の障害者雇用への理解が深まったことは大きな収穫といえるのではないか。

続いて結婚については、偶然の出会いと奇跡の積み重ねではあるが、時代の影響もある。近藤と樋口は施設で出会った。第4章に詳しく述べるが、樋口が施設での生活を選び（選ばざるを得なかった）、それを可能にしたのは、ちょうど樋口が入所を希望した年に施設の定員が増え、養護学校が併設されたことによる。障害児・者の入所施設の増設、施設福祉の推進の財政的裏付けとして、高度経済成長が影響を及ぼしていた。

その後、一九七〇年、近藤も樋口もすでに施設にはいなかったが、心身障害者対策基本法が制定され、また社会福祉施設緊急整備五か年計画が策定され、入所施設は数を急激に増やしていった。特に大規模収容施設、いわゆるコロニーは、これまで施設利用の対象者と認識されてこなかった重症心身障害児・者が終生利用することができる施設として建設されていった。[14] すでに国際的にはノーマライゼーションの理念のもと、大規模収容施設は解体へと向かっていたにもかかわらず、日本ではこの時期に親の運動に後押しされ、また経済政策に貢献する「社会開発政策」を推し進めるために、将来を見通すことなく進められていった。（三浦　一九七四／船木　二〇一七、二〇二〇）。すなわち、高度経済成長による豊かな財源によって施設収容は進められたが、それはまた経済を進めていくためのものでもあったのである。また「社会開発」への注目も、「所得倍増」への対抗、当時の革新自治体の誕生といった政治的時代背景にも影響を受けていた（船木　二〇一七）。

一九七〇年はまた障害者運動においても一つのエポックメイキングな年であった。東京都立府中療育センターでハンガーストライキが起こり、横浜では障害児殺害の母親への減刑嘆願運動に対する抗議運動が起こっていた。近藤も述べているように、それまでの親たちによる請願運動から障害者自身が要求（一部は強烈な「告発」）（荒川・鈴木　一九九七）をするようになったのである。近藤が編み出した「尻の下のぬくもりからの発言」というスローガンは、車椅子使用者でなければ分からない経験や思いを言葉にしていこうということであり、当事者性という重要なキーワードと結びつく。

障害者自身が前面に出ていく運動が誕生した背景には、経済最優先であった高度経済成長の中で生じた労働問題や、公害・交通災害等の矛盾と、それに対抗する社会運動の高揚、さらには六〇年代に活発であった学生運動が下火になったあとに障害者運動に合流したこと等に影響を受けている（荒川・鈴木 一九九七／立岩 二〇一〇）。一九七〇年は女性運動もウーマン・リブ、女性解放運動という新しい運動が誕生した年でもあった。アメリカではベトナム戦争に対する反戦運動が高揚した時期でもあった。それまでの体制、主流に対して、市民が、マイノリティが自らの意見を主張し、それが葛藤しながらも受け入れられる、その土壌が形成されつつあった時代だった。

14 コロニー建設に大きな役割を果たした「心身障碍者の村（コロニー）懇談会」の座長は、当時社会福祉事業振興会会長で、元厚生官僚の葛西嘉資であった。葛西は、戦後GHQに粘り強く働きかけ、身体障害者福祉法の制定を実現させた人物でもあり、東京パラリンピックのあと、日本身体障害者スポーツ協会の初代会長となった人物でもある。

第3章　車椅子のソーシャルワーカー誕生

1　思いがけない転職

偶然の出会いから

近藤は一九七四年四月、町田市役所の職員になった。その日の新聞は一斉に「福祉の町田に車いす職員採用」と近藤のことを取り上げた（樋口　一九九八、三三頁）。しかし、その二年前に近藤は町田市ですでに仕事をしていた。当時、革新首長であった大下勝正[1]が福祉に力を入れており、障害者のスポーツ大会を実施したいという希望があった。しかし、市の職員はどうやったら障害者がスポーツをできるようになるのか分からず、車椅子の注文[2]を取りに来ていた近藤の同僚に尋ねた。同僚は「うちの会社に、かなり古くからスポーツを始めた障害者がいますよ」と答えたという（近藤　一九九六、一七頁）。

その後、近藤が市役所を訪ね、福祉事務所で係長の話を聞いたが、その際にこう進言した。

「何をするにしてもそうですが、机上で考えているだけでは話は進みません。第一、どんな障害を持った人が市内にいるのかわからなければ、相談には乗れません」。「私に障害者の実態調査をさせてください。調査の結果、こういう障害者がいるとわかったら、どういうプログラムができるかが見えてくるでしょう」（同前、一八頁）。

近藤は何人かの障害者のリストをもらい、調査に入った。自宅を訪ねる際、アパートの二階など車椅子の近藤には入ることができない場所もあり、妻の樋口が代わることもあった。その結果、市内には重度の障害者も多く、スポーツなどとんでもないと家族に言われる場面もあった。当時の町田市役所の正面には「みどりと車いすで歩けるまちづくり」というキャッチコピーが掲げられていたが、近藤はその言葉と現実のギャップを感じずにはいられなかった。とはいえ、大下市長は重度身体障害者の施設である町田荘の障害者たちの移動を可能にするために、日本で最初の車椅子用バスを開発するなど[3]、すでに近藤が着任する前から精力的に障害者問題に取り組み始めていた。その後、スポーツ大会も実施の運びとなった[4]。

町田市と近藤が知り合った直接のきっかけはこのスポーツ大会だったが、市の職員は近藤のこ

1　一九七〇～一九九〇年まで五期二〇年にわたって町田市長を務めた。社会党出身で福祉問題に積極的に取り組み、「福祉の町田」を確立した。著書に『町田市が変わった　地方自治と福祉』（朝日新聞社、一九九二）など。
2　近藤は、車椅子のオーダーメイドを行う会社「ドルフィン」に勤めていた。詳しくは第2章参照。

とを別の場面でも目撃していた。一九七三年に行われた「車いす市民集会」である。仙台の会場で、近藤は自分たちの言葉を、前述したように「尻の下のぬくもりからの発言」(詳しくは第2章参照)とし、その際基本的人権という言葉を使うかどうかで議論があった。

「障害者の基本的人権に触れる問題だって言ったんだけど、仙台の人たちは「人権という言葉は硬い」と。まだ言葉が浮いてしまう。私はここにこそ、人権という言葉を入れるべきだと。ここが「人権という言葉を使う」もとにならないと、私たちのこれからの運動はないだろうから、これこそ障害者……車椅子障害者の人権問題だと。だから人権という言葉は宣言に外せない、と私一人で頑張ったわけ。それを町田の福祉事務所の係長だった人が見ていた。「あ、近藤さんじゃないか」と。それで市長に言ったわけ。「面白いのが、市長が好きそうな、求めている人間がいる」って」

スポーツ大会のあと、町田市では市長が障がい者を雇用したいと希望していた。当時、町田市ではJRと小田急の駅を近づける都市開発をしており[5]、市長はその開発にも障がい者が排除されないようにと考えていた。駅のバリアフリー化を進めていくには、そして今後のまちづくりを考えたら、当事者を雇いたいという思いが強くなっていた。ところが、適任だと思われた近藤は他所で雇用されていた。そこで近藤に人選を任せた。

しかし、近藤にしてみれば、紹介できるような障がい者を探し出すことは、そう簡単ではなかった。最初に目をつけた人はすでに仕事を持っていて、その仕事をやめるわけにはいかなかった。他にも何人か当たったり、障がい者のほうから売り込んできたりすることもあったが、なかなか町田市の職員にと言えるような人物はいなかった。

返事を伸ばしていると、町田市から「『もうこれ以上待てない』、僕に『来てくれないか』って言われて。とうとうドルフィンを辞めて、そちらに行ったわけ」。

ドルフィンは近藤が会社創設メンバーの一人であったし、当時は創設メンバーとその後に入社した人たちとの間で考え方に違いが出て、会社が落ち込んでいた時期でもあった。自分が離れたらどうなるんだと考えると、会社を抜けるにはそれなりの覚悟が要った。しかし、仲間に相談すると、「近藤さん、人には転機というものがあるんだ。近藤さんがいなくなったあとは確

3　バスの後ろに油圧式のリフトを付けたもの。詳しくは大下（一九九二年、一〇二 - 一一一頁）や、町田市ホームページ（https://www.city.machida.tokyo.jp/iryo/syougai_hukushi/syougaitorikumi/yamayurigou.html）。
4　一九七三年から始まり、二〇一九年は十一月二日に第四十六回町田市障がい者スポーツ大会が行われた。二〇二〇年は十一月三日に予定されていたが、新型コロナウイルスの影響で中止となった。
5　大下は市長就任後まもない一九七〇年に、前年に制定された都市再開発法の適用を受けて、町田駅前の開発に着手した。国鉄との間でエレベーターの設置について交渉が難航したという記載がある（大下一九九二、二八 - 三四頁）。

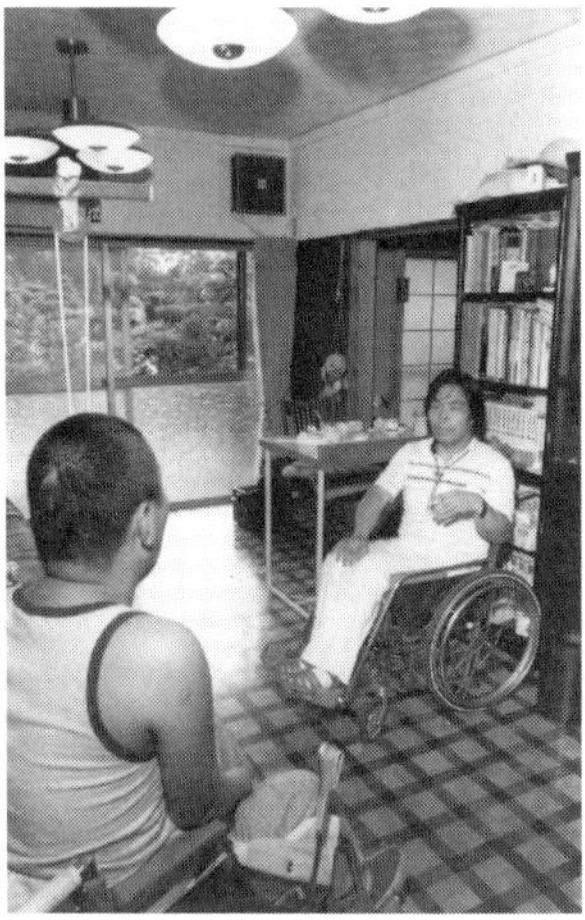

障害のある市民の相談にのる

かに大変だと思うけれど、僕は町田へ行くことを勧めるよ。やってみたらどうだろう」という（近藤　一九九六、二二頁）。もちろん樋口からの後押しもあっての決断だった。

「「公務員嫌いだから、僕、どうしよう」と言うから、「いや、嫌いかどうかやってみて、嫌だったら辞めればいいんだから、トライしてみようよ」といって説得しました」。

係長から聞いた仕事の内容が魅力的でもあったし、生活が安定することも魅力的だった。ただ近藤は小学校しか出ていない。そのことが自分では引っかかる点ではあったが、経験からすればもちろん問題はない。事実、就職後さっそく大仕事に取りかかることになった。

新しい生活の始まり

近藤は三九歳で町田市の職員になった。その年は一四二人の新規採用[6]があった。それくらい町田市の人口が増え、行政組織も拡大していく時代であった。近藤の採用は市長が特別に認めた人材二名のうちの一名で、近藤は実際には小学校卒であったが、大卒・同年齢の資格で就職した。

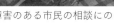

町田での生活を始めるにあたって、最初のアパート探しには苦労した。夫婦で仕事と学業の合間を縫って家を探しに行ったが、部屋を貸してくれる大家が現れなかった。市役所の就職が決まっていると言っても、なかなか物件を紹介してくれない。

「「火を出されたら困る」などと言われ、何か怖いものでも見るような目でみられたり、「お二人だけで住むんですか?」とビックリされたり、私たちはここでも貴重な体験をしました。今でも、障害者が家を借りるのはたいへんなことですが、当時はさらに困難なことでした」(近藤 一九九六、二三頁)

三カ月以上探して、三月二十七日に、町田市と川を挟んだ神奈川県相模原市の二軒長屋の片方にようやく引っ越すことができた。しかしあとで分かったことだが、その部屋は大家がガス爆発を起こして妻が顔に大やけどした部屋だった。

「奥さんが障害を持つ身になったこともあって、私たち障害者の夫婦に理解を示して家を貸してくれた」(同前、二四頁)のだった。

6 樋口恵子への二〇一八年のインタビューによる。

最初の職場は、福祉事務所第二係であった。福祉六法のうち、生活保護法を除く五法を担当する部署である。就職する以前から実態調査を通して近藤の存在は知られていたが、いざ職場の仲間として迎え入れるに際しては相当議論がなされたようだった。

「「車椅子にのった障害者に、階段を上がって家庭訪問をするようなことができるか」、「障害者を受け入れるにはどんな配慮が必要なのだろうか。だからと言ってその障害者を特別扱いすべきではない」といった議論を繰り返し行ったことを、ずっとあとで私は知りました」(同前、二四頁)

一方で、外勤を期待する声もあった。家の中にこもっている障害者を外に連れ出したいと思っているヘルパーにとっては、近藤が車椅子に乗って訪問する姿は、家の中にしかいられないと考えている障害者やその家族にとってロールモデルを示すことになる。

「「ああ、来た来た！」と手を広げて待っててくれていたような職場でした。それだけヘルパーさんたちの間では、障害者のところへ通いながら、家から彼らを一歩でも連れ出すことに大きなエネルギーがかかる時代でもありました」(同前、二六頁)

2　破格の公務員になる

「福祉環境整備要綱」の作成

近藤が入って最初の大きな仕事は「福祉環境整備要綱」（正式名称「町田市の建築物等に関する福祉環境整備要綱」）の作成だった。四月に入職して八月にはでき上がっていたのだから、相当な仕事量だったのだろう。残業は毎日のことだった。樋口は、公務員嫌いだった近藤が仕事にのめり込んでいくさまを「入ったらもう怒涛の中」と表現した。

「福祉環境整備要綱」の原案づくりは、福祉事務所のメンバーだけで行われた。これは近藤の提案によるものだった。どこの市役所にも建築のプロで資格を持った者がいるのだが、彼らを初期のメンバーに加えなかったのには理由がある。近藤は、障害者が街に出たとたんに触れるさまざまな物理的バリアは、建築の専門家によってつくり出されたものであると説く。すなわち「彼らは、元気な人たちにとっては一級建築士かもしれない。しかし、街づくりは、元気な人たちだけを視野に入れたものではなく、障害者や老人、子どもといったハンディを持った人たちも対象にしたものです。それなら彼らは、この分野では専門家とは言えないのではないか。（中略）私が加わったことの意味も、障害者の目で要綱づくりを進めることにあったのではないか」（近藤一九九六、三〇頁）。

建築物に係る要綱の原案づくりに建築家を入れないという発想について、「もっとも、役所生活の長い人たちだけでは、そういう大胆なことはできなかったでしょう。役所のやの字も知らない、障害を持って小学校六年生までしか学校も出ていない私だったからこそ、それほど大胆で思い切った提案ができたのだと思います」(同前、三〇‐三一頁)。

近藤は不利と思われた自分の境遇さえ、あっという間に逆手にとって強みにしていった。

要綱の手続きにも仕掛けがあった。要綱は条例ではないから拘束力はない。しかし、町田市に建物を建てたい人は誰でも、建築指導課の窓口に建築確認申請を出す。その際、床面積の広さと用途の基準によって福祉事務所の窓口に相談するように求められる。すなわち、福祉事務所との調整がなされて初めて、建築確認申請を受理する形にしたのである。福祉事務所の窓口で建物確認申請を担当するのは近藤だ。近藤は「要綱に合わせて建物を建ててください」とは言わない。町田市にどういう人が住んでいて、その建物を使用すると想定される人の中には障がい者もいることを説明する。たとえ建築主が、今は障がい者に使わせないと言っても、それが五年後、一〇年後にはどうか、と問えば、将来にわたって障がい者が使うことを想定しない建物の建築は無理だということが先方にも理解できる。こうして町田では、補助金を出すこともなく、二〇〇〇件近い件数の建物が要綱に従ったものとなった。

由美子との生活

一九七四年十一月、町田市の公民館事業として、心身障害者青年学級が始まった。月に二回、日曜日に行われる活動であるが、障がい者が対象であることから、ケースワーカーのような経験者が必要ということになり、近藤が事業に加わることになった。由美子はこの青年学級に通ってきていた知的障害のある一九歳の女性だった。継母との関係がうまくいかないことで実父が彼女を叩くようになっていた。養護学校高等部がまだ一般化していなかった時代で、彼女は中学を卒業してすぐに一般企業で働き、青年学級の中ではリーダー的存在だった。しかし、家に帰ると家族からバカにされ、父親には叩かれ、しまいには青年学級に行くと生意気になるから、行かせないと言われるようになった。由美子は活動に参加したあとは家に帰りたくないと言い、父親は彼女を家に閉じ込めてハエたたきで叩くようになった。体に痛みが残っている間はこの子は家出しない、ハエたたきなら体に傷も残らないというのが父親の論だった。

しかし、由美子は徐々に家出を繰り返すようになった。父親は警察に捜索願は出したが、そうした行為は、近藤には親の社会的対面を考えたものにしか思えなかった。警察も探し出しては親に戻すだけ。戻された由美子は叩かれ、閉じ込められる。その繰り返しだった。由美子の家の近くに住む職員が、由美子の大きな声を聞きつけると近藤に連絡し、家を出たところで彼女を見つけに行くことが続いた。

あるとき、「あんな家に帰りたくない」と言う由美子を、もうこれ以上家に帰すわけにはいかないと、近藤と樋口は自分たちで引き取ることに決めた。当時はまだ相模原の狭いアパートに暮らしていたが、近藤たちの思いを聞いた福祉事務所が、「由美子の後見人として一緒に暮らしてくれるなら」と市営住宅を貸すと言い出した。四畳半と六畳の住宅と、庭に六畳のプレハブを建てて三人で暮らすことになった。すると彼女の両親は市議会議員や彼女のかつての学校の先生を通じて、近藤たちの行動に抗議してきた。しかし近藤たちは、帰ったら叩かれるとおびえている由美子を家に返すことはしなかった。近藤は由美子の父親が許せなかった。子どもを監禁し叩くような親にただ送り返すだけの警察や、子どもに係る決定権を親に委ねている親権が強い今の日本の法律にも憤っていた。

由美子との生活は、およそ三カ月間続いた。由美子はその間、近藤と樋口がつくった共同生活のルールを守ることなく、二人の生活にぐいぐい入ってきた。当時、樋口が二五歳、由美子が二一歳とあまり年も離れていなかった。それでも由美子は、いつでも愛されたい、無条件に受け止めてほしいと、絶対的な愛を求めてくる一方で、気に入らないことがあるとフラッと出かけて青年学級の担当者に電話をかけたり、タクシーに乗ってどこかに行ってしまったりということがあった。近藤と樋口だけでなく、青年学級にかかわる人たちみんなに、いつでも注目してほしいという思いの表れだった。近藤と樋口はいつ何が起こるか分からないと、服を着たまま寝るような生活だった。

近藤たちの、由美子との生活の状況を知って、福祉事務所長が「近藤さんだけに任せておけない。日曜日くらいきちんと寝てくれ。何かあったらおれが行くから」（近藤　一九九六、八六頁）と言ってくれた。ある休日には、由美子がタクシーの運転手にモーテルに連れてこられてお金をもらったと電話をかけてきて、福祉事務所長は一人では気恥ずかしくて、妻と二人で由美子を迎えに行く一幕もあった。

職場をも巻き込むような状況に置かれたソーシャルワーカーであれば、担当ケースをここまで抱え込んでよいのか迷いが生じるのではないかと思うが、近藤は違った。

「由美子のことで福祉事務所を巻き込むのは、実は私の作戦でもありました。彼女のことを社会問題化し、行政の問題にすることがケースワーカーの仕事だと思っていたからです」（同前、六六頁）。常日頃から由美子との生活で起こったできごとを仕事場で話し、由美子という、ニーズを体現する一つのケースの課題を解決するために何が必要なのか、福祉事務所、市行政全体に訴えかけた。

「たとえ彼女一人の問題であっても、そこから行政の仕事はスタートするはずだという思いが私の胸にはありました。また、それを提起できるのは、私をおいてほかにないと…」（同前、六七頁）。近藤は、「職員という前に一人の障害者」（同前、六五頁）としても由美子の課題をとらえていた。由美子のような知的障害者が親元を離れて暮らしていくにはどうしたらいいのか。議論を重ねるなかで、知的障害者の生活通勤寮構想が立ち上がり、時間はかかったが、その実現にこぎつけた。[7]

由美子自身がこの生活寮に入ることはなかったが、地域の課題を提示し、それを実現していく大きな役割を彼女は担った。そして近藤は行政がやるべき仕事とは何か、人の人生を支えるとは何かを福祉事務所の中で体現したのだった。

兼務の仕事

近藤は公務員の仕事と社会福祉法人の仕事を兼務したことがある。社会福祉法人身体障害者自立情報センターの所長になったのである。[8] これは全国を対象とした自助具の相談センターであり、かつてお世話になった中村裕医師（第1章参照）が理事長として開設したものだった。出資者にはソニーの創業者の一人である井深大、ラジオのパーソナリティであった秋山ちえ子、直木賞作家の水上勉といったそうそうたるメンバーが顔をそろえていた。

「こういうこと［障害のある人にかかわること］は、俺たち障がいのない者がやるよりも、障がいのある人が中心になって進めることがこれから必要だって言って、「近藤を代表にしよう」って、僕を代表にしてしまったの」

「僕は町田市の職員だから、町田市の仕事をしないといけないから言うて、断り続けようとしたら、市長が「それをやるんがお前の仕事で、どんどんやって、いい情報をもってきて、町田でもやってくれ」って、市長に直接言われたもんだから、否応ないわけよ。だからどんどん好きなことをやらせてもらった時代なの」

近藤が所長になったとき、経理として、商科大学を卒業した樋口を雇いたいと要望した。みな、信頼できる人物として快く受け入れてくれた。

「このころから妻を、最も身近な〝社会資源〟として活用することにためらいを感じませんでした」（近藤　一九九六、七二頁）。

それは樋口にとっても大きな経験であった。

「近藤との関係は常にリードされながら、慈しみ育てていただいたというのが私の実感」（樋口一九九八、三五頁）。二人は仕事という公的な場でも二人三脚で歩み出した。

7　一九八六年に「せせらぎ荘」（自立生活通勤寮）が開所とある。一九八八年には「生活寮利用者援護事業要綱」が制定され、一九九〇年に自立生活通勤寮「町田フレンドホーム・ほたる」が開所となっている（「町田市の地域福祉のあゆみ」https://www.city.machida.tokyo.jp/iryo/tiikihukusihoka/machidachiikifukushi.files/tiikihukushinoayumi14.pdf）。

8　一九七六年三月に開設され、理事長は中村裕医師であった（『中村裕先生を偲ぶ』社会福祉法人太陽の家、一九八四年十二月二十五日発行）。

近藤はセンターを辞したあと、その経験を生かして一九七五年から町田の福祉事務所内で自助具の展示相談事業を市単独で開設した。センターでは全国から電話や手紙で依頼がくるのだが、本当に自助具を必要としている人の顔が見えなかった。一方、市では訪問や面談をとおして、その人のニーズを掘り起こすなかで本当に必要なものを見極めることができる。これが自助具の相談として本来あるべき姿なのではないか。この事業の最初の相談員になったのも樋口だった。

ひかり療育園

役所に入って二年目の頃、近藤は街の中に消息の分からない障がい者がいることに気づいた。

「重度障がい者には手当が出ているけど、地域にはその存在が知られていない障がい者がいることに気づいたわけ。何回訪問しても、「本人が風邪をひいているから」とか言って会わせてくれない。で、近所に聞いてみたら「いやぁ、いくつまでだろうね、あの子が生きてたのは」なんていうわけ。でも手当が出ているから、そんなはずはない。親は手当を受け取っているんだから」

重度障がい者がいるはずの家に何度も通うが、本人に会えない。ワーカーの仕事はこれだけではないので、頻繁に通うわけにもいかない。そうして会えない障がい者の数を洗い出してみると、二〇人近くの状況が分からなかった。訪問して継続的に障がい者とかかわれる体制が必要ということで、一九七六年、町田市の独自事業として重度心身障害者在宅訪問事業がつくられた。たとえ本人に会えなくても、一週間に一遍は家を訪問するという「しつこい事業」だった。樋口もその訪問員に加わった。

ある障がい者との出会いが印象的だ。樋口を含め、その家には毎週のようにチームで訪問したが、なかなか障がい者本人に会わせてもらえなかった。半年ほど経ったあるとき、樋口が偶然を装って訪問した際、ようやく、「じゃあ会っていきますか」と言って中に通してくれた。

「奥の部屋、床の間のあるような奥の部屋に連れて行ってもらったら、CP（脳性マヒ）の人がエビのように丸くなって寝てて。ほんとに背中も側弯で変形して仰向けに寝られない。だから横向きになっている。その人が私と同じ年ぐらいだったのかな。「〇〇さんだね」って聞いたら、「そうだ」っていうときは、手をあげるんだけど、そのときはどんどん舌が出てきて、口いっぱいに舌が出てきて。たぶん初めて自分に向かって話しかける人が来て驚いちゃったんだと思う。それで虫歯いっぱいの歯で歯ぎしりをし出して、血が出てきちゃって。私たちもあせって、「ごめんね、びっくりさせたね。でも心配しないで舌引っ込めてくれる？　そうしないと、もう私たち会えなくなるし、お母さんもあなたを人に会わせられなくなってしまうから」って言ったら、涙をつつっと流し、するするするって舌が引っ込んでいった。そう、コミュニケーションできる人だったの。言葉はなかったけど」

彼女への訪問は、次から定期的に行えるようになった。母親が言うには、本人は訪問日が分かっていて、外からの訪問者が待ち遠しいのだろう、朝になると、早く起こせとかなんだかんだと母親を急かすのだという。そうやって一人ひとりの障がい者と関係をつくっていきながら、「今度は外に出てみよう、車椅子つくったよね」と声をかけ、一緒に外に出てみる。集まって何かやってみようという企画も持ち上がってくる。徐々に定期的な活動の場所が必要だということで、訪問活動の延長線上に「ひかり療育園」ができあがった。大人の施設なのに「療育園」と名がついた。親たちの希望だった。

樋口「やっぱり教育とか本当に大事なものを必要なときに受け取れなかった、受けさせてもらえなかった。そういう思いがあったんだと思う」。

市長との関係

重度心身障害者在宅訪問事業は一九七六年に始まり、ひかり療育園は一九八〇年に完成した。そのときの市長と近藤のやり取りはこうだった。

「表に出てこられない人がいるということに気づいて、僕は実態調査をしたわけ。そのときに、市長に説明に行くんだけど、わざわざ市長室に行かなくても、市長はお昼ご飯を職員食堂で食べているから、そこへ行くわけ。すぐわかるわけよ。食堂に職員はたくさんいるのに、市長のテーブルは市長一人だから。そこへ行って、「市長、いいですか？」って言って一緒に食べるわけ。で、食べながら、「今、こういう事業をやってる。今、三人、ほんとに家から出されていない、存在すら認められていない人がいるから、そこに毎週アタックしているから」って言うと「おう、やってくれ」と。「自分がやらないといけないところになったらやるから、そこまではお前、頼むぞ」って言うわけよ。直接、市長に雇われているっていうことが実感できるわけ。それでやるわけよ。他の人はやらないけど、反対はできないじゃない？　それで時々市長に報告するわけよ。食堂で。それで「今、ここまで来たので、もうぼつぼつ通える場所をつくってほしい」と言ったら、「わかった、考えてみよう」って言って、空き校舎の一角を提供してくれたりするわけ。そういう事業のつくり方をしてきたんだ。誰も知らない、目もかけない、そういう人が街にはいる。座敷牢のようなところに入れられている」

近藤は、前述のとおり市長が直接雇用した二人のうちの一人だった。だが、市長は近藤と特別に会って物事を動かしているわけではない。市長は誰にでも間口を開いていた。そこに飛び込んでくるのが、たまたま近藤一人だった。

3 国際的な活動の中で

国際障害者年

一九八〇年、翌年に控えた国連による国際障害者年の実施を前に、日本でもこれを成功させようと「国際障害者年特別委員会」（委員六〇名中障がい者代表一五名）及び「推進本部」（総理大臣が本部長）、「障害者担当室」が総理府に設置された。それまでは障害者問題は厚生省とされてきたが、一九七五年の「障害者の権利宣言」から国連加盟国がその実現を目指すようになったノーマライゼーションの理念に照らし合わせてみると、障がい者が地域社会の中で障がいのない人と同じように暮らす、それを支えるとしたら厚生省だけでは「済まない」ということが分かったためである。

政府の動きと連動するように、障害者団体は、これまで障害種別ごとに細分化されていたが、国際障害者年日本推進協議会（のちの日本障害者協議会、ＪＤ）を発足させ、統合を目指した（板山二〇〇九）。加盟団体は当初六七で、年度末には一一七までになった。初代代表は、元厚生省事務次官で日本障害者リハビリテーション協会会長、東京パラリンピックの運営委員の副会長の一人であった太宰博邦、副代表の一人は俳人で作家、脳性マヒの障がいがある花田春兆が名を連ねていた。近藤はこの結成にも参加した。

「国際障害者年というのは、いろんな人にいろんなチャンスを与え、情報を与えてきただろうけど、そのとき、障がい者として動ける場所にいた私にとってはすごい大きなものだった。国際障害者年がなかったら、知識的にも考え方が伸びなかっただろう。僕は福祉事務所にいて公務員という立場だった。しかも東京の政治のお膝元にいた。当時は、労働省から建設省から通産省から全部の省庁で国際障害者年のための特別プロジェクトというのを速攻で政府につくらされた。障害者運動の人たちは行政に反対する立場だったから、その人たちを行政は取り入れにくかった。その点、「あいつ［近藤］なら、公務員だから市民も納得する。しかも障がい者だから、あいつを入れたら代表的意見だとみんなが納得する」と思ったのか、全部のプロジェクトに入れられた。だからすごい体験をした」

障害者運動の人たち、と近藤が述べているのは、当時脳性マヒ者の当事者団体であった青い芝の会を中心とした障害者運動の人たちのことを指している。一九七〇年代に行政との交渉で、座り込みやデモ、団体交渉と称して役所を占拠するような激しい運動が展開されていた。障がい者の強い自己主張に行政は対抗する姿勢をとってきた（第2章）が、国際障害者年はこれを和解へと向かわせる契機ともなった。当時の厚生省更生課長であった板山賢治は、国際障害者年を成功させるためには当事者団体との和解が必要と自ら働きかけ、一九八〇年には青い芝のメンバーを加えた「脳性マヒ者等全身性障害者問題研究会」を発足させた。この研究会はあくまでも更生課長の私的諮問機関であったが、所得補償の議論を展開し、のちに障害基礎年金へと結実していった[9]。とはいえ、こうした和解の関係は一部であり、その後も障害者団体と行政は対立関係とならざるを得ないことが多かった（第6章）。

近藤が経験した「すごい」体験とは、たとえば、つくば未来都市でのさまざまな実験に、近藤は障がい者の立場で参加し、意見を求められた。未来の住宅のモデルケースを検討するなかで、普段の移動を尋ねられた際、近藤は、いつもはエスカレーターに乗っていると答えた。人ごみの中で低い姿勢でエレベーターを待つよりも、自分の腕力でひょいっとエスカレーターに乗ったほうが移動が速かったのだ。近藤は自分の体験を述べたのだが、それでは許されなかった。近藤のような、動ける、しかも腕力がある障がい者とは違う、もっと重度な、あるいは他の種別の障がい者の立場をも代弁することを近藤は期待されたのだった。近藤はおのずと、自分以外の障がい／障害についても今まで以上の注意を向けるようになり、知識を蓄えることになった。

さらに近藤が国際障害者年といって思い出すできごととして、国際障害者年推進プレ国民会議（国民会議）がある。国際的に「外に打って出るにはまず、内を固め調整しておく必要がある」とのことで、「さまざまな障がい種別、当事者本人・親・家族・関係職員・研究者など障がいに関わるさまざまな立場の人々が同じテーブルに着く」機会となった。それまで加盟団体として名を連ねていても、公的な場で話し合う機会がもたれてはこなかった。親の会からの参加もあるなか、「親は一番身近な敵である」と公言した当事者もあり、親子だけでなく、「当事者と医者・教師・福祉担当者・施設職員・専門家と呼ばれる学者など、関係者との間にもリハビリ医療や予防への重点の置き方、学校選び、生活上の順位のつけ方等など、対立する意見があることは否めようがなかった」。「だからこそ、憶測や尾鰭の着いた人伝てではなく、真意をお互いに確かめ合う会話の場を是非設けなければならない」と国民会議が設定されたのだった（花田 二〇〇八、二四頁）。経済保障・働く・生活環境・医療・教育・予防の六つの分科会に加え、地域ブロック会議も催され、それぞれの場で白熱した議論が展開され、その成果が報告書にまとめられ、やがて独自の長期行動計画の作成となっていった。

そこで近藤が行ったのは「「障害者の声」と題した会場速報の発行」（同前、二五頁）だった。「国際障害者年の中の一つの事業として国民会議が開かれたんだけど、それでその発起人の中に私も入ってたんだけども。私が当日やったのは、全然違うこと。新聞出し」。

これについては、副代表の花田春兆も一枚かんでいた。

9 これに関しては、高阪悌雄（二〇一五）、立岩真也（二〇一九）など参照。

「同時進行で行われている他の分科会の、気になる状況の要点をリアルタイムに知らせる（もちろん携帯メールなどない時代、簡易印刷のニュースペーパー）のを目的にしたものだが、歓迎の辞や参加者の声、事務局からのお知らせもその都度含めたのだから、相当鮮やかな早業でやって退けたことになる。分科会を途中で出入りしても咎められない立場を利用して、私が取材を担当した部分もあった」（花田　二〇〇八、二五－二六頁）

花田によれば、本部の正式な許可があったものではないし、広報委員からは手続きも内容も問題がある「ゲリラ的行為だ」とクレームもあったが、結果としては評価され、「ようやった」「結果オーライ」となったとのことだった（同前）。

障がい者には常に情報が行き届かず、自分たちのことなのに何もわからないうちに勝手に物事が決められてしまう。排除されてきた障がい者たちに、今ここで起こっていることの情報を届けること。これこそ、近藤にとっては重要な任務だった。

DPI世界会議

近藤は、一九八一年にシンガポールで行われたＤＰＩ（Disabled Peoples' International）の結成世

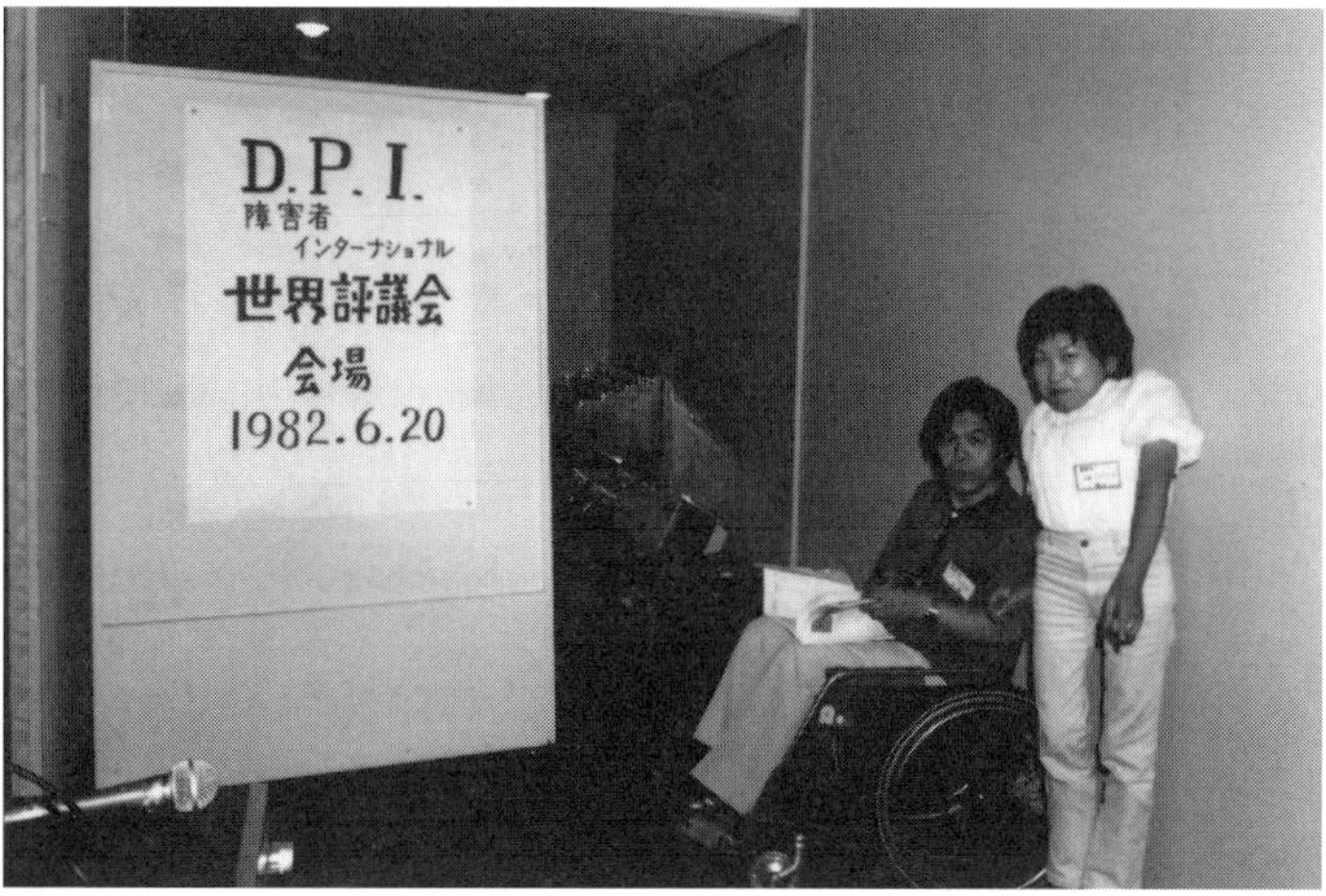

1982 年 DPI 世界評議会（近藤氏提供）

界大会にも参加した。ＤＰＩとは、「われら自身の声（A Voice of Our Own）」をスローガンに政策立案などを行う国際的な障害者運動のネットワークだ。この団体の設立過程について説明しておこう。

一九七五年に国連総会で採択された「障害者権利宣言」を周知するため、一九七六年の国連総会にて、一九八一年を国際障害者年とすること、スローガンを「完全参加」とすることが決められた。その後、国連事務局は、スローガンの実現を目指す行動計画の策定を国際リハビリテーション協会（ＲＩ：Rehabilitation International）に依頼した。一九七八年にＲＩは「八〇年代憲章」委員会を設立し、一九八〇年のＲＩ総会に向けて行動計画の原案を作成した。一九七九年の総会決議で、スローガンが「完全参加と平等」に、「障害者のための国際年」から「障害者の国際年」へと変更され、障がい者及び当事者団体主導のイベントとして認識されていった。

一九八〇年、カナダのウィニペグでRI総会及び第十四回世界会議が開催された。国連関係者も八一年の国際障害者年の準備に好都合と、同時に同じ場所で国連主催の国際障害者年準備会合を行っていた。RIの総会では、規約改正と「八〇年代憲章」が披露された。まず規約について、一部の加盟団体から、RIの意思決定にかかわる役員の過半数は障害当事者から選ぶように規約の改正が提案されたが、否決された。また、憲章の重要な要素とされた「平等な参加」を「機会均等化」に変更するようにという意見も出たが、原案のまま採択された。機会均等化は障害者の自己決定権を尊重したものとしてとらえられていたのだが、それを採択しなかったこと、加えて役員定義及び数の変更もなされなかったため、一部の加盟国及び国連主催の国際障害者年準備会合に参加していた各国の障害者リーダーは、RIとは別の組織の必要性を認識し、その団体の設立に動き出した。それが一九八一年のDPIの設立となったのである（松井 二〇二〇）。

近藤は「DPI日本会議をつくる会」の事務局長をつとめ、三〇人ほどのグループをつくって参加した。その中に樋口の姿もあった。大会のテーマは「障害者とはいかにつくられるか」だったという。近藤が、日本からこのテーマに沿った議題として何を持っていくのか、苦慮していたとき、ちょうどあるテレビ番組でベトナム戦争の報道があり、枯葉剤の使用が描き出された。

「それまでベトナム戦争に関する報道は、アメリカが抑えてしまう。だから報道されなかったの。ところが日本の民放テレビ局が取材して、帰国したらすぐにパーッと［番組をつくって］報道してしまったの。それで大反響だった。ところが僕はそれを見逃したのよ」

友人から報道の内容を聞いた近藤は、「「あ、それだ！」と飛びついた」。放送翌日にテレビ局に連絡を取り、ディレクターに会いに行って事情を説明した。むろん、著作権はテレビ会社にある。テーマも枯葉剤であり、日本であってもアメリカに放送規制されてしまうはずだ。

ベトナム戦争はすでに一九七五年に終結していたが、この終結をもたらしたのはメディアの力だったとも言われている。[10] ベトナム戦争は報道の自由が保障された最初で（おそらく）最後の戦争だった。記者は自分の自由意思で戦場に赴き、取材することができた。そのため、銃弾に倒れる兵士や犠牲になった市民の姿など生々しい戦場の様子を競って取材し、それらは赤裸々にアメリカ本土でテレビ報道された。当初ベトナムの共産化を防ぎ、資本主義経済をアジア各国に根付かせるためと戦争に賛成していたアメリカ国民は、こうした報道を目の当たりにし、さらに開戦のきっかけとなったトンキン湾事件がアメリカ軍のでっち上げだったという報道も受け、反戦運動へと転じた。一方、政府はメディア規制の失敗によってベトナム戦争終結宣言に至ったと理解

10　映画『ハーツ・アンド・マインズ／ベトナム戦争の真実』より https://asiandocs.co.jp/set/220

していた。そのため、ベトナム戦争後の戦争報道の規制は強化されていた。近藤が枯葉剤の番組を見逃したのは、戦争報道の規制が強化されつつある時期だった。

近藤がＤＰＩの会議に枯葉剤の番組を持っていきたいと述べると、ディレクターは賛成してくれた。

「『そういうことなら、僕も大賛成だから、ぜひ使ってくれ』と。ただし、持っていくのに長いの。テレビのフィルムが。それを僕は八ミリに落としていかないといけない。ところが八ミリにしようとしたら、一分一万円だったの。もう渡航準備のお金は全部使い果たしてしまって、手元にあったのは小遣いにしようと思ってた五万円だけだった。だから五分だけ」

しかし、その貴重なフィルムはシンガポールの空港で検閲を受け、取り上げられてしまった。シンガポールはアメリカを中傷するようなものは許可しないという。

「そうじゃないんだと。障害者はいかにつくられるか、という視点で、それも国際的な障がい者がたくさん集まる中でこれを使うんだからと言っても通らなかった。ホテルに入って地元の障がい者に言ったら、『そんなバカなことはない』といって取り戻してきてくれた」

映像は、大会期間中の企画の中で放映された。実はそのときまで近藤は何が映っているのか、まったく知らなかった。企画のテーマだけ伝えて五分の編集は編集者に任せていた。

「そのとき、初めて僕はそのフィルムを見た。それはもう、ぞっとするような……。家の玄関から障がい者が這って出てくる。枯葉剤で歩けなくなった障がい者が、みんな道に這って出てくる。ケアするものが何もないから。そのフィルムは強烈なところを取ってあった」

「会場にいたアメリカの障がい者が、これはアメリカを中傷するものだと言ってきた。だから、「障害者はいかにつくられるか」というテーマは戦争とリンクしている。戦争を問うためにこのフィルムを持ってきたんだといったらようやく納得した」

大会の最終日、大会のテーマ「障害はいかにつくられるか」を象徴するようなできごとが起こった。パーティの会場で食事をしていた女性参加者二名[11]が倒れたのだが、その原因が化学調味料の大量摂取だったのである。近藤とともにパーティに参加していた堀利和[12]によれば、「日本では不

11　近藤の手記によれば日本人の通訳とカナダ女性だが、後述の堀の文章によると日本人女性二人となっている。
12　一九八九年七月の参議院選挙で当選し、日本憲政史上初の視覚障がいをもつ国会議員となった。

買運動により、「味の素」の売れ行きが悪いので、東南アジア諸国などにダンピングをして売りさばいているということから、その中国料理にもたくさんの「味の素」がつかわれていた」のだった(堀　一九八二、四二頁)。

近藤は手記の中でこれを「環境障碍《ママ》」とし、自らの境遇、すなわち「自分のような子供でさえ炭鉱で働かなければならなかった」(第1章参照)という事実と照らし合わせ、「大きな時代背景」と「障碍」との関係を「考えざるをえなかった」と述べている。[13]

第一回DPI国際会議は、シンガポール宣言[14]を採択して終了した。宣言は、世界中の障害者が完全参加と障害者の機会の平等化のために連帯していくことを求め、参加国それぞれが国内会議を組織化するように勧めていた。日本はその五年後、一九八六年にDPI日本会議を発足させた。

日本とアメリカの障がい者の交流

日本とアメリカの障がい者の交流は、一九八一年の国際障害者年を前後して活発になっていた。一九七九年、アメリカ自立生活運動の父であるエド・ロバーツが来日し講演を行った。このとき樋口は仕事帰りに講演会に参加し、「障害はパワーだ、エネルギーだ」という言葉に圧倒され、どうしたらそんなに力強く障害を受け止められるのか、と衝撃を受けた(樋口　一九九八、四七頁)。

一九八一年には「財団法人広げよう愛の輪運動基金」が、障がい者に対する海外研修制度を設立した。[15] この研修制度をとおして数多くの日本の障がい者がアメリカに渡った。[16] 一九八三年には日米自立生活セミナーが開催され、アメリカから障がい者リーダーが来日し、東京、神奈川、愛知、大阪、京都、北九州と全国六カ所をまわった。来日したのは、ジュディス・ヒューマン（当時、世界障害研究所副所長）、マイケル・ウィンター（当時、バークレー自立生活センター所長）、高嶺豊（当時、ハワイ自立生活センター・カウンセラー）など、アメリカの自立生活運動の第一線で活躍していたリーダーたちだった（杉本　二〇〇一／高嶺　二〇一三）。

そして「一九八五年には日米の障害者が集い、両国の障害者の状況や、科学技術の活用などを討議する場として」（樋口　一九九二）日米障害者協議会（Japan US Conference）が行われた。その準備として、ハワイで結成準備会が行われた。その席に日本側から出席したのは、芸能活動中の事故で脊髄損傷となり、のちに参議院議員となった八代英太氏と近藤だった。アメリカ側からは

13　近藤の手記は「DPIとわたし―シンガポール会場に参加して学んだもの―」という題で著されており、文章の内容から、大会参加から三年後の一九八四年に書かれたものと推定される。公の形で公表されたのかどうかは未定。長瀬修氏（立命館大学生存学研究所上席研究員）より提供。
14　「シンガポール宣言」 http://dpi-japan.org/about/world/conference/singapore/
15　現在の名称は、「公益財団法人ダスキン愛の輪基金」 https://www.ainowa.jp/index.html
16　「ダスキン障害者リーダー育成海外研修派遣事業」 http://www.arsvi.com/d/duskin.htm

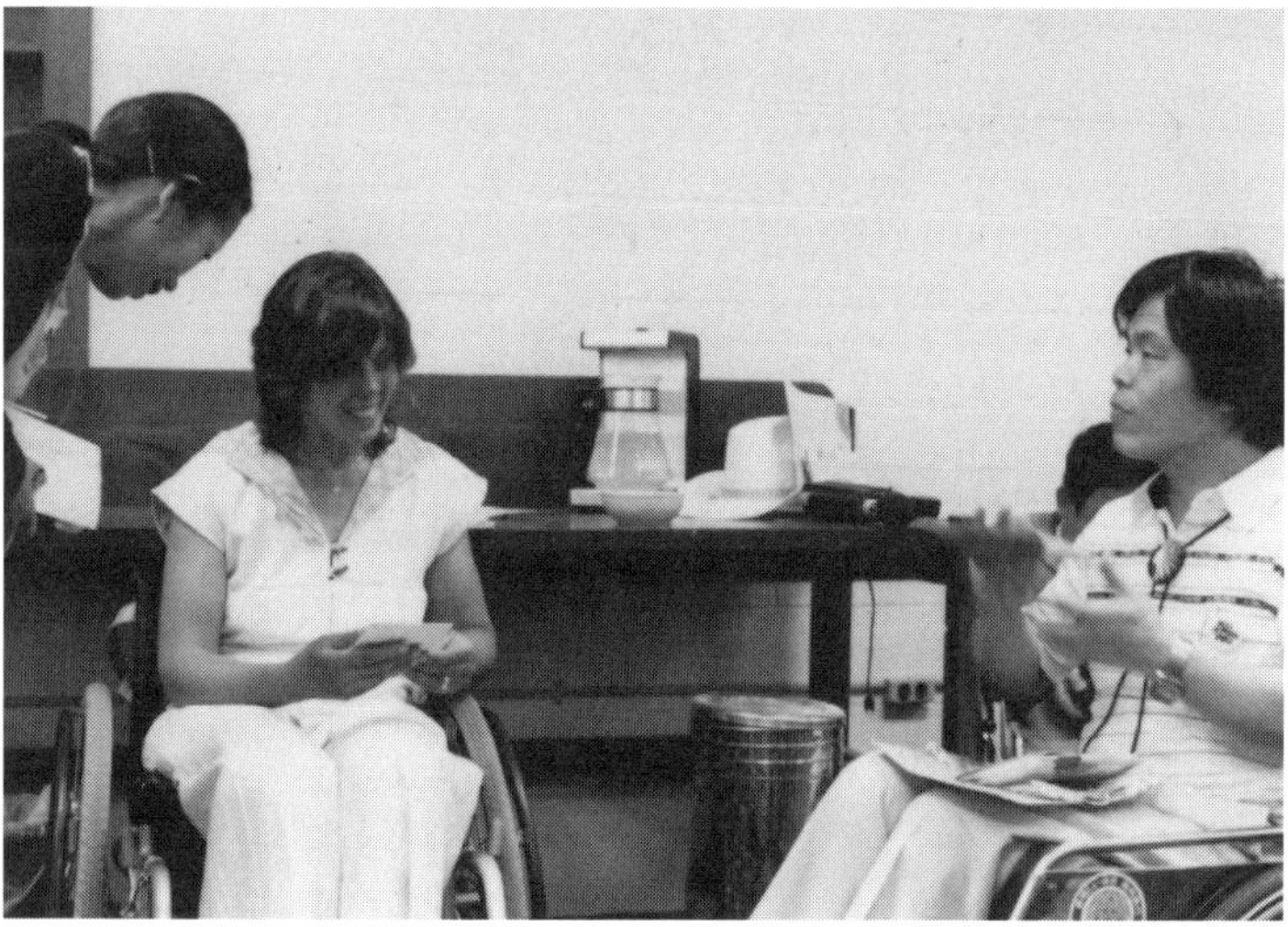

アメリカの自立生活センターにて（近藤氏提供）

ジャスティン・ダートとマイケル・ウィンターが参加した。ちょうどその頃、樋口は、前述の「財団法人広げよう愛の輪運動基金」による海外研修に第四期生として参加し、バークレーに滞在していた（第4章）。

この準備会の少し前、近藤は、クリスマスから正月を樋口と過ごすため、一人で日本から渡米したのだが、その際、飛行機の搭乗拒否にあった。理由は航空会社の規則に「付き添いがいない車椅子利用者の搭乗は認めない」という文言があったからだ。サンフランシスコ空港に迎えに行く予定にしていた樋口のもとに、近藤から「飛行機に乗れなかった」という電話が入ったのは、日本時間の夜十時、アメリカは朝の四時のことだった。そこから、樋口は旅行会社やジャスティン・ダート、マイケル・ウィンター、ジュディス・ヒューマン等障がい当事者リーダーたちに次々に電話し、状況を説明し、近藤は日本で議員秘書やダートの日本関係者に連絡を取り、なんとかしてほしいと訴えた。

樋口　「次の朝には飛行機会社から、「今日のフライト名簿に名前が載っています」なんて、わけのわからない連絡が来て、それでこの人はへそを曲げ、「僕は昨日のチケットは持っていましたが、今日のチケットは買っていません」と言い、でもなんとかやってきた」

空港に樋口が迎えに行くと、見知らぬ家族の輪の中にいる近藤を見つけた。

樋口　「パンナム［パンアメリカン航空］の労働組合の委員長か副委員長か、家族でハワイに行くところを、まずサンフランシスコまでこの人を介助して送り届けてから行ってくれと頼まれたっていう。パンナムとしても介助者がいないと乗せられないって言ったのを、手のひらを返すように次の日に搭乗はできないというところで、そういう処置をしたって感じだった」

日本に帰ってから、近藤はパンアメリカン航空に「車椅子利用者の一人利用の禁止」を撤廃するように要請したが、実はその規定は日本支社だけのものだったことが判明し、大急ぎで規定改正が行われたという。

近藤　「総務部長か誰かが、アメリカの本社に連絡して「規約があるから近藤を乗せなかった」と言ったら、その解釈は日本のパンナムの解釈であって、アメリカでは「近藤くらい［の障がい程度］なら一人で乗せてる」と。だから責任は日本側で全部とれと言われたというのよ。大急ぎで規約改正して、パンフレットに事例を書いて、こういう人は一人で乗せますって。それでも三カ月ぐらいかかったかな。「ついては失礼だけど、年内に飛行機を利用する予定はないか」って言うから、「ハワイに行く用がある」と言ったら、無料チケットをくれた」

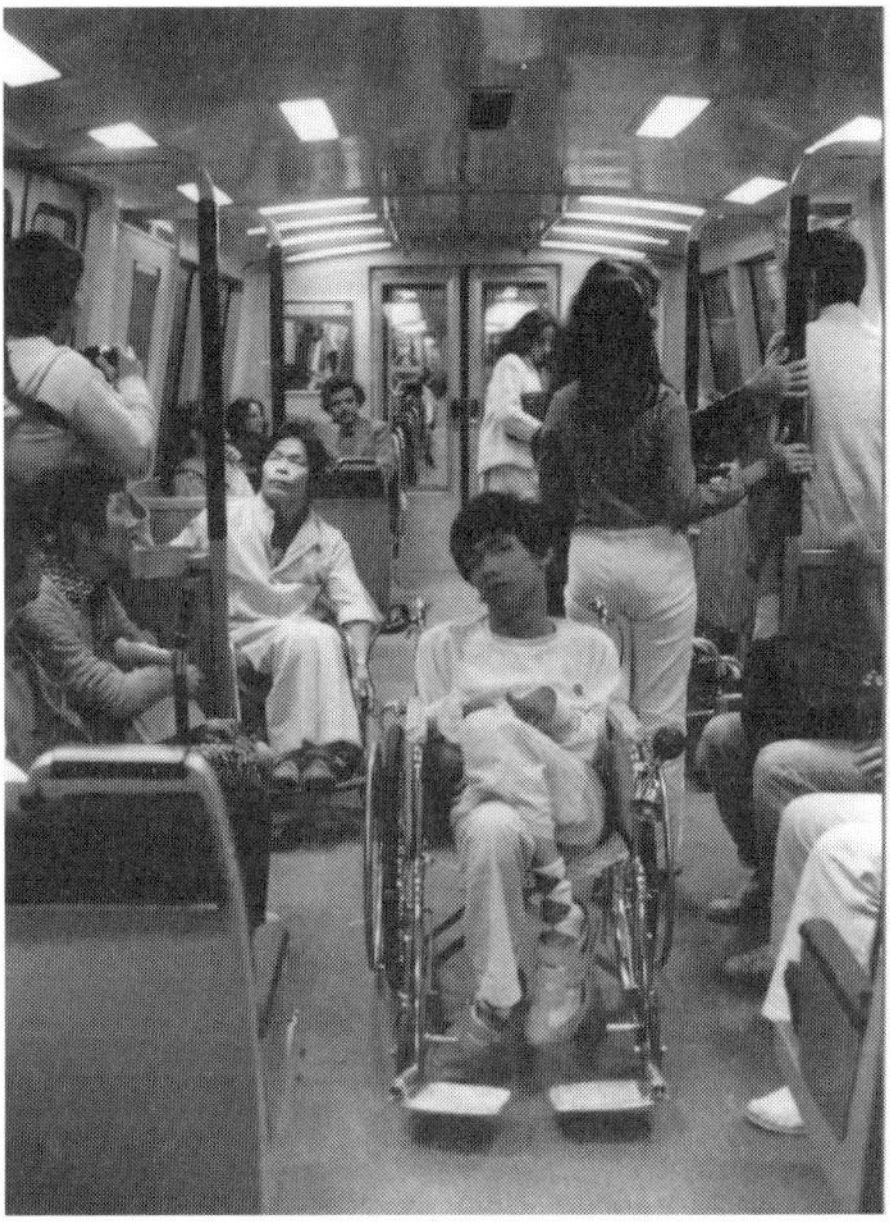
アメリカの地下鉄で、左奥に近藤氏

ハワイの結成準備会でのやり取りはスムーズだった。

「みんな知っている人間ばかりじゃない。ほんとに知っている人間。ツーと言えばカーと響く。

仲間ばっかりで」。

準備会のあと、一九八五年に日米障害者協議会が開催された。東京と大阪でそれぞれ会議やシンポジウムを行い、アメリカからは、民主党と共和党、それぞれから障がいのある議員をはじめ、ジャスティン・ダートやマイケル・ウィンター、ジュディス・ヒューマンなどの障害者運動のリーダーのほか、視覚、聴覚などさまざまな障がいの団体から代表が参加し、障がいのある一六人のメンバーとその家族等を加えて総勢二九名だった。日本側は名誉総裁として三笠宮寛仁親王、運営委員長に当時全国社会福祉協議会副会長で国際障害者年日本推進協議会会長もつとめた太宰博邦、国会議員の八代英太ほか、アメリカ同様、さまざまな障がい種別ごとの団体のメンバーと支援者等を含めて二六名で、後援に総理府障害者対策推進本部と船舶振興会が入った。報告書には当時のアメリカ大統領ロナルド・レーガンからのメッセージも入り、日本からの来賓として当時の厚生大臣も挨拶するなど、そうそうたるメンバーが関与していた。

続く第二回はアメリカ・サンフランシスコで開催され、第三回は日本に戻って横浜での開催、そして第四回がアメリカ・セントルイスで、第五回は日本に戻り、一九九三年に山梨で行われた。[17]

17　日米障害者協議会『第1回日米障害者協議会報告書』（一九八六）、『第2回日米障害者協議会報告書』（一九八八）、『第3回日米障害者協議会報告書』（一九九一）、『第4回日米障害者協議会報告書』（一九九二）。第五回の報告書は不明。なお、樋口（一九九二）では日米会議（Japan US Conference）となっている。

山梨は八代の出身地であり、その年に「山梨県障害者幸住条例」を制定している。これは、障害者が社会の一員として社会、経済、文化等あらゆる分野に参加する機会を得て幸せに暮らすことができる社会の構築を目指すものである。[18]

「日米（障害者）協議会というのはアメリカと日本の障害者の連帯の基礎が築かれたという点で非常に重要な意味のある協議会だった」と同時に「障害者の意識改革にもつながった」と近藤は述べた。この会は八代英太議員との関係が強く、さまざまな障がい種別の団体から代表が参加していたが、脊髄損傷者が多かった。彼らはけがによって中途障害になり、その多くはそのまま病院や施設で暮らしていた。

近藤「交通事故や労働災害によって障がい者になって、お金はあるけど、偏見や差別のある地域での生活を避け、施設や病院で暮らし続けていた脊髄損傷者が日本ではまだ多かった。同じ状況でも地域で当たり前に暮らしているアメリカの障害者のパワフルな姿がいい刺激となったと思うよ」

RI世界会議東京大会

もう一つ記録に残る国際的なイベントとして、一九八八年九月に東京で行われた第十六回国際リハビリテーション協会（ＲＩ）世界大会の開催がある。一九二九年にスイス・ジュネーブで第一回の世界会議が開催されたあと、六〇年を経てアジアで初めて日本で行われた。東京・新宿の京王プラザホテルが会場であった。[19]ＲＩは、前述したように、障がい当事者の意見を排除したことで、結果として障がい当事者の国際団体であるＤＰＩの設立に寄与した組織である。その後一九八六年の総会で、役員の半数を障害当事者にするための改正が行われていた。とはいえ、障がい当事者の運動との距離は遠く、障害当事者をエンパワメントする世界的な機運のなかで、専門家集団としてどうあるべきかという立ち位置ははっきりしていなかった（松井　二〇二〇）。

世界大会の日本での開催に合わせ、太田修平氏（当時、ＤＰＩ日本会議事務局）、楠敏雄氏（当時、全国障害者解放運動連絡会議）、堀利和氏（当時、視覚障害労働者協議会）の呼びかけで「ＲＩを機に行動する障害者委員会」（ＲＩ行動委）が組織された。そこでの近藤の役割は、またも情報共有の推進役、そして結果として障害者の交流の場をつくったことだったといえよう。

18　山梨県障害者幸住条例は、一九九三年に制定され、二〇一五年に改正された。
https://www.pref.yamanashi.jp/shogai-fks/mourousya.html
19　第16回　リハビリテーション世界会議
https://www.dinf.ne.jp/doc/japanese/conf/jsrd/z00006/z0000601.html#a-1-1　(20230123)

「僕がやったのはここでも新聞出し。分科会全部に障害者を潜らせて、そして英語のところは全部日本語にして、英語の新聞と日本語の新聞とつくって、来た人たちにいつでも読めるように、一角に置いておくわけよ。京王プラザホテルのスイートルームを借り切って、印刷機を持ち込んで、紙も技術者も宣伝になるからって業者がつけてくれた」

前述のように、近藤はこれと同様のことを一九八〇年十二月に行われた国際障害者年推進プレ国民会議（国民会議）においても実施していた。そのときはガリ版で、みんな手を痛めたが、今回は宣伝になるからといって印刷機と紙まで業者が無償で貸与・提供してくれた。だが、今回はさらに英語という新たな情報の壁も追加された。しかし、その壁は思うほど高くなかった。

「日本で英語のできる人間を障がい者の中に募集したら、いるの、いたのよ！　で、それに腕章つけて……コミュニケーションアドバイザーと書いた腕章をつけた人に会ったら、いつでもその人を通して英語で通訳してくれるから、その人を通訳で使っていいよと言って、障がい者の英語のできる人にそれをつけさせた。すべての分科会に一人ずつ英語が分かる人を派遣して、自分で解釈した言葉でいいから日本語に訳して情報を出してくれと頼んでおいた。スイートルームはベッドも浴槽もトイレも何カ所かある。そうしたら瞬く間に外国の障がい者が来てごろ寝するようになった。あそこに行くとお金が要らないで寝られるという情報が流れちゃった。そのうち日本人も来るようになって、今度は食べるものもどこかのご婦人たちが持ち込んでくれて、おにぎりは出るわ、果物は出るわで、サロンができちゃった。そのうちに関西の方から電話があって、関西の団体が来たいというから、いいよと言ったら、一角を占領してワープロを持ち込んでバシバシ打ち出したわけ。そのうちに今度は交通機関のバリアフリーチェックをやろうと言い出した。どこからどこまでデモをするとかね、そういう企画をして、拠点にしてしまった」（近藤　二〇一六）[20]

スイートルームは、参加者の交流スペースとなり、国内外からやってきたマスコミ関係者の取材にもそこで応じた。そのうちに集まった障がい者たちが公共交通のアクセスを求める行動を起こそうと声が上がった。そして、海外の障害者五〇名も参加し、総勢二〇〇名を超す障がい者が、「アクセス・ナウ！　電車に乗るぞ！」のシュプレヒコールとともに新宿駅の高層ビル街をデモ行進し、六〇台の車椅子が一斉に電車に乗り込んで運輸省に向かい、交渉を行ったのだった。その後この運動はＤＰＩ日本会議の交通アクセス全国行動に引き継がれ、以後毎年取り組まれ

20　立岩真也氏（立命館大学教授）の研究グループでは、インタビューデータの共有を行っている。（近藤　二〇一六）及び（樋口　二〇一六）は白杉眞氏のインタビューによる逐語録である。

るようになった。

「自分が知らないほど、日本の障がい者は優秀だってことが分かった。英語のできる人間もたくさん集まったし。機能的にどんどん動いてくれたしね。それは楽しい、僕にとっての楽しいRI。普通の分科会に出てどうのこうのやるよりも、はるかに全体が見れて。僕が楽しくて仕方ない。僕がやりたいことは交流の場。それと同時に専門家たちがやっているなかに、障害者問題がどういう形で取り上げられているかを各分科会の中で、障害者自らが感じて、文章化し、それを英語と日本語で新聞にしていくこと。そういうことが好きなのよ。自分では「そういうことがしたい」っていうだけであって、どうしたらできるか知らない。だから集まった人間がみんな、「それは俺がやる」「それはやる」って言って教えてくれるわけ。ただそれを最初にやろうという人間がなかなかいないのよ。その企画をするのが、僕。本部では、「あの新聞は誰が出したんだ?」と言って終わって、終わってから近藤が出したってことが分かって、「お前は本部の業務に関わらなかったのか?」と言われて。「ごめんなさい」って。でもそのほうがずっと楽しかった。そういう企画をするのが好きだった」

4　つなげていくこと

引き継ぐこと・やりとおすこと

近藤は市役所に勤務し始めて以降二一年間、福祉事務所から異動しなかった。公務員としては異例だろう。

「役所に行って四年ぐらいしたとき、人事課から「近藤さん、ぼちぼち、あの、変わりませんか？　希望の場所を言ってください」と言ってきた。普通は聞かないのよ。でも僕には聞きに来た。それに対して僕は「えっ？　福祉の制度は四年経ったら変わっちゃうの？」って言ったら「あ、失礼しました」って言って、引いてそのまま二一年間来なかった」

近藤は一つのケースに伴走するようなやり方で支援をしてきた。前述の由美子のほかに、奈緒子という知的障害の一五歳の少女の支援にもかかわった。彼女は両親にも知的障害があったので、祖母がサポートしながら両親と暮らしていた。特殊学級を卒業し一般企業に就職。そこで知り合った男の子と仲良くなり、子どもを身ごもった。祖母がこれ以上は支えきれないと、福祉事務所に相談してきたのだった。その後、施設入所や再婚、奈緒子の親や子も含めてさまざまな経験を受け止めてきた。奈緒子との関係は、担当してから一五年間、近藤が役所を退職するまで続いた。

前述のひかり療育園は、施設が完成したあとは自分の手を離れるはずだったが、近藤は気になって訪問を続けていた。

「施設づくり、施設運営の段階になると他人に任せざるを得ませんから、これ以上介入してはいけないと思いつつ一方でこんなはずじゃなかったという思いも湧いてきます。係の中で自分が浮き上がっているのではないかと思ったこともありましたが、当時は仲間の職員に気を使う余裕さえないほど、一日に三件も四件も視察に追いまくられていました」（近藤一九九六、八〇）

近藤の仕事の仕方は特別なものと認識され、徐々に「近藤さんの仕事」、近藤だけができる仕事であり、ほかの人にとっては関係のないものとして認識されている、と近藤には思えた。しかし、そうではなかった。アルバイトで近藤の課に来ていた女性は、自助具に高い関心を抱き、自ら都の研修に参加し、その後自助具相談員となり事業を継承した。福祉環境整備要綱を継いでくれた職員は、行政マンとしての力量があり、要綱を一九九三年十二月に条例に変更し、引き継いでくれた（同前、八〇頁）。近藤が見出し、形にしてきた仕事は、人びとの生活を支える重要なものであり、なくしてはならないものだった。事実その価値に気づいた人たちによって発展的な形で継承されていった。

生活保護制度は「貯金」・支援は惜しみなく

「あなたがこの面接室から出ていく時に、生活保護を受けることで卑屈な気持ちを持つとすれば、それは私の責任です」（同前、八一頁）。

近藤は、生活保護制度の利用を希望する人と面談する際、最後に必ずこう伝えることにしていた。生活保護制度には人間性を否定するような項目は一つもない。もし受給する人がスティグマを経験するとすれば、それは職員の対応からなのである。近藤は、税金を横の関係ではなく、縦の関係で見るようにと説明する。すなわち、生活保護をもらっていない家でイワシを食べているのに、生活保護を受給している家がすき焼きを食べていたら、「生活保護なのに、贅沢をして」という思いが出てくるかもしれない。しかし、「あなたのお父さん、お母さんが働いて納めた貯金が、あなたが困ったときに引き出される」と考えれば受け取る印象は変わる。近藤は税金を「第一貯金」だという。北欧では税金は高いが医療費は無料だ。人間が生活にかける経費は北欧でも日本でも似たものだと考えると、「要はどこに貯金するかの違い」といえるのではないか。親が自分で貯めたお金と、国に税金として「貯めたお金」、必要なときに引き出すのはどちらでも構わない。それだけのことだ。卑屈になる必要はないと記す（同前、八一－八二頁）。

近藤は、さまざまな制度を説明するときも情報の出し惜しみをしない。この人が使えそうだと思う制度はすべて紹介したうえで、その制度を実際に使うときに生じる制約について、ともに確認していく。

「ふところからチラッチラッと小出しにするような説明の仕方は、人権を保障した国のやり方ではありません。要は、相手がどの制度を使ったら「自立」できるか」であり、「制度はそのためにこそつくられたもの」なのである（同前、八四頁）。

近藤は説明に際し、自分で独自に資料もつくった。生活保護制度は、「要保護者が急迫した状況にあるときは、保護の申請がなくても、必要な保護を行うことができる（生活保護法第七条）」のであり、保護の必要な人を速やかに発見し支援していくことが求められるものであることなど、権利性を表す部分をひと通りまとめた。そして、裁量について、「我が家の国語辞書によると、自分の意見で取りさばき処置すること、つまり？？？施行者側の取り扱い幅！！（権利でも保障でもない部分です）☞それでは困る当事者の声…聞かせてください」（近藤 一九九六、五一頁）と記し、常に対象者の声を拾い上げる姿勢を崩さなかった。

また近藤は物事の本質を見極め、そのために制度を使うことを常に旨としていた。ある中年女性が脳卒中で倒れ、病院に運ばれた。そのとき、彼女は妊娠していた。子どもの父親も分からず、

「女性は脳卒中の後遺症が残るから、きっと育てられるわけがない」と福祉事務所内での議論は中絶を勧めるほうへ傾いた。近藤は議論に割って入り、命を生かすのが福祉事務所の仕事ではないのかと問うた。

「「六カ月になった胎児というのはどんな形をしているだろう。髪の毛はどうなっているか、わかるかい？」――じつを言うと、私もよく知らなかったのですが、そうみんなに言いました。そして、「いったいおれたちケースワーカーの仕事ってなんだい？　人を生かすことだろう？いま、我々が相談しているのは、生かすことじゃなくていかにして命を奪うかということじゃないか」と続けました。みんなはシーンとしてしまいました」（同前、五一頁）

当然、中絶を勧めるという方向性が支援として間違っていることは、その場にいる全員が合意できた。

しかし、最終的に決断するのは本人である。本人の意向を聞く段になり、近藤は、産むかどうかを聞かなかった。今の子どもの状態、母となる本人に障害が残ること、それでも育てるための環境を整えることができることを説明した。つまり「あなたと子どもが生きていくとしたらこんな制度がある」と説明したうえで、どうするかを考えてもらったのだった。

女性は子どもを産む決心をし、近藤は女性のリハビリ病院に乳児院から定期的に子どもを連れていった。近藤は、リハビリは「二キロの荷物をもって一キロ歩けるところまで」「階段は少なくとも三段登れるように」(同前、五三頁)さえしてくれればいいと医師にお願いした。女性が町田に戻って子どもと一緒に暮らしていくには、バスに乗って買い物さえできればなんとかなるのだ。人は子どもをただ産んだだけでは親にはなれない。子どもを育てて初めて親になる。それは近藤が継母との関係から学んだことだった。過度なリハビリに時間をかけ、子どもとのかけがえのない時間を奪ってしまうのではなく、リハビリは最低限でもいいから、早く子どもと一緒の生活を実現させたいというのが近藤の意図だった。

障がいのある職員が増えた

近藤は車椅子利用者として最初の町田市の職員だった。第二号の車椅子職員は、学童保育の保育士の女性だった。女性はもともと市の職員だったが、ある日目覚めたら、突然動けなくなっていた。病原菌が脊髄に侵入したためだったという。もう二度と職場に戻ることはできないと悲嘆に暮れていたとき、近藤が町田市役所の職員になったという新聞記事を見た。女性が長期の外泊許可をもらって帰宅していた際、近藤は同僚から頼まれ、女性のもとを訪れた。排せつのコントロールや車の使用などを伝えると、大きな自信を得て、六カ月で職場に復帰した。

女性はそれから定年まで勤め上げた。退職の時期は近藤と一緒だった。その祝いの席で彼女はこう言った。

「あの新聞に近藤さんが登場していなければ、私は職場復帰できなかったと思います」（同前、四六―四七頁）。

近藤が就職したあと、町田市役所の中には障がいのある職員が増え、近藤が退職した一九九五年頃には、三十数人の障がい者が働くようになっていた。車椅子だけでなく、視覚障害、聴覚障害とさまざまな障がい種別の者が町田市役所の中で働くようになった。

「大学で首席をとったというほどの頭脳明せきな女性ですが、送迎やトイレなども介助が必要」、あるいは「全盲で両手に松葉づえと白状を持った職員」、「言語障害を持つ職員」もいた（同前、四八頁）。「手話で意思を伝える若い女性」がいる部署では、「職場の男性職員はたちまち手話を覚えてしまうというエピソードも誕生」した（同前、四八頁）。

ちなみに、障害者雇用水増し問題[21]が起こった二〇一八年の町田市の障害者雇用率は二・三九％と市の資料にある。前年までは二・五％で法定雇用率二・三％を超えていたが、法定雇用率が二・五％に上がった二〇一八年に退職者が出て、二・五人不足することになった。とはいえ、

21　中央省庁が雇用する障害者数を水増ししていたことが、二〇一八年に発覚した。合計三四六〇人分が国のガイドラインに反して不正に算入されていた。水増しは内閣府や総務省など二七の機関で発覚した。実際の雇用率は公表していた二・四九％から一・一九％に落ち込む結果となった。

二〇一七年の日本の行政機関の実雇用率は一・一八%とかなり低調であることから考えると、町田市の障害者雇用率の高さは特筆すべきかもしれない。[22]

ただ近藤は、さまざまな障がい者が働くようになっても、市役所の中では横断的な組織はできなかったと述べた。そのことについて、同僚の全盲女性に聞いたことがあったが、彼女には「障害者はそれぞれ、ここに来るまでのさまざまな歴史があって、私は障害者だけで集まりを持ちたいとは思いません」と言われたという。しかし、同時に近藤は「困ったときに相談できる仲間がいることは心強いこと」(同前、四八頁)と述べ、例として健康管理推進室という部署から、車椅子の職員にいい医師を紹介してほしいと頼まれたことをあげ、「労働災害のせき髄損傷ならあの先生」というようなほかの人では知りえない情報があることを示した。

だがそれだけではない。近藤は、本当はもっと大事なことに気づいていたはずだ。さまざまな身体的特徴としての障がいの違いを越えて、排除や差別の経験という社会的な障害をともに経験した者として連帯ができることを、近藤は身をもって知っていたからだ。そして、それは日本だけでなく、海外であってもだ。もちろんそれぞれの国による違いは大きかったが。役所に働くことができている、つまり健常者の社会に溶け込んでいるように見えるなかで、見ないようにしているのかもしれないが、必ず排除や差別を経験しているはずだ。そのことに目を向け、連帯することから今抱えている生きづらさを、環境を変えられるはずだ。そうした障がい者同士の連帯を役所の中ではつくることはできなかった。

5　行政とたたかい、人間と向き合う

近藤は役所での経験を「行政とのたたかい」（同前、五八頁）と表現した。

「私はケースワーカーとして、個人としての障害者との関わりにこだわってきました。本来のケースワーカーは、一人の人間の立場に立たなければだめだと思います。私はそれを肌で感じてきました。一人の人間の立場に立とうとすれば、行政と反発する場面が出てきます。行政が持っている制度だけでは、その人の人生をつくり切れないことがあるからです。だから、「こんな制度があったら、もっとこの人のためになるのに…」と思ったら、行政のほうがその人に一歩でも近づく努力をしなければならないと思ってきました。その意味で市役所のケースワーカーは、市役所の中を向いたり、国の方向を向いたりして仕事をするのではなく、目の前の人間と向かい合って仕事をするべきだと思います。（中略）私は、それをやることが必要だということを行政に認めさせる、長い年月かけて事業化させようとしてきました。行政の中に

22　「2018年度　第3回町田市障がい者施策推進協議会資料」二〇一八年十一月八日。

いる人間が、「行政とのたたかい」などと書くとおかしな気もしますが、私の二一年間はたたかいに明け暮れた歴史でした。そうしなければ一人の人間の生活が守れなかったからです」（同前、五九頁）

一人ひとりと向き合うには時間がかかる。

「一人の相手が、心底から「この人は自分の話を聞いてくれる人だ」と思ってくれるまでには長い時間がかかるものです。そこまで時間をかけておけば、あとは二、三分で話が通じ合うこともあるのです」（同前、九三頁）

信頼関係を築くことから仕事が始まる。そのことを近藤は自分の身をもって知っていた。近藤の原体験である。

「私が重い傷害を受けてうなっていた時のことです。私の前に現れたケースワーカーは、「あんた、これからどうする？」と聞くのですが、こちらは関節も曲がらず、ベッドの上に棒のように転がっている寝たきりの患者でした。何を判断するだけの情報もありませんでした。何も考えられなければ「すべてお任せします」と言うほかなく、そう私は答えた記憶があります」（同前、九四頁）

何度か通ってくれたケースワーカーが、まだ制度もないなか懸命に考えて示してくれた道が、施設入所だった。そこから近藤の人生が始まったのである。

「障害者にとって、自分と向き合っているケースワーカーと過ごすその時間は、まさにかけがえのない時間だという思いが、いまも強烈に自分を突き上げるのです。だからこそ、誠心誠意、自分ができることのすべてを相手に伝えたいと思うのでしょう」(同前)

「市民の痛みを聞いて、一緒に泣けました。そうした仕事ができ、そしてわがままな個性を生かしてくれた町田市という行政に、いまは感謝したい気持ちでいっぱいです。うちにある痛みというものをすべて委ねられた職場——それが町田の福祉だったと思います」(同前、九五頁)

小括——近藤は市役所で何を担ってきたのか——近藤の役割とその背景

近藤の仕事の特徴の一つは、実態を調査するところから始めることだ。ただその調査は、機械的にデータを集めるものではない。一人ひとりのケースに当たって、対象者とのコミュニケーションを通して得られる情報を集めていく調査、アクションリサーチである。これは、ソーシャルワーカーに必要とされている、「「行きつ、戻りつ」のコミュニケーションをつうじて」(井出

ほか 二〇一九、四二‐四三頁）得られる知識である。生の声を聴き、時にはニーズを掘り起こすために家庭を訪問（アウトリーチ）する。深い当事者性に基づき、対象者の生きづらさを慮り、一つひとつ制度に結びつける、のせていく。あるいは新しい制度を創り出す。まさに「社会変革」（同前、四四頁）を追い求めていくソーシャルワーカーの役割を、町田のスポーツ大会のときに見られるように、近藤は市役所に勤める前から担っていたのである。そして、町田市役所の公務員となって、場を得てから、その力をさらに発揮し、さまざまな新しい制度を開発し、実施に結びつけていった。

「「絶望の過去」を「希望の挑戦」に作り変える、そのためのキーワードは「気にかけること（＝ケア）」だ」（同前、八頁）という。本章で取り上げただけでも、由美子や奈緒子、あるいは妊娠していた中年の女性、重症心身の女の子、家で片隅に閉じ込められ、近隣の人たちからも存在を忘れられていた元障害児たちなどが近藤と、そして樋口によって「ケア」されてきた。こうした一人ひとりの対象者と向き合ってきた近藤の仕事は、まさにソーシャルワーカーの仕事だった。元朝日新聞の記者で現在は国際医療福祉大学大学院教授である大熊由紀子は、近藤の著書（一九九六）の推薦コメントで近藤の仕事を、「ほんとうの公務員の仕事」と紹介している。井出らは「ソーシャルワークは、眼の前にある人間の暮らしの困りごとと向き合う。人々の権利を守るという一点において、周辺の環境、社会のかたちすらをも変えようとする。それだけじゃない。自分たちがとらわれているこの社会の構造や目に見えぬ圧力を自覚しながら、自分も含めたすべての人間の解放に挑んでいく」（井出ほか　二〇一九、七頁）と述べている。まさに近藤の生き方がソーシャルワークを体現している。

このように、小学校しか出ていない、車椅子利用者である近藤が公務員になり、しかも二一年間福祉に携わることができたのには、大下市政のおおらかさ、時代の影響もあった。

大下勝正が市長に就任した一九七〇年頃は、公害や乱開発などに対する住民運動が広がりを見せ始めた時期であり、そうした都市問題の解決を革新首長に期待する世論が日本中に広がり、多くの革新首長が誕生した時期であった。革新首長は公害対策や福祉政策に積極的に取り組み、住民の支持を得ていった（功刀　二〇一七）。町田でも一九六五年頃からの大型団地の相次ぐ建設の結果、都市化の急激な変化が起こっていた。市行政の対応が追いつかず、市民の不満が募り、町田はそれまで保守の金城湯池といわれていたが、大下勝正革新市長が誕生したのだった（大下　一九九二、五－六頁）。その大下が力を入れたのが「福祉のまちづくり」であり、「車いすで歩けるまちづくり」だった。

近藤が幸運だったのは、日本の障害者施策が国際化する時期と、近藤が公務員として勤務した時期が重なったこともある。近藤の当事者性に基づいた、新しいものを創り出していく力は国際舞台でも花開いていった。公務員という立場も功を奏して、近藤は次々とチャンスを与えられ、そしてそのチャンスを生かして問題提起を行い、次の形をつくり、人びとをつないでいく「仕掛け人」として役割を果たした。

国際障害者年は、「黒船」とたとえられた（花田　二〇〇八／露口　二〇一五）。それまで後れを取ってきた障害者福祉を、国際障害者年を契機として、他国に負けじと進めていく。当時厚生省社会局更生課長だった板山賢治のもとで働いていた露口は、板山が「国際障害者年を黒船にしようじゃないかと。日本の近代の障害者対策の黒船だ」と言い、障害者団体や各種の会議で人びとを鼓舞していたと記憶していた。一九七五年の「障害者の権利宣言」の際、伝わってきたノーマライゼーションを具現化するのが国際障害者年であった。ノーマライゼーションという理念は当時の官僚にとって「清新」だった（露口　二〇一五）。人口の何％かに障害者がいるのは当たり前のこと、でもそれが言葉になって表されて初めて認識でき、彼らがいるのが当たり前の社会を創っていくことに使命を感じた。

国際障害者年の波は中央省庁、当事者団体だけでなく、地方自治体や民間、そして国会にも波及した。全国の市町村庁舎には「「完全参加と平等」の垂れ幕が踊り」（馬橋　二〇一六）、「テレビは連日、日に何回となく障害者年のテーマソングをスポットで繰り返し流し始め」（花田　二〇〇八、二七頁）た。民間企業では、ダスキンが同年に「財団法人広げよう愛の輪運動基金」（第4章）を始めたり、日本弁護士連合会も宣言を出す（日本弁護士連合会　一九八一）など、幅広くその影響が見られた。国会では一九八一年三月二十六日午前後をとおして参議院予算委員会が行われ、国際障害者年に関連する集中審議があった。「こうした審議が行われるのは実に三三年ぶり」（花田　二〇〇八、三〇頁）とのことで、身体障害者福祉法が制定されて以来か。このように見ると、東京パラリンピックのとき（第1章）とは違って、国全体さまざまな次元で国際障害者年の影響が波及していた。まさに「黒船」[23]だった。

国際障害者年と前後してアメリカから自立生活運動の理念がもたらされ、障害者自身も「自分が主人公、自分が自立してやっていく」という意識になっていった。まさに「理念の転換期」であり、「障害者施策の近代化」が行われた「改革」のときだった（露口　二〇一五）。

そうしたさまざまな背景を考慮に入れなくてはならないが、それらを加味したとしても、たとえば生活保護制度の案内に見られるような、近藤の本質を見抜く力、国内外さまざまな場面で見られた交渉力、度胸、コミュニケーション力、あらゆるものが花開いた時期だった。

そしてそれを樋口が公私ともに伴走していた。近藤の後ろにいた樋口が徐々に横に並び始めた時期でもあった。さらに市役所の中では障害当事者同士が横のつながりをつくる機会はなかったが、近藤は国際社会との関係や国の事業を動かしているなかで、当事者性を基盤にした組織の重要性を認識していった。それらについては今後につながっていく。

23　実は「福祉の「黒船」」はもう一度やってきている。一九九〇年のＡＤＡ（Americans with Disabilities Act 障害を持つアメリカ人法）成立である。『ＡＤＡの衝撃』編著者の一人、脊髄損傷があり当時国会議員だった八代英太によれば、ＡＤＡの成立は、福祉関係者に影響を与えたのみならず、国会、マスコミなどでも取り上げられ、八代は「「福祉の黒船」といえるかも知れない」と述べている（八代・富女　一九九一、一頁）。

第4章　樋口恵子——形成期

1　「お年は七つで、お口は二十歳」vs「良い子の恵子ちゃん」

「恵ちゃん、人に年を聞かれたら、「お年は七つで、お口は二十歳」といいなさい」（樋口一九九八、一二頁）。この言葉は、樋口の母が口達者な樋口をからかっていつもいっていた言葉だそうだ。樋口が「子どもは子どもなりに自分を守り、自分に最善の方法をとろうとします」（同前、一二頁）と自著で記していたように、一歳半で結核性カリエスにかかり、コルセットに体を包まれ、思うように動けず、寝たきりの生活を強いられるなかで、樋口は「自分の考えをできるだけ言葉で伝えようとしていた」（同前）。そのことが自分を守る手段だったのだ。樋口は姉、兄、そして樋口という三人兄弟の末っ子として生まれたが、家の中では姉と兄のきょうだいげんかの仲裁をしたり、何か決定しなければならないときに相談されたり、家族から頼りにされる存在だった。そうした経験をとおして、樋口にとっての家族は、存在を受け止めてくれるもの、自分の存在意義を感じ、自己肯定感を醸成する場となっていった。

だが、一歩外に出れば、樋口は「障害者」として見られた。

「じろじろ見る目にはいろいろあった。冷たい目、同情の目、そんな目で見られるのが悔しくてたまらないので、その人たちを見かえす。それで満足していた私だった。今、そんなことを考えてこう思う。現在の日本では、全国的に身体障害者に対する暖かい目というのがよく言われている。暖かい目といっても同情の目は私は嫌いだ。私たちの未来にちっぽけな同情が何になるのだろう。私は強く生きたい。一人だちして……」(同前、六－七頁)

一四歳のときに樋口が書いた文章である。肢体不自由児施設に入所して間もなくの頃のものだ。文書の中に、健常者からの哀れみ、蔑みの目線に対する樋口の抵抗が窺える。

樋口が自分の障がいについて思い出す最初の記憶は、自分ではどうすることもできない恐怖の体験だ。夏の暑い日、下着とコルセットの間に蜂が入ってブンブンと音を立てている。まだ幼稚園にもいかない幼い樋口は、どうすることもできず、ただ泣き叫んで母を呼び、コルセットを外してくれるのを待っている。けれど、母はなかなか来てくれなかった。その間に蜂のほうも苦しくてもがいたのか、コルセットからいなくなった。ほっとして見た下着の木綿のシャツのアヒル模様が、今でも鮮明に記憶に残っている。

樋口は幼い頃から、自分はほかの人とは違っている、体が弱く外で遊ぶこともできない、病院でいやな思いや痛い思いもしなくてはならない、どうしていつも自分だけがこんな目に遭うのか、どうしてこうなったのかと疑問に思っていた。もちろん、どうしてなのか、誰にも分からない。ただ、父や母がこうなったら働けない、兄は気が弱くて耐えられない、姉は気が強くて弱みをもつことはできない、だから私が選ばれたんだと自分に言い聞かせ、納得するしかなかった。そしてこれからもなんとか折り合いをつけて生きていかなくてはならない、と積極的ではないが、障がいを受け入れていた。

幼稚園では子どもたちの輪に馴染めず休みがちだったが、小学校では学ぶことが好きで病気のとき以外は喜んで通った。とはいえ、体が弱く、体育は見学だけ、しょっちゅう休んで学校に行けないことが多かった。ほかの子とは違う「特別な存在」としての「恵子ちゃん」が、学校という小さな社会の中で、自分で自分を守るためにはどう振る舞えばいいのか、用心深くまわりを見渡して、常に気を張って「良い子の恵子ちゃん」を演じていた。高学年になって、家庭訪問の際に、担任が「体が不自由なのに、明るくて、お勉強もよくするし、掃除もいやがらずにやっています。どうしてあんないい子に育てられたんですか?」という言葉を聞いて、樋口は隣の部屋で悔しくて泣いた。「良い子の恵子ちゃん」を演じなくてはいられない、素の自分を出すことなどできない環境にいる樋口の辛さに気づかない教師に対する憤りと、いい子を演じて取り繕ってしまう自分に対し、歯がゆい思いをしていた。

2 「障害者」として振る舞うことを覚える

樋口は小学校六年生で結核性カリエスが再発し、高知市内の日赤病院・子供病棟に入院し、その後県立の肢体不自由児施設に入所することになった。

肢体不自由児施設は、一九四七年に制定された児童福祉法に位置づけられた施設であった。法的根拠は敗戦後、比較的早期にもつことになったが、その基盤整備には時間がかかり[1]、各都道府県に設置されたのは一九六三年、実に一〇年以上の月日がかかった。

樋口が入所した「高知県立整枝小鹿園」は一九五六年に定員七三名で開設し、一九六三年、樋口が入所する前年に定員を一〇〇名に増員した（県立療育センター（肢体不自由児施設）の今後の在り方を考える会　二〇〇九）。また、それまで特別支援学級だった学習の場が、養護学校（高知県立高知若草養護学校）の併設へと変化したときでもあった（吉野　一九九三）。

樋口は、病身でも勉強を続けるため、施設入所を選んだ。それはほかに選択肢のない、唯一

1　東京大学整形外科医であった高木憲次は戦前から肢体不自由児施設の建設を進めてきたが、児童福祉法制定後は、厚生省からの依頼を受けて療育チームを編成し、一九四九年十二月から一九五一年十一月まで約二年にわたって日本全国をまわり、その普及につとめた（全国肢体不自由児施設運営協議会ＨＰ　http://unkyo.jp/about_facility/index.html）。

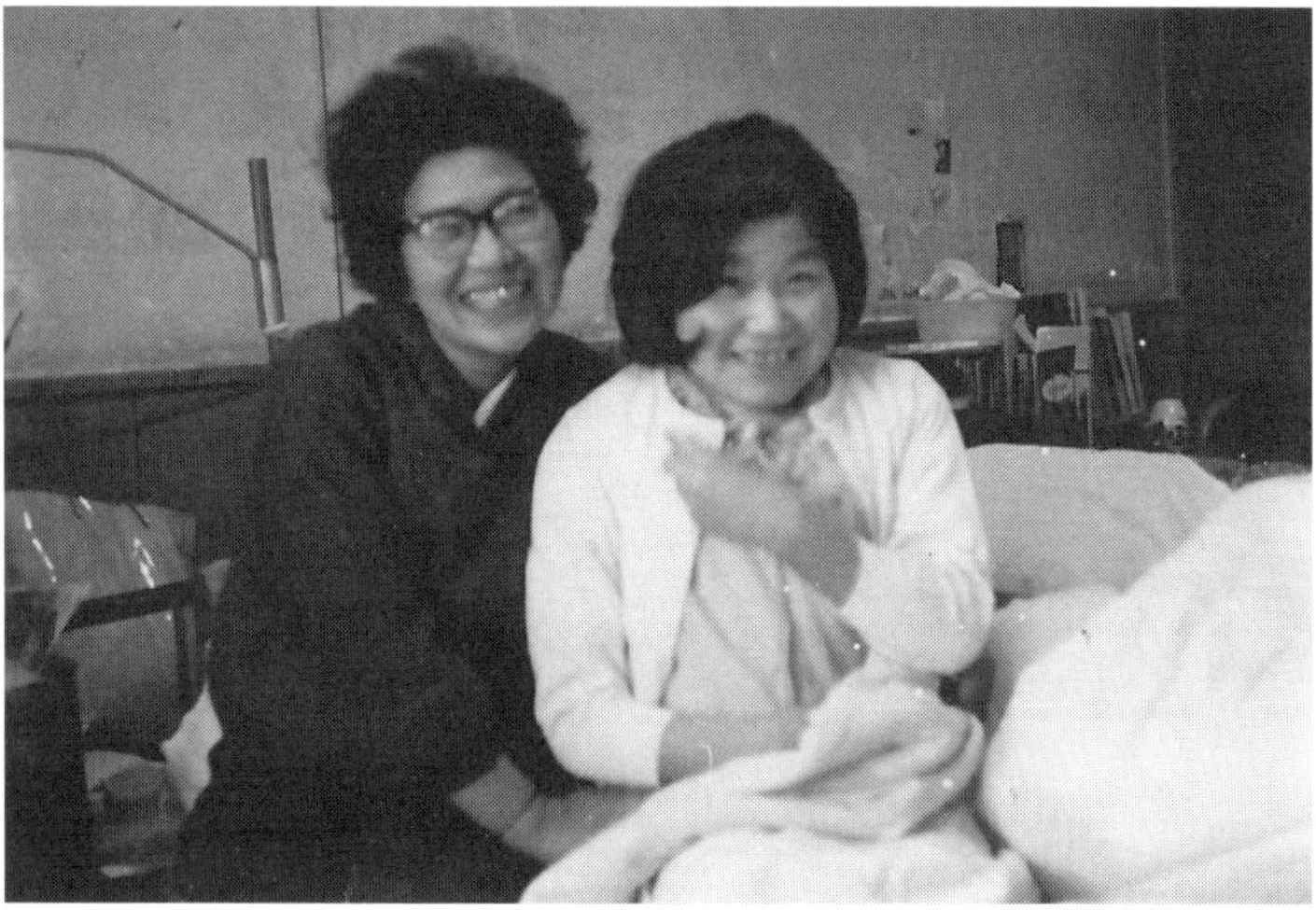
施設で母と

のものだった。だが結果、樋口は、施設という統制された空間の中で、自己を押し殺して障害者として生きることを強いられる経験をした。それらの苦い経験を、樋口は「自分の価値をおとしめてしまうことは、数限りなくありました」（樋口一九九八、一七頁）と述べている。次にあげる二つのできごとは、樋口の心を特に大きく痛みつけるものだった。

正義を踏みにじられる

樋口は入所からしばらくして隣のベッドの女性と仲良くなった。彼女は、樋口が入所してきたときにはいなかったが、それはその人の母親が亡くなったため、実家に戻っていたのだった。彼女は母親の生前にベストを編んで送っていたのだが、それが届かないうちに母親が亡くなってしまったことをとても悲しがっていた。樋口は、送ったものが届かないのはおかしいと郵便局に向けて、友人の代理として抗議の手紙を送った。

ある日、郵便局から調査が入り、実は郵便物が送られていなかったことが判明した。友人が郵送を頼んだアルバイトの女性が郵送せず、自分の母親にベストを渡していたことが分かったのだ。アルバイトの女性は泣いて謝り、やがて退職した。

その後、総婦長は樋口に「あなたはイエス様に誓って、このことを誰にも言わないと約束できますか」「今度の面会時にお母さんや誰かが来てもいわないように」(同前、一七頁)とプレッシャーをかけたという。樋口は悔しさに三日間泣き続けた。そしてこのことを誰かに言えるようになったのは三五歳を過ぎてから、ピア・カウンセリングのときだった。二十年以上の月日が経っていた。

存在を否定される

樋口がいた施設では、園長の診察が毎月あった。ある日、裸で診察台に乗っていると、園長のほかにどやどやと若い医師たちが入ってきた。医大のインターンだった。彼らは樋口が罹患したカリエスという病いを診るために診察室に入ってきたのだが、十代半ばの思春期の女性にとっては担当する医師に体を診られるのも本来であれば避けたいぐらいなのに、何人もの男性に、いわば物のようにして診られたことに傷つき、「早くこの屈辱的な時間がすぎないか、それとも私が消えてなくなればいい」（同前、一九頁）とまで思った。その後はショックで食事も喉をとおらなかった。

もし、学生の勉強のために協力してほしい、という断りがあれば、たとえいやな経験であったとしても、受け止め方は違っていただろう。どうして断りもなく、見世物のように扱われたのか。樋口は、「私が障害者だからこんなめにあうんだ」（同前）ととらえ、あきらめるしかなかった。

このほか、①足が冷たいので、家から何か毛布のようなものを持ってきてもらおうと思うと総婦長に言ったら、「一人だけそんなわがままは許しません」と叱責されたこと。②総婦長に何かあるたびに「頭が良いだけじゃあだめなのよ」と言われたこと。それまで頭がいいというのは誉め言葉だと思っていたが、総婦長の言葉には、とても否定的な響きがあった。③自分のことが自分でできない人は「ありがとう」「すみません」「ごめんなさい」を繰り返していれば注意を受けないこと。④誰もいないから大丈夫と言われて、廊下で服を脱がされ体を拭かれたこと。⑤職員の介助の都合で男女混合の部屋にされ、同室となった男子の前でトイレや体を拭かれたり肩や太ももに注射をされたりしたこと。男の子の視線が刺さるようだった。⑥皇室の訪問では通常生活していた四人部屋から大部屋に移され、そこで皇室からの訪問者の受け答えをさせられたこと。

樋口はこうした経験を経て、自分の意見を言うこと、自分らしく生きようとすることを諦め、徐々にまわりに従うことを学び、おとなしく「障害者」として生きることを余儀なくされていった。

3　エンパワメントされていくプロセス

体を整える

体調が悪く寝たきりでベッドにいた樋口のもとを、近藤が慰問活動の一環で訪ねたのは、樋口が一四歳、近藤が三〇歳のときだった。その後、樋口は近藤からの言葉に励まされ、高校受験を施設のベッド上で受けられるよう求めた。しかし教育委員会から断られ、勉強のためにと我慢していた施設での生活にいよいよ意味を見いだすことができなくなった。そして、まだ先の見えないなか、樋口は家に帰ろうと決心し、家族の協力のもと施設を脱した（第2章参照）。

自宅に帰ってからは、突然四〇度近い熱が出て、それが三週間ぐらい続いた。樋口はこのときを「自然治癒能力で体を取り戻していた」と述べているが、どうにも熱が下がらず、家族は心配した。

「父が私に、「病院に行きたかったら連れていくし、お医者さんに来てほしかったら呼んでくるし、自分が今したいことを言ってくれ」って言って、私の意見を聞いてくれて、私は「別に全然、不安じゃないし、大丈夫って、このままで。全然問題ないよ」って言って。でも、祖父母とかから「いつまでそんな放っておくんだ」みたいに、やいやい父親にはプレッシャーがかかっていたんだけど、父親は本当に私の自己決定権というのを、最大限尊重してくれたの」

その間、樋口が要求したのは、梨を食べたいということだった。そのとき口に入れられたのは梨だけだった。

「悪いものは熱で溶かして体の外に出す。咳とかくしゃみはポンプの役割。で、結局そうやって体を奮い立たせて、起こして、悪いものを外へ出せる元気をつくっていく。悪いものは、鼻水になったりとか、痰になったりとか、トイレでとか、外へ出していく。私は延々薬を飲み続け、注射をし続けて、それまで生きてきたわけだから。それが体内に留まっている間は、本当の健康にはなれない。［熱は］そのための溶かす作用だった、というふうに思っているの」

三週間の間に体から「悪いもの」を一定出し切って、樋口は徐々に回復していった。そして施設を出てから一一カ月後、翌年の四月から高校に通うことができるようになった。とはいえ、体力はまだ十分ではなかった。最初は自分の体を支えるのが精いっぱいだったので、朝夕の送迎は母にしてもらい、校門から三階の教室に上がるだけで、すべての体力を使い切るぐらいだった。母が来られないときは祖母が迎えに来てくれて、重い鞄を持ってくれた。一カ月ぐらいすると、友だちができて、自転車で通っている子が鞄を自転車に載せてくれて一緒に歩いてくれたり、自分だけで帰ってくるときは、学校の側にあるお好み焼き屋さんに鞄を預けてゆっくり歩いて帰ってきたりしていた。樋口にとって最も大変だったのが、出席をとるときの返事だった。施設にいた間には、人前で声を出す経験がなかった。どう声を出したらいいのか分からず、自分の番が来るまでドキドキしていた。

将来を選択する

商業科だったため、そろばんや簿記等検定試験もあり、忙しい高校生活だった。だが、その三年間は、自分に何ができるのか、いったい自分は何者なのかを見つけていく三年間だった。

「私は、結婚はしないで一人で生きていくのだから、自分が経済的に自立できるだけの収入をえて、そして時間を費せる趣味をもって生きるよう、この三年間で準備しなくてはならないと思っていました」(樋口　一九九八、一二五頁)

自分が誰かに愛されることがあるだろうかという不安があった。自信がなかった。体力的にも、今は自分の体で生きていくだけで精いっぱいで、誰かとの生活を思い描くことなど、とてもできなかった。だが、親にいつまでも世話になっているわけにはいかない。一人で生きていくにはある程度稼がなくてはならない。

樋口は母が結婚前に税務署に勤めていたこともあり、税理士の資格を取って独立すれば、自分の体力に合わせて仕事ができると母から言われていた。加えて、施設での人間関係で傷ついていたので、数字にかかわる仕事ならやっていけるとも思っていた。そう思って商業科を選んだのだった。

高校三年生のとき、樋口は高知市内の会計事務所で事務員の募集があり、就職試験を受けた。そして、その直後にあった修学旅行には参加せず、代わりに友だちと京都・大阪をめぐる旅に出かけた。大阪ではその頃に開催されていた大阪万博に行き、京都では学生運動に熱中して高校を中退し京都に来ていた友人とその兄たちに会った。実は、樋口はその高校を中退した友人に密かな恋心を抱いていた。彼に会いたいという思いもあって、友だちと企画した旅だった。大阪万博で広い世界を知り、京都で自分の夢に向かって生きる人に会って、樋口の心は動いていた。

「本当に自由に生きてるっていうか、何かをするために学んでいるということにすごく感動をして」。

旅から帰ってきてみると、就職の話がなくなっていた。

「「優秀な人［＝樋口］が試験を受けに来て、そんな［優秀な人に目をつけられるくらい］いいところならもっと働く」ということ」（同前、二六頁）で、前の人が仕事を続けるため、就職の話はなくなったと担任に言われた。そのときは信じたが、「障害者だから断ったのかもしれないな」とのちに思った。ただ、樋口の心はすでに進学に傾いていた。両親に相談すると、「できるだけのことをして行かしてやりたい」（同前、二六頁）と言ってくれた。受験勉強には遅すぎるかもしれないと思ったが、一念発起、これまで学んできた会計学を生かすこと、一晩で実家に帰ってこられる距離ということで大阪の大学を探し、進学を決意した。

思いがけない再会で人生がひっくり返る

しかしいざ大学に入ってみると、思った生活とは違っていた。女子学生が樋口のほかに一人しかいなかった。「運動部のすさまじい勧誘」（同前、二六頁）にすっかりおびえてしまい、大学に行くのも怖くなってしまった。そんなときに最愛の猫が危篤状態と聞き、泣きながら実家に帰り、そのまま最期を看取った。つらい毎日のなかで、いろいろな人に手紙を書いた。その中の一人に近藤もいた。すると突然電話がかかってきて、奇跡的に再会することとなった（第2章参照）。

毎日のように電話がかかってきて、出張のたびに会う。そんな生活を過ごしながら、樋口の気持ちは徐々に、大きく揺れ動いていった。

「結婚はしない、一人で生きていくという私の人生設計からいうと、大きな変更で、しかも自分が人に愛されるなんて考えてはいけないと言い聞かせてきただけに、悩みました」（同前、二六頁）。

樋口が、悩み、考えた末に出した結論は「お互いが必要な存在でいる間、いっしょにいればいい、もし、必要なくなったら別れればいい」（同前、二八頁）というものだった。覚悟を決めると、あとはとんとん拍子に結婚へと進んだ。夏休みには近藤が両親にあいさつに来てくれ、その次の春には東京で一緒に暮らすようになった。ただしこのときは事実婚であった。二人が婚姻届を提出したのは、のちに町田で家を購入したときである。内縁の妻だと夫に何かあったとき、夫の親族が相続権を持つ場合があると聞いて、[2]日本の法律に腹を立てながら婚姻届を提出したという。

一月に東京に来てからは、樋口は近藤の住んでいた寮の寮母をつとめ、四月から大学生となった。樋口が東京で大学に入学したのは一九七二年である。この頃の女性の四年制大学の進学率は一〇%強、男性の進学率四〇%と比べると大きな差があった（男女共同参画局『男女共同参画白書令和元年版』）。また当時女性は結婚すれば仕事を辞め、家庭に入るのが一般的だった。

だが、樋口は結婚したあとも学ぶことを辞めなかった。それには、いくつかの理由があった。一つは、経済的に独り立ちする、そのために大学に行く、税理士になるというのは、樋口の中では決めていたことで、それをまっとうしようという気持ちがあったこと。第二に、結婚そのものが樋口にとって賭けのようなものだったこと。そして第三に、当時の近藤の仕事も決して経済的に安定していたわけではなかったので、結婚したとしても今後の人生は働くことが前提だと考えていたからである。いつ何があるのか分からない、障がいのある自分が働くとき、専門的な知識を得て自分のペースで働けるようにしておくことは重要だった。幸い奨学金も得て、親の援助もあった。樋口が施設に入るようになった頃から、母も働きだしていて、なんとかお金は工面してくれたのだった。

近藤が役所との兼務で社会福祉法人の代表になったとき、樋口は専門的な学びを活かして経理を担当した。この頃、一回だけ税理士試験を受けた。だが、その後は税理士を目指そうとは思わなくなっていた。

「私の中で自然に転機がやってきて」「いつの間にか、障害者に関係した方向へと進んでいきました」（樋口　一九九八、三四頁）。

自然にといっても、その転機が訪れたのは、もちろん近藤の影響によるものである。近藤が町田市役所で働きだし、障がい者の在宅訪問を始めると、樋口は訪問員の一人となって障がい者の家を一軒一軒まわった。近藤が社会教育課から協力依頼を受けて、障害者青年学級づくりに取りかかったときにも、樋口は支援のメンバーにいた。

2　実際には事実婚であったとしても、公式な遺言書等があれば、内縁の妻でも遺産は受け取れる。

近藤は仕事以外でも、いつでも樋口を連れて出かけ、さまざまなところでいろいろな人に会わせてくれた。そして「恵ちゃんは人と向き合っているときがとてもステキだよ」「数字ではなく、人と向き合う仕事が向いていると思うよ」（樋口　一九九八、三四頁）と言ってくれた。

「近藤との関係は常にリードされながら、慈しみ育てていただいたというのが実感です」（同前、三五頁）。

近藤の言葉のシャワーを浴びながら、樋口はこれまでの人とのかかわりのなかで受けてきた心の傷を癒していった。そして近藤によって障害者支援という新しい世界に導かれていった。しかし、経理ができる、数字に強いという樋口の強みは、その後、樋口がさまざまな団体や仕事を切り盛りしていくに際しても、家計をやりくりしていく際にも、大きな武器になった。

4　ひとり立ちの準備

二人の「エド」との出会い

いつも近藤のそばにいた樋口が、自分の力でまさに世界に飛び出すことになったきっかけは、アメリカ研修だった。アメリカへの研修参加を思い描くようになったのは、二人の「エド」との出会いからだった。

一人はアメリカ自立生活の父と呼ばれるエド・ロバーツである。樋口は、彼が一九七九年に来日した際に行われた新宿での講演に参加し、衝撃を受けた。ロバーツは、ポリオの後遺症で口にくわえるタイプの呼吸器を離すことなく利用しており、重度の障がいがあるにもかかわらず、カリフォルニア州のリハビリテーション局長をつとめていた。そして、強い口調で「障害はパワーだ、エネルギーだ」と言ったのだった。ロバーツは、自分が住んでいるカリフォルニア州バークレーでは、障がい者が自分の生きたい生き方をサポートする自立生活センターがあると言った。

これまで障害について、「人生の損なくじを引いてしまった」とマイナスにしか捉えられていなかった樋口にとって、障害をポジティブに捉え、それを体現しているロバーツの姿勢はまさに衝撃だった。「私もそんなことを言える生き方をみつけたい、でもどうしたらいいの」（同前、四七頁）という思いを抱いた。

もう一人はボストン出身のエド・ロングだった。彼はキリスト教関係の国際交換生として一年間、介助者を伴って来日し、東京の三鷹に住んだ。樋口は、彼のサポートをしていた人たちの紹介でロングと知り合うこととなった。彼からは友人として付き合うなかで影響を受けた。

当時の日本はホームヘルプサービスが週に一回、しかも二時間程度が当たり前だった。また身体介助はほとんどなく、家事援助がメインだった。そのサービスの範囲で暮らせない人は、親元で暮らし続けるか、施設で暮らすしかないと樋口も思っていた。だが、ロングは「『つぎにヘルパーが来る日まで、トイレもごはんもがまんしているの？』とユーモラスにしかも痛烈に、日本の福祉の貧しさを批判し」（同前、四八頁）、重度障害者も条件が整えば地域で暮らすことができることを、身をもって教えてくれた。

介助者がアメリカからついてきているとはいえ、その人との関係だけでは煮詰まってしまうので、ヘルパーを頼むか、ボランティアを探すか、いずれにしても人はなかなか見つからないと話していたときに、彼は突然「僕は家康ですから大丈夫」と言った。樋口が「「エッ？」と聞き返すと、「鳴くまで待とう、ホトトギス」で人が見つかるまで待つのだ」（同前、四八頁）と言ったという。筋ジストロフィーという難病のため、全身の筋力が徐々に低下していく状況にありながら、常にユーモアを忘れず、まわりを和ませるような存在だった。日本滞在中に「［あなたの魅力に気がつかないなんて」日本の男性は、みんな視覚障害者ですね」といって求愛し、生涯の伴侶を得て、ボストンに戻っていった。彼もまたボストンの自立生活センターで職員として働いていた。

二人のエド、どちらもが働いている自立生活センターとはいったいどんなところなのか。樋口の好奇心は膨らんだ。

初めての海外旅行

国際障害者年の一九八一年、樋口は初めて海外に出かけた。しかも二回。一度目は、初めての海外旅行にもかかわらず、自らバークレーへの一週間の旅行を企画した。バークレーはエド・ロバーツのいるあこがれの地だ。ここで自立生活センターを見てこよう。一人で行くのはもったいない。ほかにも行きたいという人を一緒に連れていきたいと思い、「ちょっと見て学ぶ西海岸の旅」と題して、全国から希望者を募り、その介助者、新聞記者を含めて総勢二二人で六月末から一週間の旅行を企画、実施した。バークレーで旅の経験を樋口は次のように語っている。

「町の中にあふれる電動車いすや、白杖を持っている障害者たち、私たち日本人の障害者の旅行者にたいして何の違和感も持たずに、にっこりほほえんでくれる人たちがいて、誰の手も借りずにエレベーターを使ってホームまで降りられる地下鉄があり、リフトの着いたバスが目の前を走っていく。広く青い空と、肌の色の違いや障害の有無など何も関係なく、あたりまえに生きているかに見える人々、心がパーッと明るくなるような日々でした」(同前、四九－五〇頁)

エド・ロングを通じて知り合った人の勧めで、樋口は滞在を一週間延長し一人でサンディエゴまで足をのばした。介助者を使いながら社会参加している重度障がい者の家に泊まるなど、さまざまな経験をとおして、樋口はもっともっとアメリカでの障害者の生活を知りたいという思いを募らせた。

二度目の海外旅行は、十二月に行われた第一回DPI世界会議の開催に合わせて、近藤とともにシンガポールを訪問したことだった。世界各国から障がい者が集まっていた。アフリカの障がい者が持っていた二メートルもあるような杖やさまざまな補装具を見たり、片言の英語で語り合い、各国での生活の違いを聞いたりしているうちに、樋口は日本という狭い世界からもっと外に出てみたい、もっと新しい世界を知りたいという思いを強くしたのだった。

そしてこの年、財団法人広げよう愛の輪運動基金による障害者のアメリカ研修制度が始まった。大手フランチャイズチェーンであるダスキンが、ミスタードーナツ販売を始めてから一〇年を記念した行事だった。三月に記者会見があり、新聞には研修生募集の広告が載った。その反響の大きさからダスキンは行事継続を決め、財団法人を設立した。十一月末には一〇名の研修生が選ばれ、アメリカへと旅立っていった（谷合　二〇一二）。樋口は、自分もいつかは必ずその一人として研修に参加したいという思いを抱いた。

夫婦・家族のあり方を考える

アメリカ研修への思いを胸にしながら、同時に樋口はもう一つの可能性との間で揺れていた。子どもをもつということだ。樋口は、結婚当初から、子どもをもたない人生を歩もうと近藤と話していた。

「私たちは、一緒に生活を始めた頃、子どもをつくらない人生にしようと話し合っていました。近藤は、障害のせいもあったのですが、「恵ちゃんは僕にとって妻であり、子どもであり、すべてだから、子どもがいないからできる生活を二人でつくっていこうね」と言いました」（樋口　一九九八、三五頁）

樋口は子どもの目の鋭さ、人との違いをすぐ見つけて言語化するところに「常に戦々恐々として生きてきた」（同前）ので、子どもは苦手だった。だから「そんな存在を自分が生んで育てるなど、考えもしなかった」。近藤の提案には「大賛成」（同前）だった。

だが、さまざまな人とのかかわりのなかで、子どもに対する傷も癒えてきていたのかもしれない。当時、仕事をとおして重度重複の障がい者の人たちとその家族とかかわり、「赤ん坊が生まれてからどのように人間になっていくのかを学んで」（同前、三五頁）、「すばらしい瞬間を共に味わいたいという思い」が芽生えてきていた。しかも三〇歳、子どもを産むなら今しかない。樋口は産婦人科で出産が可能なのか検査に行った。しかし近藤は行かなかった。

「「お兄さんどうする？」と聞くと「ぼくは行かない」との答え」（同前、三六頁）でその話は終わった。樋口はのちにこのときのことを「「子どもがいないからできる生き方をしよう」といってスタートした私たちの生活でした。近藤はぶれなかった。「私はこのときしかないと思って」」と語った。

一九八二年、樋口と近藤は自分たちの家をつくることになった。近藤が町田市の職員になってから最初に住んだのは相模原の古い家、その次が市営住宅（第2章）だった。どちらも最低限の改造に止め、車椅子の近藤にとっても背が小さい樋口にとっても暮らしやすい家ではなかった。二人の身体状況や生活状況に合わせて家をつくることは、常に自分が合わせてきたことから考えると、ワクワクする経験だった。

「生活の場であるから、何としても女性のセンスで家を造りたい」（同前、五二頁）と建築家の吉田紗栄子に依頼した。吉田は一九六四年の東京パラリンピックに語学奉仕団の一員として参加し、その経験をきっかけとしてバリアフリー建築に目覚め、以来障がい者が住みやすい家の建築を専門に手がけている一級建築士である。[3] 吉田はパラリンピックのときから近藤と知り合いだった。吉田は二人の体のことだけでなく、生活で大事にしているコンセプトや家具など細かいところも考慮して丁寧に家づくりを進めてくれた。樋口は仕事帰りに吉田と待ち合わせしてショールームをまわり、床材や壁紙など、一つひとつを決めていった。そうしてでき上がった家は車椅子で使える流し台、奥まで手が届く位置に洗濯機が設置され、二人の体に合った「アクセスハウス」（同前、五三頁）だった。

でき上がった新居に引っ越し、まだ大工の出入りがあるからと樋口の両親が高知から泊まりに来てくれた。両親は樋口が結婚してからも学費を仕送りするために共働きを続けてきたが、大学の卒業、そして近藤の町田市への就職が決まると、しばらくして父の定年とともに二人とも退職した。両親には時間ができ、近藤と樋口には少しずつ生活に余裕が出てきて、北海道、飛騨高山、能登、九州と四人で旅行に出るようになっていた。

両親との旅行で母と

両親が高知に戻るという日の朝、母がトイレで倒れ、父が気づいたときにはもう亡くなっていた。五九歳。原因は心不全だった。まさか母との最期の別れがこんなに急にくるとは誰も思いもしなかった。母は、若い頃から病気ばかりだった父を助け、病気一つしない丈夫な人だった。実業家の娘として生まれ、裕福な子ども時代を過ごしたにもかかわらず、病気がちな父と結婚し、敗戦を満州で迎え、戦後の激動の

3　「吉田紗栄子（64語学奉仕団のレガシーを伝える会代表理事）〈前編〉」（https://www.ninomiyasports.com/archives/89778

時代を父とともに、貧しい生活のなか、明るく生き抜いた人だった。

あまりの突然の死に、樋口は、人は突然いなくなるのだという恐怖から、その後しばらく夜中に起きては「お兄さん」と近藤を呼ぶ日が続いた。そして感情の赴くままに泣き、母の思い出話をしては笑い、感情を解放させていくなかでなんとか喪失感を癒していった。

一方、父は自分より先に逝くはずがないと思ってきた妻を亡くし、直後は泣くこともできず、うめき声をあげるだけだった。その後も妻の死を受け止めていないのか、何年経っても妻とさっきまで一緒にいたかのように話した。だが、一方で、その死を受けて止めてもいたのか、妻の位牌に自分で炊いたご飯を備えてやりたいと、それまで台所にも入ったことがなかったのに、妻の死後は自炊を始め、それを晩年まで続けた。

樋口は、母との別れ、そして母と別れた後の父の姿を見て、夫婦であってもそれぞれが互いに独立した関係をつくっておかなくてはならないと考えるようになっていった。

5 「世界」を知る

「日本」を知る

このあと、樋口はアメリカ研修への参加に焦点を当て、大きく舵を切った。当時、樋口は町田市の非常勤職員という立場で仕事をしていた。在宅障害者の訪問事業に参加していた職員が、その発展のあとにつくられたひかり療育園の常勤職員に帰結していく渦中にあった。非常勤の職員たちを安定した常勤職に変更するために組合活動を展開し、ビラ配りなどをしながら、夜は週に三回、英会話教室に通い、準備を進め、そして一九八四年のミスタードーナツアメリカ研修第四期生の応募に挑戦した。

面接会場では、面接官から、近藤が樋口の研修参加をどうとらえているのかという質問ばかり受け、閉口した。当時、近藤は国際障害者年日本推進協議会の中で働いていたので、面接官はみな近藤を知っていたのだった。小島蓉子(日本女子大学教授)だけが研修に対する樋口の思いを聞くなど、まともな面接をしてくれたが、他の男性の試験官は既婚女性が長期に海外に滞在し「家」を離れることに対して、想像できないという思いだったのかもしれない。

試験にはパスし、アメリカ行きはすんなりと決まったが、町田市の仕事は辞めるしかなかった。アメリカから帰国後に復職する約束を得たかったが、非常勤、しかも組合運動の中心にいた樋口に対して半年の休職は退職と同義だった。

「海外」を知る

一九八四年十一月、樋口はバークレーへと旅立った。愛の輪運動基金のアメリカ研修での滞在は翌年五月までの半年間だったが、樋口はその後改めて渡米し、一九八五年五月から八月まで、ワシントンDCに滞在し、ジャスティン・ダートのもとでインターンとして住み込みで働いた。八月に日本に帰ってすぐに、東京で開催された第一回日米障害者協議会で、受け入れ側として調整役を担い、九月にはバハマで行われた第二回DPI世界大会に参加した。

一九八四年十一月から一年近いアメリカでの生活、そしてその後も国際会議への参加と、樋口は多くの人に会い、実にさまざまな経験をした。以前日本に講演に来ていたエド・ロバーツやジュディス・ヒューマン[4]、マイケル・ウィンター[5]、そして近藤の元上司であったジャスティン・ダートとも再会し、当時バークレーの自立生活センターで働いていた奥平真砂子[6]やマイケル・ウィンターの妻となった桑名敦子とも現地で知り合った。研修生として一緒にバークレーに滞在した者の中には、交通アクセスについて詳しく、のちにDPI日本会議常任理事となった今福義明もいた。日本で最初の自立生活センターを立ち上げた中西正司とも、彼がバークレーを訪問した際に現地で会った。

バークレーでの研修では、町田での経験から知的障がい者に関連した活動ができるところを探し、日中活動やグループホームへボランティアとして出かけて行った。研修の場で、樋口は「いまの私は知的障がい者の人が常に抱えているストレスの中にいるだろう」と感じた。言いたい、伝えたいことがあるのに言葉にできない、相手に伝える手段を持てないという感覚をいやというほど感じた。「英語障害」（樋口　一九九八、五九頁）を克服するために、英語力アップとアメリカ文化を両方学べる方法として、週末になると樋口は、自立生活をしている障がい者宅に一泊させてもらって、生活の工夫や介助者との関わりを学ばせてもらった。そのなかで「当時の日本では、施設か病院でないと暮らしていけないだろうと思われる人が、地域のアパートを借りて、介助者を一日の中に何回か入れながら、自立して暮らして」(同前、五九‐六〇頁)いた。その生活を目の当たりにすることができたのは、のちの大きな財産となった。

樋口は研修中に運転免許証を取得した。それは費用がとても安かったからだった。[7] 国際ライセンスを取って三カ月以上アメリカに滞在していれば、国際運転免許証に移行して日本で利用することができる。

4　一九八一年の〈全米で最もアクティブな女性一〇人〉に名を連ねた。世界障害研究所創設メンバーで副所長をつとめ、のちにクリントン政権、オバマ政権、さらに世界銀行でも要職に就いた。「障害者運動の母」と呼ばれた。二〇二三年三月四日死去。https://judithheumann.com/

5　ハワイ自立生活センター及び、ロバーツの後にバークレー自立生活センターの所長をつとめた。のちにクリントン政権において連邦政府職員として勤務した(The Washington Post, 2013.8.14)。

6　のちに全国自立生活センター協議会で樋口が代表の際に事務局長をつとめた。その後日本障害者リハビリテーション協会に勤務し、ダスキン愛の輪運動基金研修事業の運営に携わった。また二〇一五年三月から二〇一六年六月まで、JICAの長期派遣専門家としては初めて、障害当事者としてコロンビアに派遣され、現地の障害者の社会参加促進のために尽力した。

7　樋口がいうには、筆記試験と実地で一〇ドルだったとのこと。

三姉妹といわれたジュディと真砂子と

しかし、樋口の予想に反して、免許取得にはそれなりのハードルはあった。筆記試験は、三回目でパス。最後には、前回のテストで不正解となった二択の問題が出たので、前回と別の選択肢を選んだにもかかわらず、不正解と言われたため、抗議し、すったもんだの末にようやく合格点に達した。続いての実地試験については、その前にプライベートレッスンが必要だと判断し、五〇〇ドルほどかけた。最初は日本人がいいと思ってイエローページで探したら、教習所で教官をした経験のある男性で、日本流の厳しい指導に閉口した。次に選んだ現地の女性はトラックを改装した試験車で来た。助手席に女性が乗りながら「恵子、オッケー、あなた大丈夫よ。オッケーオッケー」と褒められながら、なんとか技術を獲得していった。仮免許のときにはルームメイトだった奥平を助手席に乗せて、練習がてらドライブしたことがあったが、偶然犯人と銃をもって捕り物を演じている警察と鉢合わせ、ドキドキしながら平静を装ってその場を去らねばならなかったこともあった。

その後再び渡米し、ジャスティン・ダートのもとでインターンとして、当時日米障害者協議会の第一回開催の準備とADA（障害をもつアメリカ人法）の素案づくりに奔走していたダートの活動を手伝った。樋口のほかに、ダートの家には、「根性ある日本女性を育てるプログラム」[8]に参加している日本女性三人が住み込み、ダートとダートの妻・淑子から秘書業務を学んでいた。淑子は、ダートがかつて日本に滞在したときの第一秘書をつとめた女性だった。

樋口のインターンとしての仕事は、ダートに命じられたことをいかに迅速にこなすかが重要だった。当時、ADAの素案を、各地の障がいリーダーたちの意見を集約してボトムアップでつくろうと全米を駆けまわっていたダート[9]のために、安くて時間が適当な航空券を、航空各社を比

8　ダートが二〇〇二年に死去したあとも、妻・淑子が引き続き活動を継続。教授、福祉スタッフら一〇〇名以上が巣立ったという（『朝日新聞』二〇〇七年四月二十日）。
9　ダートは一九八一年にレーガン大統領に全米障害者評議会の付記議長に任命された。全米障害者評議会は、一九七三年のリハビリテーション法の改正によって生まれた機関で、障害者に関する法や施策の包括的な評価と問題提起を行う。ダートは五〇州を五回ずつ私費でまわって、ADAの素案をつくり上げようとしていた（The Washington Post June 23. 2002）（ジュディス・ヒューマン、クリステン・ジョイナー、二〇二一、二三九–二四〇頁）。

較して購入したり、ダートの求めに応じて、国会図書館に行き、日本国憲法の生存権の英文のコピーを取り寄せたりといった仕事もあった。バークレーのような自由時間はほとんどなく、緊張感のあるなかで生活していたが、旅行会社やさまざまな取引先とのやり取りをつたない英語で行うなかで、ビジネスの楽しさも学ぶことができた。七月四日の独立記念日は、樋口にとって数少ない休日だったが、国会議事堂からワシントン広場まで続く道に多くの人が出ていて、かつての知り合いに出会ったり、楽しい思い出もある。

ダートのもとで身につけた旅の手配の知識は、のちに樋口がツアー旅行を企画する際に大きな力となった。一九九〇年も町田の障がい児の親の会主催のアメリカ旅行をコーディネートし、偶然にもホテルでＡＤＡ成立のニュースを見ることとなった。ブッシュ大統領の隣で、トレードマークのカウボーイハットを被ったダートの笑顔があった。

「自己主張」のパワーを知る

バークレーの自立生活センターで経験したピア・カウンセリングのセッションでは、自己決定を尊重する重要性を実感した。同期の今福義晴が研修中に髭や髪を伸ばし、まったく切らなかった。三カ月も経つと髭も髪もボサボサになった。樋口ら同期は外観が気になり、こぎれいにしたほうがいいと助言した。

「「よしさん、もうちょっと髭剃ったほうがいいんじゃない？」とか、「女の子にモテたいんだったら、もうちょっと髪も綺麗にしたほうがいいんじゃない？」とか言ったら、ピア・カウンセリングのときに「日本人研修生の二人がごちゃごちゃいうのが、僕はそれが嫌なんや」って訴えて。それでピア・カウンセラーに「あなたはどうしたいの？」って聞かれたら、「僕は伸ばしてみたいんや」って言ったの。そうしたらそのピア・カウンセラーが「あなたの髭やあなたの髪の毛がたとえ床を掃くようになっても、あなたがそれを好んでいるのなら、ノープロブレム。やりなさい」って（笑）」

究極の「自己選択権と自己決定権の尊重」だった。

一九八五年にバハマで行われた第二回ＤＰＩ世界大会では、女性障がい者の怒りのパワーに触れた。「もう、ＤＰＩから私たちは出ていきます」と言わんばかりの勢いだったという。なぜか。「ファッションショーがあったんだよね。そのオープニングセレモニーか何かで。障がいのないモデルさんがチャラチャラ歩くのがあって」。

そもそもＤＰＩは第３章に記したとおり、ＲＩで障がい者の意見が取り入れられなかったことに対して障がい者が自分たちの団体の必要性を認識してつくったものであった。そのＤＰＩが女性蔑視ともとれるようなイベントを会のオープニングセレモニーで実施したことに、障がい女性たちは怒り心頭だった。
問題視した女性たちは女性だけの集まりをもち、侃々諤々の議論を展開した。そして最終日には勧告文をつくり、提出した。

「「女性は人口の半分を占めているのに、教育の機会や働く機会などすべて男性より低い地位におとしめられている。障害を持つ女性は、〈女性〉と〈障害者〉という二つのハンディを持っている。今回、ここに集まってきた人たちは、みな、障害女性の持つ社会的な障壁をなくすため、共に戦っていく同志なのか？　そうでないのなら、私たち障害女性はこの場を離れ、自分たちのための組織を作っていく」という前置きで、DPIにおける各ブロック・地域・国の役員の男女バランス、障害女性にたいする啓発セミナーなど、いくつかの提案をして受け入れられました」（樋口　一九九八、一一六―一一七頁）

6　自分を知る

アメリカに滞在するなかで、樋口は自分が女性であることを初めて深く認識した。「「女性である前に、人間である前に、障害者として見られている」日本」では経験することのなかった、「女性として見られている」という経験を樋口は幾度となく経験したのだった。たとえばボランティア先で交際を申し込まれたり、性関係の話を思わせぶりにされたりといった経験だ。樋口は二〇歳で結婚したが、高校を卒業したばかりで、近藤は夫ではあったが、当初は保護者のような存在だった。社会の中で「障害者は性を持たない存在であるかのように」扱われ、「自分自身もいつのまにか（そう）思っていた」（同前、一一四頁）。それが一人の女性としてごく普通に扱われることによって、「幼いときから否定してきた「女」を取り戻し、ほんとに「ありのままの自分であっていいんだ」という自己信頼感をとりもどすことができた」（同前、一一五頁）。

また、あるときアムトラック（米国の鉄道）に乗ってアメリカ横断をしたいと考え、営業所に行って障害者が受けられるメリットについて確認し、さんざん話を聞いたあとに「私に対するメリットは？」と聞くと、従業員が「「あなたは白い杖を持っていない（視力障害者でない）でしょう？」「あなたは車いすではないでしょう？」だから何も障害者じゃない」と言われたという。これを「「エー、うっそー」の世界」と樋口は表現している（同前、四四頁）。

樋口は施設から出て家に帰り、高校に通い出したときに身体障害者手帳を手にした。それ以来、「いつも変な目で見られているお返しのようなもの」と手帳をとらえ、「できるだけ利用しなければ損」と考え、乗り物では積極的に割引制度を利用していた。しかし、アメリカでは違う。私は障害者ではないんだと、樋口は感じた。いや、障がいはある。しかしそれは樋口を蔑むようなものではない。アメリカでの人びととの出会いのなかで、樋口は「障がいは私を構成している大切な個性」と言えるようになった。

7　二人の関係の変化

アメリカでの経験を通して、樋口は近藤との関係にも変化を感じていた。樋口は、自分にとってアメリカ滞在は「精神的自立とアメリカの自立生活運動」を学ぶ機会であり、近藤にとっては「生活技術の自立の研修期間」と位置づけていた。近藤は樋口がアメリカに滞在している間、ヘルパーに来てもらっていた。とはいえ、もともと樋口と結婚するまで身のまわりの世話をしてくれる人を雇って一人暮らしを経験してきた近藤にとって、再びの一人暮らしは研修というほどのものではなかったのかもしれない。毎朝六時に起きて自分で弁当をつくり、持参して仕事に行っていた。

出会った頃の樋口と近藤の関係は、年齢が一六歳離れていたこともちろんだが、高校を出たばかりの箱入り娘の樋口と、すでに第一線で働いていた近藤とで社会経験の差が実際の年齢以上に大きく、「大人と子ども」（同前、三〇頁）のようだった。近藤の後ろから社会を見て、近藤をクッションにして誰かとかかわることが多かった。それがアメリカに行った後はより対等に、近藤と同じところから社会を見て、社会とかかわるようになった。近藤は樋口のことを、「私の性格にはない柔軟性がすごくあるから、好きなんです」「彼女は私にとっての一番大きな財産。すごく使い勝手のいい資源だと思っている」「私たちの関係は、年齢差が一六歳あると、どこかでは確実に夫婦の感覚ではないものがある。今はそばにいる関係」（同前、四〇頁）と言っていた。

樋口は「資源」と言われたことについて、「近藤が自分の仕事の中に私をどんどん組み込んで、常に社会的な存在として活用してくれていた」と肯定的にとらえていたが、この言葉を聞いたジュディス・ヒューマンは、不快そうな顔をしていたという。ジュディスは、バークレー滞在中に樋口の英語を指導したり、生活のアドバイスをしたり、樋口にとって「Big Sister で、障害者運動のお手本」（同前、六六頁）だった。大学卒業後に教員を目指したが、障がいを理由に断られ、教育委員会に訴訟を起こし、勝訴した経験をもつ。[10] 独立心の強いジュディスから見れば、近藤の「すごく使い勝手のいい資源」という表現は、夫の従属物としての妻というイメージをもったのかもしれない。確かに「資源」と言えば、利用方法や時期を決めるのはそれを利用する者となる。主体性は「資源」にはない。だが、アメリカでの滞在を経て、それは大きく変わった。

近藤は二〇二〇年に掲載された新聞の連載の中で、次のように述べている。

「妻は僕の活動を手伝ってくれる大切な「資源」のような存在と思っていました。だけど、一年間のプログラムを経て帰国すると、妻は完全に自立した女性として自信を持っていました。僕

10　詳しくは、ジュディス・ヒューマン、クリステン・ジョイナー著・曽田夏記訳『わたしが人間であるために』（現代書館、二〇二一年）を参照。

の後ろにただついてきていた時期とは、まるで違いました」(『朝日新聞』高知版、二〇二〇年九月二十九日)。

小括——樋口恵子の成長をうながしたもの・その時代

樋口恵子は家族の愛に育まれ、幼少期を過ごした。自分の役割があり、自分が愛される存在であることを家族の中で経験することができていたことは、彼女の核となる部分を形成したといえるだろう。だが、もちろん、樋口にとって障がいは、近藤(第1章)のように、明るいものではなかった。施設での経験は、近藤のそれとはまったく違うものとして表現されている。「障害者」として存在するべきだという社会の圧力や人びとのまなざし、言動の中で樋口は自分の価値を見失っていった。これらは、他の障がい者の経験と類似したものと言ってよい。ただし、樋口の施設選択もまた近藤同様に、当時の施設の増設や増員、養護学校の併設といった制度的な環境変化、さらにそれを支えた経済成長に大きく影響を受けていた。

その後樋口は施設から抜け出し、近藤と再会後、近藤に「資源として利用」されることをとおして、それぞれの場での役割を与えられ、またそこで自分の存在価値を経験し、徐々に自己肯定感を高めていった。

そしてアメリカ研修を経験し、改めて女性であること、女性として生きるということ、自分の障がいのことを知り、また知的障がいとは、障がいがあって地域で生きるとは、その可能性とはといったことを体感的に理解していった。樋口の人間としての基盤がずっしりと地面に根をおろし、これからさらに枝葉を伸ばして広がっていく、その基盤ができたのがこの時期であったといえよう。

のびのびと伸びていこうとする樋口のすべてを認め、支えたのが近藤だった。研修の面談のときに面接官の多くが既婚の彼女に投げかけた質問からも分かるように、女性が自分の根をもつこと、それを自分の思うように伸ばすことが「許されない」日本にあって、その存在を認め、夫と妻、男と女が対等になることに「抵抗」しない近藤の存在は、樋口をエンパワーするために必要不可欠なものだった。

とはいえ、自立した存在であろうという核となるものは、結婚前から樋口の中にあった。近藤と樋口が一緒に暮らすようになった一九七一年は、ちょうど日本でウーマン・リブが起こり始めた頃だった。母や主婦といった社会的に承認された役割から女性を解放する運動の思想が広がり始めたときだ(牟田 二〇〇六)。事実婚や結婚後も自らの役割をもとうという考え方はこれと符合する。樋口の場合は障がいという特徴をもって生き、障がい者として扱われること、(当時は結婚が前提とされた)女性であることを否定されることから生まれた自立心だった。そこには期待される女性役割への抵抗(女性運動)と諦め(障害女性)があり、既存の女性役割を否定する点で類似するが、違いがある。障がい女性の場合、障がいによる「諦め」「羨望」からの解放によって、一旦「既存の女性役割」に執着し、それを経験したのちに女性としての解放を求めるように「回心」する。これを社会学者の上野千鶴子は「複合差別」とした（上野 一九九六）。

そしてこののち、女性運動と障害者運動は優生保護法改正（改悪）を前に、ともに法改正に反対するが、一方で両者が激しい対立を経験する。一九七二年の改正案は、優生保護法の経済条項の削除と胎児条項の追加をもくろんだものだった。「産む・産まない」は女の権利という女性運動の主張と、「殺される側からの論理」、命の選択は許されるのかと鋭く突いてくる障害者運動が激しく対立した。その後、女性運動はそのスローガンを「産める社会を！産みたい社会を！」に変え、「被差別者同士が疑似的に対立させられてしまうメカニズムを乗り越えようとした」（同前、二一二頁）[11]。樋口はのちに障がい女性として社会を変えていく活動を、女性運動と連携しながら進めていくことになる（第5章）。

優生保護法に関連して。樋口の存在を受け入れ、その根っこを育んだアメリカ、カリフォルニアには別の顔もある。カリフォルニアは、米国の優生運動の伝統的な中心地である。アメリカ全土で断種法の被害者は六万人であるが、被害の半数近くはカリフォルニア州で起きていた（ブラック 二〇二二、三七頁）。日本の障害学の第一人者の一人である長瀬修は、多くの日本の障害者や障害関係者がバークレーを訪れる様子を、「バークレー詣で」と呼び、その「無防備」な陶酔に警鐘を鳴らしている。アメリカは障がいの問題を医療で解決しようという傾向が強く、顕著なのがカリフォルニアだという。いまだに国民健康保険が保障されていない国でもある。

長瀬は言う。

「カリフォルニアに学ぶことは多い。しかし、まばゆい光に目を奪われて、カリフォルニアひいては米国が持つ闇から目を背けてしまってはならない。光と闇、その両面を直視したい」（長瀬 一九九七）。

アメリカの自立生活運動が日本に与えた影響は確かに大きい。その功績を認めつつ、その環境はなぜ創り出されたのか、創り出されなければならなかったのか、を考えることが、日本での自立生活運動をさらに広げていくためには、必要なのかもしれない。

11 詳しくは、荒井裕樹（二〇二二）。

第5章　樋口恵子——発展期

1　八王子ヒューマンケア協会での経験

「アメリカ型の自立生活センター」をつくる

アメリカから帰国したばかりの一九八六年三月、この年は三月になってドカ雪が二度も降り、なかなか解けなかった。樋口は寒くて家に籠っていた。その頃、中西正司から毎日のように電話がかかってきていた。中西は学生時代に交通事故で脊髄損傷となり、離婚を機に仲間の誘いで八王子に移住し、重度身体障害者通所訓練施設「第一若駒の家」に所属していた。[1]「第一若駒の家」は障害当事者が自主運営している組織として、全国的に名の知れたところだった。

樋口が中西と初めて会ったのは、一九八三年に山形県で開かれた「車いす市民全国集会」であった。ただそのときは見かけただけで、特に話もしなかった。次に会ったのが、樋口がバークレーの研修に参加していたときだった。中西はバークレーの自立生活センターを、当時高校生の介助者を連れて突然訪ねてきて、一週間ほど滞在した。そのときもそれほど接触があったわけではなかった。[2]

だが、樋口が日本に帰国すると、まだ時差ボケも治らないうちに電話をかけてきて、新しいタイプの自立生活センターを日本で作りたい、そのために手伝ってほしいと懇願された。日本にはすでに自立生活センターという名称を使った組織があり（一九七九年に静岡障害者自立生活センター、一九八四年に京都に日本自立生活センターが設立）、中西たちが「新しいタイプ」として目指したのは、介助者派遣を中心に実際に地域での自立生活を開始する障害者を、直接的・具体的に支援するプログラムやサービスを提供する組織であった。

とにかく一度会って話がしたいというので、樋口は八王子まで中西に会いに行った。中西は、「第一若駒の家」で仲間と自立生活センターの設立準備に取りかかっていた。中西の熱心な誘いにほだされ、樋口は三月末から週に三日の約束で八王子に通うようになった。同じようにこの新しい組織の立ち上げに参加したのは、愛の輪運動基金でアメリカ研修を経験した安積遊歩[3]、阿部司などがいた。手始めに樋口が持ち帰った資料を翻訳したり参考にしたりしながら、あ

1　詳しくは中西正司著『自立生活運動史—社会変革の戦略と戦術』（現代書館、二〇一四）。
2　中西の記憶は、アメリカ滞在時、ジュディス・ヒューマンの家で樋口と会った際、「その場で日本で始めるときに手伝ってもらえないかと頼んだ」とある（中西正司　一九九六）。

れこれと議論を交わし、自立生活センターの運営の仕方や自立生活プログラム、ピア・カウンセリングの技法などについての日本版パンフレットや資料をつくっていった。これは、「自立生活センターの活動を外へ知らせるという目的」を果たすためであり、「誰もが自立生活センターの活動を手にとって見ることができ、かかわりたい人がかかわりやすくできた、よい方法」（樋口一九九八、八六頁）であった。

自立生活センターの三つのプログラム

八王子ヒューマンケア協会は一九八六年六月に発足した。障がい者を対象としたサービス提供として自立生活プログラム、ピア・カウンセリング、介助者派遣を始めたが、介助者派遣についてはは神戸ライフケア協会をモデルとして、高齢者やひとり親家族など援助を必要とするところには派遣するという方針でスタートした。

介助者派遣の最初の利用者は、ＡＬＳ（筋萎縮性側索硬化症）の女性だった。息子夫婦はともに教員で日中独居の状態だった。進行性の難病であり、医療的ケアの必要性から、「素人の生活介助で大丈夫なのか、もし、何か起きたときの責任は、といった議論が運営委員会でされ」た（同前、八四頁）。しかし、都立病院の担当医から、ぜひ自宅で生活させてあげてほしいと頼まれ、「法律上の責任が個人のケア・スタッフに行かないように配慮しながらも、受けていこう」という結論になった。樋口はコーディネーターとしてトイレ介助やコミュニケーション方法を一緒に体験した。最初の心配をよそに、介助者は徐々に文字盤の使い方にも慣れ、コミュニケーションもとれるようになっていったが、病状が進んで、鼻からの経管栄養での食事となった。樋口たちは在宅で最期まで支えるという覚悟をもっていたが、本人の希望で入院することになった。後日病院へ見舞いに行ったところ、あまりに変わり果てた姿になっていて、その後樋口は二度と見舞いには行けなかった。

「怒りと悲しみともいえない思いがわきあがって、もう行くことはできませんでした。いつもきれいにブラウスとスカートを着て、車いすに乗っていた人が、寝たきりで、下半身には寝間着もないような状態で、布団をかけられていたのです。本人の自己決定権は、本当に行使されたのでしょうか？　本人に病院へ行くことしか選ばせない社会が現実にあって、私たちは彼女に一番近いところで、決定権を行使できるよう十分な援助ができていたのでしょうか。これ以上自己主張したら、まわりが困るからという思いに対して、自己主張してくれることで私たちも力をつけられるし、社会を変えられるんだからということを、もっと強く伝えるべきでは

3　第三期愛の輪運動基金アメリカ研修に参加。骨が弱いという特徴（骨形成不全）をもって生まれた。

なかったかと今も思っています」(同前、一九九八、八六頁)

自立生活プログラムはまずは身内である「若駒の家」のメンバーに対して行った。参加者の興味関心が高いトピックスをということで、セクシュアリティについてのクラスを始めた。二十代前半から三十代後半までの男女混合のクラスで、自分の性について知ることを目的に、まずはさまざまな言葉を知っているかという問いからスタートした。すると、食事のあとや暇な時間を見つけて四、五人のメンバーがそっと「樋口さん、D－4は何ですか?」(同前、八三頁)と恥ずかしそうに尋ねてきた。D－4はマスターベーションの経験を聞く設問だった。障がいがあっても性に対する好奇心や興味はある。だが、それを知る機会はとても少ない。性描写があるような雑誌やビデオ、マンガなどは自分だけでアクセスすることが難しい。家でも学校でも障がい者の性は見て見ぬふりをされ、ないものとして扱われるし、介助が必要だったりするといつでも大人の目や手があって、友達同士の内緒の時間や情報交換をすることも難しい。

「なんだ、ぼくが毎朝やっていたことなんだ」と納得したM君の率直な発言には笑ってしまいました」(同前、八四頁)。

自立生活プログラムは、地域での一人暮らしの資源のやりくりを学ぶだけでなく、一人の人間として生活することを支援するためのプログラムとして意義のあるものだった。

ピア・カウンセリングは、樋口がアメリカから持ち帰って資料を翻訳したものと、当時安積が学んでいたコウ・カウンセリングという対等性を重んじるカウンセリング方法を参考に、プログラムを作成した。朝日新聞厚生文化事業団からの寄付を得て、一九八八年に集中講座を実施した。ちょうど同時期に日本を訪れていた、ジュディス・ヒューマンらもゲストとして参加し、講演や対談、デモンストレーションなどを行い、ピア・カウンセリングの実際を解説した。初回で集客に不安もあったが、北海道[4]や関西など日本各地から三〇名近い障がい者が集まった。

その後は、東京での毎年のピア・カウンセリング講座の開催に加え、参加者が地元で講座を催し、樋口や安積は講師として各地を訪問した。すると、今度は自分たちでやりたいという人たちが増え、講座に参加したメンバーたちが集まってピア・カウンセリング講座を自分たちで実施し、それがその地域の自立生活センターの「根っこをつくり」、やがて自立生活センターが立ち上がっていった。

「出前のピア・カウンセリング集中講座を実施すると、ガリガリと抵抗運動として障害者運動を実施するのではなく、まず自分を認めること、障がいのある自分を好きになるということを伝えながら、自立生活センターとしての結集をつくっていく。今までの運動をつくり変えて

4　北海道からは小山内美智子（第7章参照）も参加した。

いくというか、そんな形で広がっていった」

樋口のいうこれまでの障害者運動は、既存の健常者文化や健常者社会に対する、ときに激しい抵抗の運動であり（第2章）、自分を知るという点においても、差別される者として、社会の中における自らの立ち位置を自覚することを求めるものだった。[5] そうした、いわば「厳しい」自己覚知に対し、ピア・カウンセリングは、互いに対等な立場で話を聞き、泣いたり笑ったり感情を解放させることによって、これまで傷つけられてきた自己を回復させるものであり、「癒し」の自己覚知といえよう。障がいのある自分を認め、好きになり、エンパワーメントされていくプロセスの結果として、仲間との自立生活センターの設立に結びつくというのが、新しい運動の形だった。

樋口は、三年半ほど八王子に通った。

「自分のこれまでの集大成というか、自己のもつ力と経験を最大限に発揮して積み上げていけたように思います。この三年半の経験は、町田の地元に戻ってから大きく花開いたと評価しています」（樋口　一九九八、八〇頁）

2　町田ヒューマンネットワークの設立

八王子ヒューマンケア協会での三年半は、自立生活プログラム、ピア・カウンセリング、そして介助者派遣の実施という、自立生活センターの基礎を日本で形づくる経験を樋口にもたらした。そして一九八九年十二月、町田で「したいことをするため」に七人の仲間が集まって町田ヒューマンネットワークが立ち上がった。七人の中には当時、福祉事務所職員であった近藤も、のちに障害女性の運動でもともに活動した堤愛子もいた。樋口たちは「いろいろな経験を持った人が力を持ち寄り、いろいろな色の糸で一枚の布に織りあげる、そんなイメージ」でこの名称を付けた（樋口　一九九八、八七–八八頁）。

組織としての最初の活動は、設立して二カ月後にある市長・市議選に向けて障害児教育や街づくりなどについての質問状をつくることだった。この質問状づくりは、組織内部のコンセンサスをつくり上げていくために大いに役に立った。しかし、質問状に対するリアクションは「福祉畑で一生懸命にやってきた」一人の熱心な議員を除いて、まともなものはなかった。「障がい者をバカにして」と樋口は憤った。

5　例えば横塚晃一『母よ!殺すな』（生活書院、二〇〇七）など。

そのほかにあったリアクションとしては、ある議員が返信用の封筒に切手が貼ってないと苦情を述べてきたぐらいだった。

活動の場を市役所分室にある市民サロンにおき、活動をスタートさせてしばらくした頃、NHKの朝の番組で、重度障がい者の兄妹がボランティアの援助で自立生活をしている様子が取り上げられ、そのコメンテーターとして樋口が出演したことをきっかけに、自立生活についての相談者の来訪や電話が寄せられるようになった。市役所分室内で物置になっていた小さな部屋に拠点を移してよいという許可が下り、それまでは毎日許可書を提出しながらの使用だったが、固有の場を占有できるようになった。やがて電話での相談件数が増えていき、電話をひかせてもらい、徐々に事務所機能を整え、「公共施設の一角に寄生して」自立生活センターを確立していくことになった（同前、九〇頁）。

週一回の定例事務局会議を夜に行い、活動や事務局体制など、決まったことは会報にして情報を発信し、協力者を募っていった。七人のメンバーで、ひとり一〇人の会員を見つけるというノルマを設けたりしながら、翌年の四月を目途に有給体制の基盤整備を始めた。助成金の申請やこれまでの人脈を活用しながら、忙しいなかにもそれぞれが自分の役割を見つけて、組織づくりを行っていった。

町田ヒューマンネットワークでは、自立生活プログラム、ピア・カウンセリング、介助者派遣という三つのプログラムはもちろんのこと、一軒家を借りて「とりあえずの家」という事業がスタートした。これは電動車椅子を利用している男性が、緊急に親と離れたいという相談をピア・カウンセラーに持ちかけてきたことによる。本人の自立したいという希望を家族が受け入れられず、トラブルが絶えない危機的な状態になっていた。家族と距離を置く必要があったが、すぐに対応できる場も制度もなかった。この男性に限らず、これまでも親元から、あるいは施設から直接自立生活に移行できないケースは多々あり、自立生活を体験する場が必要だという認識があった。一軒家を借り、最低限の改造をして男性に利用してもらうことからスタートし、その後は関西からも自立生活の体験の場として利用者が続いた。

町田ヒューマンネットワークのモットーは「エンジョイ自立生活」であった。「自分たちが楽しくなくては、いきいきしてなくては、たくさんの人をまきこんだ自立生活は達成できない」、「一人ひとりが自分を大切にし、無理しないで、それぞれのペースを大切にしていこう。組織として動いていくとき、やらねばならないこととかやるべきことが出てくるかもしれないが、やりたいことから動かしていく、そんな方法を見つけ、町田の福祉の根底から変える」というのが樋口たちの目指す活動であった（同前、九〇－九一頁）。

樋口は、のちにこの活動を「障害者の側からの新たな文化の創造、提案」と述べている。それまで障がい者は治療やリハビリの対象として見られ、常に健常者を見本として障がいを克服することを課せられてきた。しかし、そうではない。障がいのある、この体が今の自分であり、ほかの誰でもない、「かけがえのない私を否定しないでと、障害者自らの言葉で社会に伝えていこう、このメッセージをプログラムにしていこう」というのが町田ヒューマンネットワークの活動だった（同前、九〇－九一頁）。

当時、財源として、東京都地域福祉振興基金による助成金が自立生活センターに支給されるようになっていたことは大きな意味をもっていた。東京都地域福祉振興基金は、増大する福祉サービスのニーズに応える新たな仕組に対して助成を行うことを目的に設立されたものである。一九八七年四月に「東京都地域福祉振興基金条例」が制定され、「東京都地域福祉推進計画等検討委員会」で助成のあり方等について検討が行われた。八王子ヒューマンケア協会の中西はその検討会に呼ばれ、自立生活センターこそが新たなニーズに応える仕組であると訴え、助成金の獲得に尽力した。町田ヒューマンネットワークも設立した次の年からこの助成を受け、活動を広げていった。[6]

3　全国自立生活センター協議会（JIL）の発足と代表

全国に自立生活センターが増えつつあった一九九一年、全国自立生活センター協議会（JIL：Japan council on Independent Living Centers）が発足した。これは一九八九年から開催された全国自立生活問題研究全国集会（自問研）の第二回大会の前日に準備会が発足し、翌年一九九一年十一月二十二日に正式に設立した。協議会の設立は、朝日新聞の社説で「憐れみの福祉さようなら」

と取り上げられた（樋口　二〇〇〇）。

自問研は職能リハビリテーションの専門家である三ツ木任一の呼びかけで始まったものである。初回は「予想を超える三〇〇名以上の参加者を全国から集め、会場はあふれんばかりの熱気で満たされた」（中西　一九九六、二九-三〇頁）。第二回の大阪大会からは自立生活運動の当事者が企画段階から入った。そして第三回大会の開催準備に入った一九九〇年十二月、ちょうどＣＩＬ立川、町田ヒューマンネットワークが立ち上がって活気づいていたときに、「この機に統合し、全国的な組織としての形態を整えていくことが国に対しても力を持つことになるだろう」と八王子ヒューマンケア協会と名古屋ＡＪＵ自立の家が実質的な呼びかけ団体となって、静岡自立生活センター、兵庫メインストリーム協会、京都日本自立生活センター、札幌いちご会、ハンズ世田谷、町田ヒューマンケア協会、ＣＩＬ立川、八王子若駒の家という主要な一〇の自立生活センターの代表が集まった。初代の代表は名古屋ＡＪＵ自立の家の山田昭義であり、樋口は一九九五年から代表に就任した。

ＪＩＬはピア・カウンセリング講座や自立生活プログラムを実施し、自問研から踏襲した障害者自立生活問題研究会を継続して行い、また海外からゲストを招いて国際フォーラムなどを実施

6　立岩真也「東京都地域福祉振興基金による助成事業」（『季刊福祉労働』五七号、一九九二年、現代書館）に詳しい。

した。こうした活動の成果は全国の自立生活センターの設立に大きく貢献し、その数は年々増えていった。特に一九九六年からは市町村障害者生活支援事業が始まり、ピア・カウンセラーの設置が義務づけられたことによって、自立生活センターがこの事業の受け皿となりうると大きな期待が寄せられた（第6章）。

「この制度こそ自立生活センターがこれまでやってきたことが制度として具体化されたということで、厚生省にたいして、当事者のグループでなければできないということを、実際の各自立生活センターの実績を見せて訴えていきました。障害者の相談にのれるのは、同じく障害を持って生きてきて、そして、これまで仲間の自立にかかわり援助してきたピア・カウンセラーしかいないということを力説しました」（樋口　一九九八、一〇五頁）

一方、ピア・カウンセラーになろうという障害者のほうも「〝ピア〟の意味を理解せずに、ピア・カウンセラーになりたいと希望する人が大変多くなった。経験を積んだ質の高いピア・カウンセラーを育てることが急務」（奥平　二〇〇〇）となり、ＪＩＬでは一九九八年からはピア・カウンセラーの認定を行うピア・カウンセラー認定委員会を設置した（詳細は第6章参照）。

樋口はのちに述べる町田市議やそのほかの役割と兼務しつつ、ＪＩＬの代表をつとめ、二〇〇一年五月、参議院議員選挙への立候補を機に引退した。

4　障害を見つめ直す旅

樋口は八王子でも町田でも、自立生活センターでの仕事とは別に、障がいがある人をメインとした海外旅行ツアーを企画し、実施した。

「障害を持っている人たちに違う世界を味わってほしかった。家族以外の人の介助を味わって、生活をしてほしかった」。それは樋口自身がアメリカで「自分がこれまでとらわれていた枠から自由になって、本当の自分を見つけられた」経験があったからであり、「一人でも多くの人にこんな体験をしてほしい」（樋口　一九九八、九八－九九頁）と願っていたからだった。また、こうも言っている。

「現状では、私達の社会は障害者にとってはなはだ住みにくい社会で、それはあたかも障害がすべての原因であるかのように言われているのだが、果たしてそうなのか。一定アクセスの整った地域に、短期間でも身を置くことで見えてくるものがある。社会の側がつくった障壁（階段や利用できない公共交通機関など）とそれらが解決されて残るものが何なのかといったことを具体的に理解することができるのである」（樋口　一九九二、四一頁）

旅ではさまざまなハプニングに見舞われた。電動車椅子に乗った参加者二人のうち、一人がアメリカで電動車椅子を借りたため、もう一人の日本から乗ってきた電動車椅子とスピードが異なってしまい、遅かった人が迷子になるという事件があった。当事者のM君は養護学校を出たばかりの青年で、言語障害があり、思うように言葉が出せない人だった。

「自分が迷子になったと分かったときに彼が考えたのは、アメリカには創価学会の人が多いと聞いていたので、誰かに声をかけてもらえるかもしれないと思って南無妙法蓮華経を唱えながら歩くことだった。その後は個人経営のお店に入って、泊まっていた大学の寮のことを知らせようと、「スクール、スクール」って言い続けたんだけど、よく分かってもらえず、中学生ぐらいの男の子がようやくわかってくれて、いっしょにスクールに行ってくれると言って自転車を押しながらやってきてくれた」。そこに、捜索願を出していたので、警察が声をかけてくれ、一緒に寮まで戻ってきた。

M君は、日本では親が運転するリフト付きの自家用車で移動していた。しかし、アメリカから帰ると、言葉の通じないアメリカでも一人で移動できたのだから日本なら大丈夫、と公共交通機関を使って自分で移動するようになったという。ある日、樋口が旅番組を見ていたとき、M君が階段昇降機に乗って移動し、私鉄に乗るところが放映された。

樋口はそれを見て「ちゃんと電車に乗っているんだなと思って（笑）。あのときの学びが生き

仲間と海外旅行

てるんだな」と実感できた。

一方、アメリカで電動車椅子をレンタルした人は、自分が電動車椅子の性能に左右されていることを旅の間に実感した。たとえば、今までは電動車椅子であっても移動に時間がかかり、小まわりもきかないからただ待っているだけだったのに、今回は速くて小まわりがきいたので、みんなが行こうとしているレストランの様子を先に見に行くことができた。

「アメリカの電動車椅子だったら「移動も早いので」、「ちょっと待ってて、私が混んでいるかお店を見てきてあげる」とか言ってちゃーっと行って、「大丈夫！　大丈夫」って言ってくれたりとかできて、いつもは「ごめんね、私が遅いから遅くなるね」って言いながら焦ってみんなについていくような感じだったのに。「[今回は]そうじゃない。今まで遅かったのは自分のせいじゃなかったんだ」と。「電動車椅子のせいだったんだ」と学び、さらに彼女はこのアメリカ旅行で介助犬というものを知り、後に介助犬を導入する最初の人になって、今も介助犬と暮らしている」[7]

海外ツアーは、一人ひとりがたった一週間足らずでいろんなことを学び、新しい自分に変わっていけるいい素材だと樋口は思い、その後も続けた。訪問場所は、アメリカだけでなく、オーストラリアにも行き、現地の障がい者との交流や自立生活センターでの学びのほか、障がい者の国際会議への参加企画も実施した。一九九三年にカリフォルニアで行われたピープルファースト世界会議へは、知的障がいのある人たちとともに参加した。彼らは帰国後も交流を重ね、一九九四年からは日本でも年に一回の全国大会が始まり、今日まで続いている。[8]

5　DPI女性障害者ネットワークの活動と優生保護法

一九八五年の第二回DPI世界会議において、障害女性が自分たちの問題に対して立ち上がったことは前述した（第4章）が、日本ではすでに一九七九年の車いす市民集会東京大会で、女性の問題が取り上げられていた。ある女性の、「子宮を取ってよかったという発言をめぐって大きな議論になった」のだった（樋口　一九九八、一一九頁）[9]。その後、障害女性に関する分科会が開催されるなど、女性問題が取り上げられるようになっていたが、やはり「トップに立つ女性はほとんどなく、縁の下の力持ちの役を常に引き受け、男性を支えるような立場」、すなわち「一般社会の男女の性別役割分担がそのまま入って」(同前、一一七‐一一八頁) いるような状況だった。

樋口は「どうすれば障害者の中で女性のもつ問題を解決していけるのか」と考え、先の世界大会の影響も受け、一九八六年にDPI女性障害者ネットワークを、数名の問題意識を共有する障害女性とともに設立した。「女性障害者の自立促進と優生保護法撤廃」をテーマに掲げ、年に一回の合宿を行い、自分たちのことを話し、情報交換をし、ニュースを出すという活動を行っていった。

優生保護法は、一九四八年に成立した。その目的は、「優生上の見地から不良な子孫の出生を防止するとともに、母性の生命健康を保護すること」とされ、一九九六年に法改正されるまで長らく障害者の存在を否定してきた法律である。樋口は、この法律の存在を知ったときの思いを次

7　千葉れい子氏のことである。ただし、彼女が介助犬を知ったのはこの旅行ではなく、テレビ番組をとおしてである（千葉れい子への二〇二三年のインタビューより）。
8　ピープルファースト大会や、これまでの開催地についてはHPを参照。　https://onl.sc/u1Aergf
9　子宮摘出をめぐる議論が車いす市民全国集会で語られ始めたのは、一九七九年であった。これに関しては以下を参照。瀬山紀子（二〇〇一、二〇〇二）。

のように述べている。

「ああ、これなんだ。私をしばってきたものは」（同前、一一二頁）

「条文を読むようになって、この法律があるから、なにか肩身せまく生きなければならないと思ったり、まわりの人たちがあんな視線を投げかけていたのだと納得しました」（同前、一一三頁）

DPI女性障害者ネットワークの活動のなかで、障害ゆえに諦めてきたことや、自分だけの問題だと思ってきたことに共通項が見いだされ、「自分たちに問題があるのではなく、社会が私たちの存在を考慮してつくられてこなかったことが、私たちを生きにくくしているのだ」ということがわかってきた（同前、一一八頁）。

樋口たちの小さな集まりは、やがて一九九四年にカイロで開かれた国際人口開発会議での安積遊歩の優生保護法の告発へとつながった。安積は日本ではいまだに優生保護法のもと、優生手術が行われていることを国際舞台の場で暴露したのであった。当時外務大臣であった河野洋平も会議に出席しており、大いに影響を与えた。

翌年の一九九五年九月には、中国・北京で行われた世界女性会議に出席し、優生保護法撤廃に向けての行動を起こした。日本からはDPI女性障害者ネットワークのメンバーのほか、「'82優生保護法改悪阻止連絡会（略称・阻止連、一九九六年以降SOSHIRENと改名）」のメンバーを含む三〇名の大所帯での参加となった。

樋口は分科会「優生保護法って何？」を担当するため、知的障がいのある女性が子宮摘出問題について書いた文章のビラを、日本語、中国語、英語で刷り、二〇〇〇枚近く配布した。その結果五〇人ほどの部屋に一三〇人の参加者があり、日本人だけでなく、中国、オーストラリア、デンマーク、ドイツ、アメリカからも参加があった。演者は、それぞれ障害女性としての経験を語った。

町田ヒューマンネットワークでともに活動している堤愛子は、「障害者は生まれてこない方がいいと思っていたし、人に遅れないように一生懸命歩き、追いつこうとしていた。自分の足が悪いから、自分のせいだと思っていたけど、障害者の友だちから、あなたはまわりの人たちに迷惑をかけまいと背伸びしているけど、そういう生き方は私のような障害の重い人にたいして、食事もするな、トイレに行くなと言っているのと同じなんだよ。あなたのペースで動いてくれない、この社会の方があなたに迷惑をかけているんじゃない？　といわれてショックだった」と述べ、障害が社会の側にあることに気づいたときの衝撃について語った（同前、一三二頁）。

またピア・カウンセラーの境屋うららは脳性マヒという障害があり、三人の子どもを産み育てているが、最初の子どもを妊娠したときは中絶ができない時期まで妊娠を秘密にしていた。もっと幸せな気持ちで、子どもの出産を祝福されて産みたかったと話した。同じくピア・カウンセラーで脳性マヒの村山美和は、施設の中ではプライバシーが守られず、自分を卑下して暮らしてきたことを、安積遊歩は医療現場では常に権力関係の中で障がい者は物のように扱われてきたこと、そして性的な虐待も起きていたことなどを語った。

最後に、樋口は知的障がい者の子宮摘出問題に触れ、障がいのあるなしで人の命の価値を決めることに対する課題を提示した。そして障がいのある自分を肯定する発言、「「私大好き」宣言」をした。

「私は今、障害者として生きてこれてよかったと思います。障害を持って生きてきたことが、私をここまでひっぱり、育ててきたと思います。私にとって障害は私を構成する大切な個性です」(同前、一三四頁)。

このあと、一九九六年になると、一月の通常国会の中で優生保護法改正関連の動きがあるとささやかれ、樋口は参議院議員会館の女性議員を訪問したり、厚生大臣宛てに要望書を出したり、北京会議の報告会を開いたりと、目まぐるしく活動し、新聞に論考を投稿するなど、この課題を広げようとできるだけのことをした。その後、日程的に今期では難しいといわれるようになったので、一息ついていると、五月には再び法制化の話が出て国会議員への陳情に忙しくなり、結果、国会当日はあまり議論されることもなく、優生手術と優生保護審査会についての規定だけをとりはずした「母体保護法」があっけなく制定され、優生保護法はなくなった。この法律で実際に体を傷つけられた人たちへの謝罪も、賠償も、何もないままに。

樋口は、法律がなくなったことはうれしいが、法律名がなくなっただけで、「よけい優生思想がみえにくいまま取り残された状況」でもあり、本当の意味で社会が変わったのかと疑問をもった。

「障害はあってはならない、障害は不幸と決めつけてきたことに何ら訂正はくわえられず、闇の世界に閉じ込めただけ」（同前、一三八頁）。

国が強制不妊手術の実態調査を行い、誤った法律を施行してきたことによって、障害者に対する人権侵害を行ってきたという歴史を明らかにし、きちんと謝罪すること、それなしに優生思想をなくしていく一歩は始まらない[10]。「障害は不幸、大変」という一方的な情報を流すのではなく、障害のあるなしにかかわらず、誰もが自分らしく生きられる環境を、社会を創っていくことが大事であり、その一端を誰もが担っている。

樋口は、障害女性としての活動のなかで「障害を持って生きること、女という性を持って生きることに向き合って、自分らしくありたいといえるところに、やっとたどりついた」（同前、

10　旧優生保護法については、二〇一八年一月に国を相手として謝罪と賠償を求めて提訴した佐藤由美（仮名）の裁判をきっかけとして、二〇二三年九月現在、三八の裁判が行われている。大阪高裁、東京高裁、熊本地裁、静岡地裁で国に損害賠償を命じる判決が下っているが、今のところ国は控訴、上告しており、罪を認めようとはしていない。

一四〇頁)。

6　町田市議会議員になる!

町田ヒューマンネットワークがスタートして四年近く経過した頃、次の町田市議会議員選挙の時期がやってきた。設立当時、質問状を議員に投げてまともな回答が返ってこなかった苦い思い出があったので、次は議員を出そうと冗談めいて話していたこともあった。というのは、四年間、「町田の福祉は大変な試練の時期だった」(樋口　一九九八、一四五頁)からである。

福祉に積極的だった大下市長が引退し、新しい市長が誕生した。前市長は障がい児・者の親の会の意見を聞きながら障害福祉を進めてきていたが、新しい市長は「障害者関係の親たちには一切会いません」と公言した。ある福祉事業所のトラブルを契機として、福祉担当助役の辞任、議会では百条委員会が設けられ、他の福祉施設でも不祥事が起こらないようにと補助金を得て活動している団体に対してチェックが入った。直接声を届けることもできず、事業に厳しい指導がなされるなど、「四年間が冬の時代だった」と樋口は振り返る。

樋口には何もないところから町田ヒューマンネットワークを立ち上げ、四年間続けてきたという自負があった。一方で市政は後退していっている。そんな状況に対して樋口は怒りを感じていた。

「何もしなければ何も生まれない、何か始めればゼロではなくなる」(同前、一四七頁)。

町田ヒューマンネットワークの代表である木下洋二に「[選挙に]出なさい」と投げかけたが、「僕、背広がないから」とやる気のない返事だった。

「じゃあ、誰も出ないのか？ってなったときに私が、やろうかなって」。

何気なしに言った言葉だったが、冗談で言ったわけでもなかった。アメリカでは、ジャスティン・ダートが中心となって障がい者リーダーたちが自分たちで草案をつくり、ロビー活動をしてADAを成立させた。樋口はダートのもとで、政策決定の場に障がい者の意見を反映させることの重要性を学んだ。その後、尊敬するジュディス・ヒューマンも、バークレー市議に立候補し、敗れたけれど、チャレンジすることの重要性を教えてくれていた。障がいのある人たちの立場を代弁する政治家が必要で、そのチャンスが今なのではないか。

「やっぱり、動かなきゃものは変わらないわけだから、やろうと思って、やったら、まあ当選した」。

樋口は一九九四年二月二十七日、町田市議会議員に当選した。[11] 当選してみると、行政の情報が入ってくる。やはり違う、と樋口は実感した。情報が市民に知らされていない、「なんでもない

11　選挙活動中のできごとについては、樋口の著作(一九九八年)に詳しい。

ことが市民に隠されている」と感じた。

樋口が議員となった四年間でやったことは、裁判所の建設に際し、エレベーターの設置が予定されていなかったところをエレベーターの設置を求め、実現させたこと。リフト付きバスの導入をノンステップバスに替えたこと。これらはそうなってみると、当たり前で簡単なことのようだが、行政は決めたことを変更することについては抵抗があり、なかなか次に進まなかった。

「どんどん新しいものはできていくわけで、便利だっていうのもわかっているわけだから、変えていけばいいのに、そこに対する抵抗っていうのはすごく役所ってあるな、というのは思った」。

このほか、樋口は子どもの権利条約をもとに障害児の教育現場におけるインクルーシブ教育の必要性や、その先の誰もが地域社会の中で暮らしていくことについても議会で一般質問を行った。取り組んだ課題は、障害者・高齢者福祉施策、学校教育、女性政策、禁煙分煙政策などと幅広く、今に通じる斬新な課題を含んでいる。

「四年間だったけど、やった甲斐は、価値はあったかなと思いました」。

一方で、政治の世界に対する違和感はぬぐえなかった。

「私が市議会議員になったときに他の市議会議員たちがどんなことに心を配ったかっていうと、席をどこにするか。一年生議員は一番前の席だけど、トイレから一番遠いから、「車椅子用トイレの一番近いところにしてやらなきゃいけないんじゃないか」って、障害者だから。揉める前に聞いてくれたら、大丈夫ですって言えるのに、私には言わないで、一生懸命なんとか委員会で検討してたって分かったり」、さまざまな場面で、障がいへの理解、女性への理解、生活者への理解が不足していて「自分のことはできるだけはっきりと主張していかないと自分を守れない」（樋口 一九九八、一六五頁）と実感した。

また立候補を表明すると、手伝ってくれると思っていた人が遠ざかって行ったり、何気なく話した人が一生懸命応援してくれたり、政治はうさん臭くて、近づかないほうがいいと思っている人も多いことを実感した。

「本当に社会を変えたいと思うのなら、意思決定、政策決定の場に位置して、自分の考えをアピールしていくしかないのに、政治は一部の人がやるものとしてきた社会があるように思いました」（同前、一五〇－一五一頁）。

7　国政への挑戦

一九九八年三月一日、町田市議選が行われた。樋口にとって二回目の選挙だった。しかし、選挙の進め方はむしろ分からないことばかりで、結果、落選した。なぜか。最初の選挙は、選挙を仕切るプロ集団を自立生活センター立川の代表だった高橋修が紹介してくれ、彼らが樋口の存在を「面白がって」くれて応援してくれた。樋口は、彼らの指示にしたがってただそのとおりに動けばよかった。しかし、二回目のときは、そうした支援者たちはいなくなっていた。加えて、投票日当日は大雪が降り、車椅子利用者が投票に行くには相当不利な環境になった。「本気で投票しなきゃって思っている人しか行かなくなる」状況、いや、本気でも困難な状況だった。

もう一つ経験したのは、自分の「甘さ」だと樋口は言ったが、応援してくれていると思った人が応援してくれていなかったという行き違いだった。この頃の樋口は精神障害の人の組織の理事なども つとめ、障害種別を問わず広く活動していた。そうした人たちが当然自分を応援してくれていると思っていた。しかし、あとから分かったことだが、彼らは必ずしも樋口に一票を投じてくれたわけではなかった。

市議二期目を逸した樋口は、町田にいることが辛かった。文京区にできた自立生活センター、スタジオＩＬ文京の代表を三澤了（元ＤＰＩ日本会議議長）に頼まれ、延々と電車に乗って文京区まで行ったり、またＪＩＬの代表として八王子経由で立川に通ったり、町田にいる時間を減らしていた。「障害者ケアマネジメント体制整備検討委員会（厚生労働省）」（二〇〇〇〜二〇〇一年）の委員に就任し、会議に参加していたのもこの頃だった。

しかし、そのようななかでも、政治との縁は切れなかった。

「衆議院議員だった石毛鍈子さん（民主党）の私設秘書のようにして時々国会のほうに出かけて手伝ったりしていた」。石毛は町田に拠点をもっており、つながりがあった。国会に通ううち、「次、国政でない？」と声がかかった。「まあ、やってみるか」。樋口は二〇〇一年の参議院選挙に民主党の全国区比例代表で立候補することになった。
しかし、国政への挑戦は市議への挑戦とは大きく異なっていた。一つはその移動距離である。樋口は選挙広報の二一日間に全国をまわらなくてはならなかった。

「過酷な道程っていうか、本当に限られた期間に日本中を回らなきゃいけないでしょう。高知へ入って演説して、その日のうちに北海道に行って。気温が三〇何度だったところから二〇度のところに行って、寒くて寒くて下にパジャマ着こんだりして、めちゃくちゃなことをやってましたね」
「夏の暑い頃だったから、夜のうちに洗濯して、朝から服を着られるようにして、それから休むとか。そんな感じだった」

二つには、選挙資金である。幸い、樋口は民主党の議員候補として選挙に臨んだので、党からも資金が支給されたし、共同代表だった鳩山由紀夫の母親からの寄付があった。このほかにも鳩山は個人的に寄付をしてくれる人を紹介してくれた。こうした対応は、樋口自身が、選挙に出るにあたって、選挙のあとに借金が残ったら困ると鳩山代表に直談判したことに応えての対応だった。[12]
このように全国区の選挙活動は大変なものだったが、樋口は「気が張っていたし、まだ若かったし、やる気でいたからがんばれた」と述べた。そう、樋口はこのとき、政治をやるという気持ちが強くあった。

「当事者の視点というのが［政治には］どこにもない。選挙で勝ち取って、その地位、物言えるところに行かない限りは、当事者性をきちんと表明することができないと思ってたから。市議会議員になったのは町田に裁判所がちょうどできるときで、エレベーターがついていないということを知って、私には車椅子の弁護士の友人がいたから、彼らが仕事することを考えたら、当然エレベーターが必要なんだよね。おかしいんじゃないのって言えた。マスコミが当時取り上げてくれたけれど、でも私が議員だったから、情報も入ってきたし、意見も言えた。そしてすぐにエレベーターがつくことになって。ことがさっと変化していくってことを経験して、ああ、面白いなって思った。現実を変えることができるチケットを手に入れたんだなって感じられて。マジョリティの視点しかない社会だから、当事者の視点をもって、問題を言語化していくことがとても大事だって思った」

しかしこの年の選挙は暑さや地域を飛びまわることの過酷さに加えて、もっと大変なことがあった。それは「小泉旋風」といわれた自民党への追い風だった。二〇〇一年四月に「自民党をぶっ壊す！」と訴えた小泉純一郎が首相になり、内閣の支持率は一気に八〇％を超えていた。[13] 民主党も菅直人と鳩山由紀夫が共同代表をつとめており、比較的人気のあった頃だったが、小泉の人気とは比較にもならなかった。圧倒的に不利な状態のなか、知名度もない樋口は懸命に選挙活動を行ったが、あえなく落選した。

8 次々と広がる活動

しかし、落選したあとでものんびりと休んでいる暇はなかった。二〇〇二年は、DPI世界会議が日本で開催される年で、その準備に大会の事務総長代理としてかかわることになった。カンボジアで開かれたJICA（独立行政法人国際協力機構）主催のアジアの障害者リーダー養成研修で世界大会のアピールをしたり、韓国の障害者団体との話し合いのためにソウルに向かったりするなど、積極的な活動を展開していた矢先、樋口は交通事故に遭ってしまった。友人の墓参りに仲間と車で行く途中、無免許運転の車が正面から突っ込んできたのだ。樋口は後部座席にいてシートベルトをしていなかった。事故時は、意識がなかった。救急車で近くの病院に運ばれ、そ

12　樋口の記憶では、当時の供託金は三〇〇万円で、一定の得票数を得ていたため、あとから戻ってきた。民主党から必要経費を賄うようにと一〇〇〇万円が支給された。
13　ＮＨＫ放送文化研究所　政治意識月例調査２００１年

国政への挑戦

の日のうちに近藤が迎えに来て町田の市立病院に転院した。市立病院では問題ないと言われ、二、三日で退院となったが、全身打撲のため体中が痛くて、一カ月半は寝たきりに近い生活を送り、後遺症にも苦しんだ。その後、なんとか持ち直し、十月のＤＰＩ世界会議の開催には間に合った。三千人を超える参加者、百を超える参加国を得て、大成功に終わった。[14]

二〇〇三年からは障害者に関する在宅サービスの仕組が支援費制度となり、措置制度から契約制度へと移行した。措置制度のもとでは、行政の措置、すなわち行政の決定によってサービスを提供する事業者が決められていた。一方、契約制度である支援費制度になると、ヘルパー派遣は指定事業所になればどこでもできる。利用者は指定事業者を選んで契約し、サービスの提供を受けることになる。樋口が代表をつとめていた自立生活センターのスタジオＩＬ文京でも法人内に「あいえるＰｉＡ24」というヘルパーステーションを立ち上げた。一カ月三〇〇〇時間のヘルパー派遣をし、行政からの支給時間数が足りない人には従来の自立生活センターから必要に応じてヘルパー派遣を行った。

　指定事業者として事業を展開するようになると、今までかかわりのなかった人たちからも連絡がくるようになった。あるときは介護保険対象者からヘルパー派遣の依頼が来た。介護保険事業は展開していないため断ろうとしたところ、家族の負担軽減のために、介護保険の認定に加えて身体障害者として支援費制度の利用が認められているとのことで、ヘルパー派遣を行うことになった。「六五歳以上は介護保険で、それで足りない場合は、後は家族が見るしかないと思っている人たちにとっては、そんな方法もあるということは、地元の行政と交渉してみるいい例」（樋口 二〇〇四、一二〇－一二二頁）となる。支援費制度の導入によって、対象は知的障害者や障害児など、これまでサービス利用がなかった人たちにも広がった。

　このように支援費制度には、事業所の選択権や対象者像が拡大したという利点がある一方で、その導入前の二〇〇三年一月には「上限問題」が起きている。詳しくは第6章に譲るが、支援費制度の導入にあたり、それまで国は市区町村に対し画一的な支給を行わないこと、支給量の上限は設定しないという方針を示してきた。それが二〇〇三年四月の導入を控えた一月の話し合いのなかで、一日四時間、一カ月一二四時間という上限を設けることを明らかにした。そこから障が

14　二〇〇二年第6回ＤＰＩ世界会議札幌大会　https://www.dpi-japan.org/sapporo/

い者たちが全国から集まり、時には五〇〇名を超える人が厚生労働省に詰めかけ、夜遅くまで交渉を続けた。

「寒風の中、みぞれ降る中、呼吸器をつけた仲間などが、まさに命を懸けた抗議を二週間近く」繰り返し、マスコミ各社も障害者の行為を当然のものとして取り上げた。交渉の末、ようやく一月末に、上限は設定しない、現状を維持するという回答を得るに至った。しかし、「障害をもった仲間がこつこつと、時間をかけて地道に積み上げ、拡大してきた制度が、為政者の考え方ひとつで変わってしまうという現実は衝撃」だった（同前、一二八頁）。やはり政治が重要であると認識するとともに、障害者自身の変化、さらに自立生活センターの役割にも思いが及んだ。

障害者自身がサービスを選び、事業所を選ぶ力を育てていくことが使いやすいサービスを増やしていくことにつながること、そうした障がい者のエンパワーメントを確実なものにしていくのは、ピアの存在、すなわちこれも障がい者の役割であること、そうした当事者が集い、力を結集し、行政との交渉などに力を発揮するのが自立生活センターの役割であること……樋口の中にはまだまだやるべきことがあるという思いがあった。

一方で、二〇〇二年頃から高知の実家で暮らしている父の認知症が進みだしていた。義姉や姉と協力し、父を支え、地域での生活を継続させなくてはと奮闘した（樋口 二〇〇四）。この頃から樋口は毎週のように高知に帰るようになった。樋口の留守中、近藤は介護保険を利用するようになり、利用限度めいっぱい使い、それで内容的にも時間的にも足りない分は個人契約をして、生活を成り立たせていた。

「夫は私という家族の介護を受けないで暮らすために、ヘルパーを利用するという姿勢を崩さず、自立した暮らしを組み立てているので、私自身はとても助かっています」（同前、一六二頁）。

近藤は近藤の、樋口は樋口の生活をしながら、互いを支え合う関係は変わらなかった。

小括――樋口恵子はなぜ政治を志したのか？

アメリカから帰った樋口は、さまざまな役割を得て一気に活躍の場を広げていった。人に請われ、応じて活動すると、次が開けていく。かつては近藤が樋口を表舞台にと引き出していったが、ここでは他の人たちにとっても樋口という存在が必要なものとなっていった。日本初のアメリカ型自立生活センターである八王子ヒューマンケア協会の立ち上げ、ＪＩＬの代表、スタジオＩＬ文京の代表、のちにはＤＰＩ世界会議事務総長代理など、さまざまな役割を請われて担った。

そして役割を引き受けるだけでなく、樋口は自分からもやりたいことを見つけ出して、他の人たちを巻き込んでいった。町田に自立生活センターをつくり、障がい女性のネットワークをつくり、またツアー旅行を企画して身体障がい者だけでなく、知的障がいの当事者にも日本の外に出て自由に自分の生きる力を試す場を与え、エンパワーしていった。近藤とともに樋口もまた、時代の大きな節目に必要とされる活動の火付け役になり、同時に誰かの力を引き出す役としてさまざまに影響を及ぼしていった。

また、この時期の記述の中で、樋口は障害が社会によってもたらされるものであること、障害の社会モデルの考え方を随所で述べている。アメリカでの経験を経て、日本という社会の中で生きづらさを感じるのは、自分の体のせいではないと実感をもって知ることになる。そしてありのままの自分を大切にすること、受け入れることの重要性を認識し、ピア・カウンセリングを広げていくことにも貢献していった。

同時に社会を変えること、そのために自分にできることは何か、を考え政治にもコミットしていった。町田市議への挑戦は、大下市長のもとでの町田市政を、職員として間近で見て経験したことが政治への信頼を育み、また次の市長による市政への不満、さらに障がいのあるビッグシスター、ジュディスの市議会議員立候補も後押しとなって障がいの経験を一つの武器として、「誰もやらないなら私がやる」と思い立った。

政治家として活動するなかで、樋口は今までの障害者運動とは違った、新たな、そしてまっとうな社会を変える方法にコミットし、その面白さに魅了された。マイノリティがその視点を生かしつつ、社会を変えていくには政治は有効な手段だと実感させられた。

だがそのチケットを獲得するのは簡単なことではない。樋口は金銭的な支援は所属する党やその関係者から得られたが、選挙活動は健常者と同等だった。二〇一八年の公職選挙法改正によって設けられた「特定枠」の仕組を使って、二〇二三年現在、舩後靖彦と木村英子、天畠大輔の三人の重度身体障がい者が参議院議員として活躍している。他に参議院議員として横澤高徳、衆議院議員として大河原雅子が車椅子使用者だ。政治の世界に多様性を育むためには、積極的な差別是正措置として、特定枠のような仕組は有効である。このほか、衆参両院議員会館、そこへのアクセス、選挙活動と考えていけば、ハード、ソフトあらゆるバリアを取り除くことが進められなくてはならない。そもそも供託金制度や被選挙権の年齢、「地盤、看板、カバン」がなければ当選できないような今の日本の状況は、障害者だけでなく、若者や女性、すべてのマイノリティにとって政治は近寄りがたい存在でしかない。その中で障がい女性として果敢に政治に、国政にチャレンジした樋口の軌跡は残しておかなくてはならないだろう。

第6章　制度の波に乗り、抗う

1　制度の中で役割を果たす

市町村障害者生活支援事業と全国連絡協議会

近藤は一九九五年に六〇歳で町田市役所を退職し、町田ヒューマンネットワークの職員となった。近藤は一九八九年の組織立ち上げのときからメンバーに入っていたが、当時は町田市役所に職員として勤めていたため、表立って動くことはなかった。定年を迎えるにあたって、嘱託職員としてさらに五年間町田市役所に残る道もあったが、「行政の力を引き出しながら障害者の自立の援助をする」仕事をしたいと、新たな職場として町田ヒューマンネットワークを選択した（近藤　一九九六、一頁）。障害者個々に合わせて社会資源を調達し、コーディネートする「自立の助っ人」（同前、二頁）として日々の仕事を精力的にこなしていた。

近藤が町田ヒューマンネットワークで仕事を始めた翌年、一九九六年四月一日から市町村障害者地域生活支援事業（以下、支援事業）が実施され、八王子、立川、町田の自立生活センターがこの事業を受託、実施した。この制度は、「障害者プラン―ノーマライゼーション7か年戦略―」における「総合的な相談・生活支援・情報提供を行う事業」[1]として位置づけられたもので、在宅の身体障害者等に対し、在宅福祉サービスの利用援助、社会資源の活用や社会生活力を高めるための支援、ピア・カウンセリング、介護相談及び情報の提供等総合的に行うことによって、障がい者の自立と社会参加の促進を目的としていた。実施主体は身体障害者更生施設を含む入所・通所施設のほか、「障害者に対する相談・援助活動を実施している社会福祉協議会等」があり、この「等」は法人格をもっていなくても委託が受けられるという意味で、自立生活センターも位置づけられた。特に実施内容として挙げられた「社会生活力を高めるための支援」及び「ピア・カウンセリング」は自立生活センターが実施してきた自立生活プログラムとピア・カウンセリングに合致していた。つまり「自立生活センターが行ってきたサービスを事業化したもの」（近藤二〇〇一、一九三頁）だったのである。年間一五〇〇万円の補助金事業だった。一九八六年に八王子で初めて自立生活センターをつくってから一〇年、一九九一年に全国組織である全国自立生活

1 「5．総合的な支援体制の整備　○身近な地域において、障害者に対し総合的な相談・生活支援・情報提供を行う事業を、概ね人口30万人当たりに概ね2か所ずつを目標として実施する。」「障害者プラン―ノーマライゼーション7か年戦略」より http://www.ipss.go.jp/publication/j/shiryou/no.13/data/shiryou/syakaifukushi/560.pdf

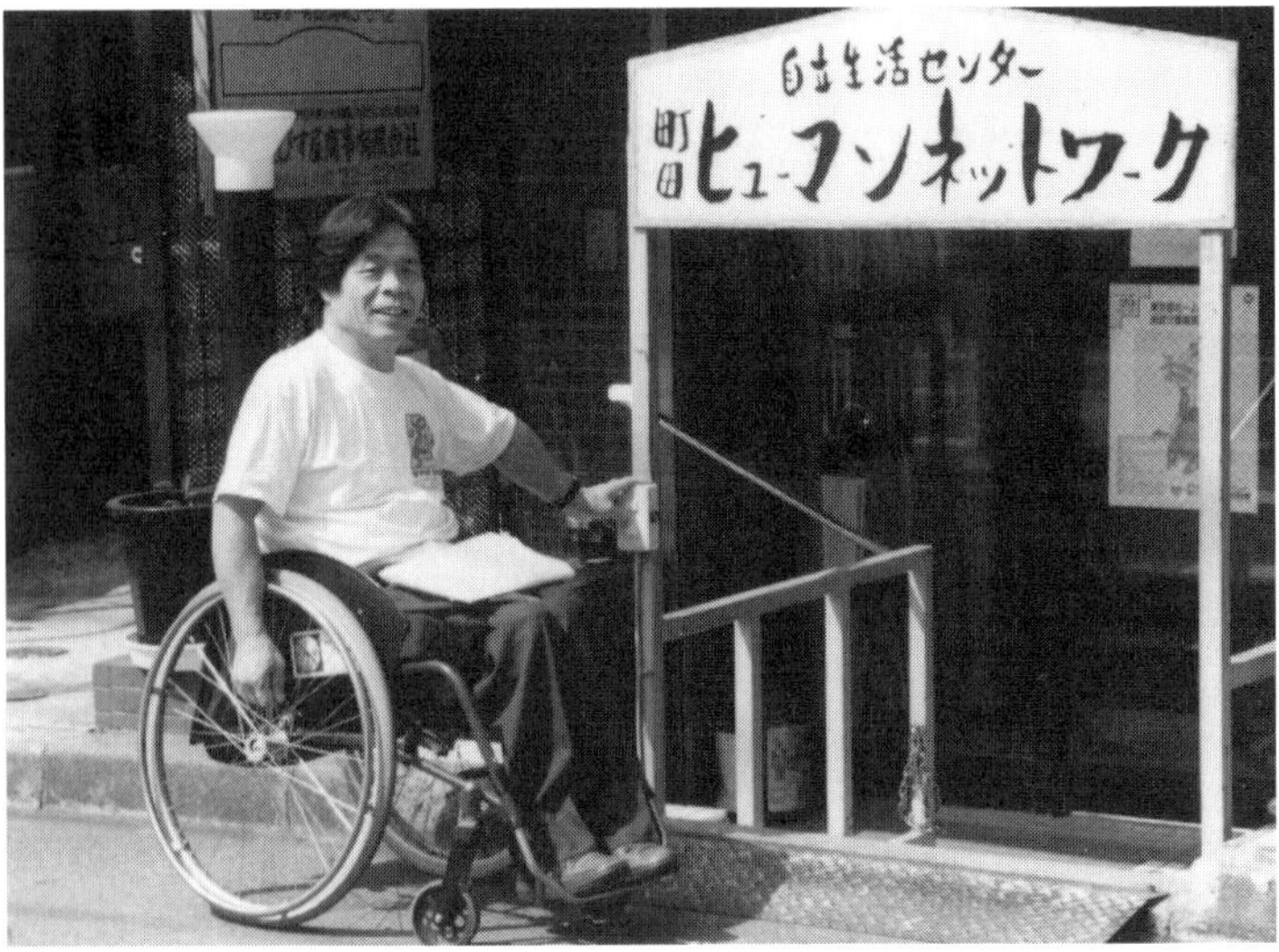

事務所の前で

センター協議会（ＪＩＬ）を立ち上げてから五年にして全国的な制度として展開することになったのだった。

樋口の記憶では、一九九五年に当時の厚生省専門官であった丸山一郎から電話がかかってきて、

「あなたたちが言っていることをちゃんと取り上げて、制度にするからね」といって、何のことかな？　と思っていたら、支援事業のことだった」（樋口　二〇一六[2]）。

丸山一郎は、近藤と同様、しかしボランティアの立場で東京パラリンピックに参加し、各国の障がい者たちと日本の障がい者を取り巻く状況の格差に驚愕し、大学卒業後、中村裕医師のもとで別府・太陽の家の創設に参加した。その後アメリカ留学を経て東京都心身障害者センターや東京コロ

ニーで働き、一九八〇年に厚生省障害福祉専門官となった。その後も内閣総理大臣官房国際障害者年担当参事官補や全国社会福祉協議会障害福祉部長、アジア太平洋障害者の十年推進NGO会議事務局長、日本障害者リハビリテーション協会企画研修部長兼国際部長などを歴任し、晩年は大学教員となった。リハビリテーション専門職であり、また一方で障害当事者のもつ力を信じている人でもあった。一九七七年にアメリカの自立生活センターを日本に最初に紹介したのも丸山だった[3]。

その丸山から直々に電話がかかってきて、すぐ厚生省から八王子、立川、町田の障害者団体に支援事業を委託するとして、それぞれの市に直接連絡がきた。一九九六年の八月のことである。そして十月から事業が実施となり、「本当にバタバタと準備を始めた」と樋口は振り返っている。

近藤「国から［事業が］下りてきてビックリした。あとから東京都経由で三団体に［事業を委

2　立岩真也立命館大学教授の研究グループでは、インタビューデータの共有を行っている。（近藤二〇一六）（樋口　二〇一六）及び（安積　二〇一七）は白杉眞氏のインタビューによる逐語録である。
3　丸山が書いた「アメリカの障害者運動と企業協力」が一九七七年に『働く広場』第3号に掲載され、それが日本でアメリカの自立生活センターが紹介された最初だという。ただしそのときはCenter for Independent Living（CIL）は「独立生活センター」と訳された。

託する」と言われて。役所も障害者も両方ビックリした。それほど前触れがほとんどない事業だった。中を開けてみたら、いろんなことが書いてあったけれど、いわゆる生活力を高める支援と、ピア・カウンセリングというのが主要項目に入っていた。まさに自立生活運動が中心としてやってきたことなのよね。これが全国に広がるって、そんなことできるんだろうかと私たち自身が思ったのね。これは大変だと思ったもの」

そのうちに事務所にどんどん電話がかかってくるようになった。

近藤「厚生省からそちらに聞けと言われたと。国の制度だから全国から「それ（ピア・カウンセリング）はなんですか」「どうしたらいいんですか」と電話が来る。事業を下ろされただけなら分かるけど、よそに説明までしなくてはならないというのが、ものすごく負担になった。電話がどんどん鳴るのでやっていけないと、中西さんあたりが全連協をつくって切り離そうとした。別のところにまわさないと仕事にならない」

そうして一九九七年にできあがったのが、市町村障害者生活支援事業全国連絡協議会（以下、全連協）である。全連協は、支援事業を担うための当事者及び組織の育成と、利用者に「公平に地域の社会資源に関して情報提供を行う」ための「地域の社会資源とのネットワーク構築」を目的としていた。会員は「全国の行政直営の支援センター、社会福祉協議会、身体障害者療護施設など、組織形態や団体の違いを越えた」（村田　二〇〇九、七四－七五頁）組織が集まり、近藤はその理事長になった。

近藤「中西さんが「これの代表、近藤さん。役所の対応はあんたがいいから、あんたやってよ」と言って、僕が代表になっちゃったわけよ。それで全国を飛び回るようになった。事業を広めるためにね。この事業ができて、重度障がい者が就職するわけ。僕は窓口で対応する障がい者が重度なほど、相談に来た障害者には影響力、安心感を与えるという言い方をしたわけ。だから重度の障がい者を雇うべきだと。そしてその重度の障がい者にどうしたら動きやすいかを聞けば、街づくりにも生かせる。障がい者の経験は今までの専門職にはないものなんだって。「経験に基づいた話は」説得する力も強いといって、講演しまくったんです。全国を走りまわって」

当事者という「専門性」

一方、樋口は、前章で述べたように一九九四年から町田市議をつとめつつ、一九九五年から全国の自立生活センターを束ねる全国自立生活センター協議会（ＪＩＬ）の代表となっていた。支援事業以降、ＪＩＬに寄せられる全国からの問い合わせには、「どうしたらピア・カウンセラーになれるのか」というものが多くなった。特に男性からの問い合わせとピア・カウンセリングへの参加が急増した。

樋口「ピアカンって女の人が自分の気持ちを出し合える場として広がってきたのに、仕事になるということで、社協とかに雇われて、相談員として、ピア・カウンセラーとして働けるじゃないかという人が出てきた。俄然、男市場になってしまった。今まで、ピア・カウンセリング委員会というのがＪＩＬの委員会の中にあったんだけど、質を保っていくためには認定委員会を設けて定期的に研修会をしたりしなくてはってことになって。それまではピア・カウンセラーになるためには、集中講座と長期講座を受け、後は自分で仲間たちとセッションをしながら力をつけていくというやり方だったけど、それだと、講座を受けて「ピア・カウンセラーの資格、取りました」っていう人も出てくるかもしれない。そういう人がピア・カウンセラーを名乗ってもいいわけじゃない。本当のピア・カウンセリングができない人も出てくるのではないかってことで、認定委員会をつくって、集中講座受けて、長期講座受けて、養成講座を受けて、こちらが出した質問にちゃんと答えてもらって、認定するか否かという段階が九六年にできた」（樋口　二〇一六）

しかし、その発足は簡単ではなかった。当時ＪＩＬの事務局長だった奥平真砂子は、認定制度に最後まで反対した。なぜか。もともと自立生活運動の理念では専門家は批判の対象であった。認定制度はその専門家を養成するイメージとダブって見えた。奥平は、樋口がアメリカでの研修に参加したときにはすでに現地でスタッフとして働いていた人物である。アメリカの自立生活運動の理念の神髄を理解していた。樋口自身もこの点に関しては、不安はあった。

しかし、樋口たちが議論を展開している間にも支援事業は実施となり、すでに「ピア・カウンセリング」という言葉は国の通知に載った。そこには「障害者自身がカウンセラーとなって、実際に社会生活上必要とされる心構えや生活能力の習得に対する個別的援助・支援」とあるが、その「職員配置」は、

（一）生活支援事業を行うため、ア又はイのいずれかに該当する者を一名常勤（専従）で配置するものとする。
ア　社会福祉士等のソーシャルワーカーで障害者の相談・援助業務の経験がある者
イ　保健婦、理学療法士、作業療法士等で障害者の相談・援助業務の経験がある者[4]

4　市町村障害者生活支援事業　https://www.mhlw.go.jp/web/t_doc?dataId=00ta8664&dataType=1&pageNo=1

となっており、障害者にとってはハードルの高い専門職の名称ばかりだった。そこにある「等」として他と対抗できるものが必要なのだ。

ピア・カウンセラー養成講座を設定するにあたり、ピア・カウンセラーの位置づけについての報告が文書化された。

「1）国の施策である支援事業を、多くの自立生活センターが委託先に選ばれるために、ピア・カウンセラーの認定は必要なことである。2）ピア・カウンセラーは、仲間によるサポート活動が原則であり、あくまでも専門家であってはならない。障害当事者誰もがピア・カウンセラーになりたいと考えるとき、その道筋を作っておくことが必要であるため、資格制というきついしばりではなく、JILという組織内で認めていくという認定制を設けることがよい。3）認定に当たっては、認定される人はJILの定める一定の研修を終了し、かつピア・カウンセラーとしての要件を兼ね備えた人であること。4）認定機関は、JILの中に審査機関（認定委員会）を設けること」（野上　一九九九、一〇八頁）

資格ではなく、認定に。対等性を重視し、自立生活運動の理念を曲げることなく、あくまでも障がい当事者が主導権を握る。さまざまな点を考慮しながら認定制度はスタートしたのだった。

近藤は、全連協の理事長として、重度障がい者が支援事業の担当者となることの利点を説明して全国をまわったが、この事業を受け持つ障がいのない人たちに対しては「ピア・カウンセリングとは何か、自立支援とは、生活力を高める支援とは何かを説明してまわった」のと同時に、すでに自立生活センターではこれらの支援を実施しており、「障がい者はここまでやっているんだぞ、と。今までの行政がやってきたのとは全然違う質が必要なのだよ」と伝えた。そして、それが「障がいのない人に、大きなインパクトを与えた」。近藤が全国をまわった際の講演録には「どこまで変わる「与える福祉」の発想」とあり、たとえ今は地域に事業を担当できるような障がい者がいないとしても、「障害者を単なる利用者、対象者として見る「与える福祉」の発想から脱却し、障害者自身をエンパワーメントし、この事業を担う中心に位置づけていくことこそが、生活支援事業の本旨である。この認識を多くの地域に広げなくてはならない」と記されている（近藤 二〇〇〇）。

一方、自立生活センターからは「この事業のいうピア・カウンセリングは自立生活センターが行っているピア・カウンセリングと一緒なのか、どうやったらいいのか」という問いも寄せられた。これに対しては、自信をもって事業を展開すること、社会に発言していくことを諭した。

「これ（支援事業）は全国に障害者運動が認められたことを意味しているんだ、と。今までやってきたことは、単に障害者のための運動ではなく、やはり人間の自立を支える支援というところで国が認めたのだ、もっと自信を持て、と［説明した］。元気な人たち［障がいのない人たち］が入ってきたから困った、ではなく、その元気な人に、全連協ではなく、地元の自分たちのところへ［生活力を高める支援やピア・カウンセリングについて］聞きに来なさいといえるだけの自信を持つべきだという話をいたるところでした」

「自分たちのニーズを掘り下げてこそ専門性となる。今、私たちがもっている障がいというものは、専門性なんだ」、それを生かして当事者職員として自信をもってほしい、というのが近藤の主張だった。「自分の体験、経験を援助する力に変える」ことが求められており、それが「支援事業」の実施の中で培われていくことになるはずだ。

この、当事者性＝専門性という近藤の主張は、これまでの近藤の人生の中で醸成されてきた思いだった。パラリンピックで初めて海外の障がい者の生活状況を知り、日本の障害福祉に対する疑念が生じた。専門家と言われる人たちが行ってきた障がい者に対する自立支援が、いかに貧弱だったか、障がい者の本当の価値を見出すものではなかったことを知った。その後施設を出た途端、建物も交通機関も街中がバリアだらけ、それをつくったのも建築や街づくりの専門家たちだ。市民活動をとおして、あるいは町田での行政の仕事をとおして、近藤はそれを一つひとつ変えてきた。その根拠となったのは、ほかでもない、近藤自身の経験、そして近藤が出会った多くの障がい者の経験から教えてもらったことだった。当事者という経験知が近藤のこれまでを支えてきたのだ。「同じようにみんなやれるはずだ」。そのために自分のこれまでの経験をもっと大事に、そこに自信をもって誰かの援助に役立ててほしい。それが近藤の思いだった。

自立生活センターを全国的な組織に

支援事業の説明で全国をまわるようになって、近藤は全国の障害者団体の運営にかかわるようになっていった。障害者団体は、支援事業の委託を受けたくても行政との関係ができていない、あるいは今まで対立するような関係だった場合、いきなり支援事業があるからといって関係を変えることができなかった。そこで近藤を緩衝材として「使った」のだった。

「障害者仲間は僕をうまく使うわけよ。近藤さんを連れてきて、ここの理事長に据えたら役所から事業を受けやすいと。支援事業は民間委託されたけれども、それまで障害者運動がその地域でどういう運動をしてきたか、たとえば集団で役所の前で座り込みをしたりとか、窓口で怒鳴ったりとか、それ自体、当時は障害者の意思を示すという意味で大事なことだった。けれど、今度はそういうところにも事業を下ろさないといけなくなるんだけど、役所側からみたら頑として「あそこには到底出せない」というのがあったわけ。そこで障害者運動側は、役所とひざを突き合わせて話をするには、役所に勤めていた経験がある近藤を理事長にするしかないと」

近藤は東京に住みながら、それぞれの地域に訪問すると、まず県庁に行き、役人たちと話す。次は市役所へ行き、また役人たちと話す。そこに地域の障害者団体の障害者たちも同席する。近藤の話を聞きながら、双方が全国の情報を得て、今この地域で何が必要なのか、どうやって「支援事業」を展開していくのかについての共通理解が生まれてくる。その結果、支援事業をめぐって行政と障害者団体が協力関係を結ぶようになっていくのである。障害者団体に支援事業が委託され、展開し始めると近藤は代表を地元の障がい者に譲っていく。

ある地域では、行政は支援事業の実施に前向きだったが、委託を受けられるような障害者団体が地域に存在していないということもあった。近藤は行政から依頼されて理事長となり、地域の障害者を集めて支援事業を受けられるような組織をつくっていった。そして任せられる人材を育成し、組織を任せた。こうして長崎や沖縄、福岡などで自立生活センターの代表となり、地域を興していった。時代の勢いに乗って自立生活センターはその数を増やしていった。ＪＩＬの加盟団体は、一九九一年に一〇団体で始まったが、一九九八年には九三団体、二〇〇三年には一二五団体となった。[5]

制度の中での役割の広がり

障害者基本法の制定によって障害者基本計画の策定が国に義務づけられたのは一九九三年、その後市町村に義務化されたのは二〇〇七年のことであった。しかし、町田市では、一九九七年には「町田市障害者計画策定委員会」が発足し、翌年には「町田市障害者計画」を策定した。[6]近藤はその委員としてかかわった。

そのとき、近藤が主張した言葉が「命の価値に優劣はない」である。この言葉は、現在も町田市の障害者計画の基本理念として根づいている。[7]この言葉が生まれたきっかけには、重度心身障害のある女性の存在があった。近藤は彼女が三歳のときから担当ケースワーカーとなり、担当を外れたあとも関係を持ち続けていた。一九九七年当時は、彼女が親から離れて暮らす準備を進めているところだった。

5　二〇二二年現在、一一四カ所である。

6　「町田市の地域福祉のあゆみ」
https://www.city.machida.tokyo.jp/iryo/tiikihukushihoka/machidachiikifukushi.files/tiikihukushinoayumi14.pdf

7　「第6次町田市障がい者計画・町田市障がい福祉事業計画」の「計画の基本的な考え方」には「いのちの価値に優劣はない」と書いてある。
https://www.city.machida.tokyo.jp/iryo/syougai_hukushi/syougaisyapuran.files/keikaku_dai1syou.pdf

近藤は障害者計画策定委員会の会場に彼女を連れてきて、「町田市は彼女が生き続けられるような場所でなくてはならない、そのためにどうするのかを話し合うのだ」と言った。その話し合いのなかで出てきた言葉が、「命の価値に優劣はない」という言葉だった。

「委員会は会議のとき、円形になるでしょ。僕はお母さんに承諾を得て彼女を会議に連れていくわけ。一番早く会場に行って、会場の円形の真ん中に彼女に座ってもらう。その後にみんなが来て「今日はなんだ？　この女の子は？」と言うけど、彼女は重度心身だから何も言わない。ただ黙って座っているだけ。それで会議が進行していって、途中で「その制度のつくり方で、この子が生きられるか？」って僕が声をかける。「すべての福祉の制度は、この子が使えるかどうかを基準にすべきだ」と言うわけ。そのときに「命の価値に優劣はない」という言葉が生まれていく」

「彼女の命が動いているということを保障する、また保護されている。人間「介助人材」の問題であれ法律の問題であれ、その命を守る。命は生きているわけね。生きている、それが重心「重度心身」の心臓であって、それが生かされているんじゃなく、生きているということを保障する」、そのための障害者計画が必要だと訴えたのだった。

介護保険制度が二〇〇〇年に始まると同時に、各市区町村で介護認定審査会が設置された。医療や保健、福祉の実務経験者が任命され、二年の任期で再任が可能である。近藤は二〇〇〇年の制度開始から委員に任命された。

高齢障害者に関する法制度の整備が行われたのは二〇一八年であるが[8]、町田市の審議会の中では、当初から高齢障害者の解釈をどうしたらいいのかという問いがあった。

「生まれたときから障がいのある人が高齢者になったとき、それは障がい者というのか、高齢者というのか？　法の解釈はどっちだ？　ということになるわけ。元気な人が高齢になって介護が必要になったのと、障がい者が高齢になったんだと、そこに至った経緯が違うわけ。障がい者は生まれたときから、あるいは途中から障がい者になって、高齢者になっても障がいは持ち続けるわけ」

ところが、介護保険優先という考え方が先行する審議会の中でその違いを堂々と言えるのは、障がいのある近藤だけだった。近藤自身が当時六五歳であり、高齢者としても当事者になったと

8　障害者総合支援法改正（二〇一八年四月一日より施行）により、高齢障害者の介護保険利用費負担軽減措置及び共生型サービスが開始となった。

ころだった。

「年齢が高齢になっただけで、それまで使ってきた障害者福祉の利点もすべて捨てて、高齢者の法律に沿ったサービスしか使えないのはおかしい。人生の中で障がいを持ち続けるから障がい者と言われ続けてきたのに、年齢が来たからって「もう障がい者じゃなく高齢者だ」というのはおかしい、という私の話は通るわけよ。そしたら、「その判断は正しいから、そういうケースは近藤さんに審査してもらおう」ということで、全部持ってくるわけ。「近藤さんの意見を聞きながら調整する」といってこちらに任せる」

役所に「うまく使われた」と言いながら、障がい者の立場で当事者としての意見を主張するという意味では近藤も役所を使いつつ、二〇〇七年に町田を離れるまで委員をつとめた。

樋口は二〇〇〇年から国の「障害者ケアマネジメント体制整備検討委員会」の委員に就任した。障害者に対するケアマネジメントについては、一九九五年に策定された「障害者プラン」において、「介護等のサービスの充実」の重要性があげられ、また一九九六年には身体障害者福祉審議会が意見具申の中で、介護保険の今後の動向を踏まえつつ、障害福祉については公費で賄いながら、効率よくサービスを提供していく、そのために目指されるようになっていった（奥野 一九九七）。樋口が委員に加わったときは、二〇〇三年の支援費制度の開始を前に、これまで身体・知的・精神がそれぞれに検討委員会を設置してきたが、それを三障害すべて対象として、障害者ケアマネジメントの基本的な在り方について検討を行うことが目的とされた。

樋口「障害者ケアマネジメント検討委員会が厚生労働省でもたれて、私はその当時、JILの代表だったから、それで委員に入れられていた。その前は障害者御三家というのは、日身連（社会福祉法人　日本身体障害者団体連合会）、日盲連（社会福祉法人　日本視覚障害者団体連合）、全日本ろうあ連盟という三団体からしか、障害を持つ委員というのは選ばれていなかった。それでそのときに、厚労省は、介護保険と並んでやっていくように、肩を並べるような形での障害者ケアマネをやりたかった。そのときに、中西さんと北野先生[9]からやいやいと意見を聞いて、その委員会に反映させながら、障がい者も八〇％ぐらいはセルフプランでつくれると頑張った。（中略）なんとか、介護保険とは並ばないぞというところを踏ん張ったのが、あのときの私の役割だったと思う。私を選んできたのは、障がい者のケアをしている経験を持っている団体というのが、その中にはいなかったから、そういう意味で私は呼ばれたんだと

9　北野誠一…一九五〇年生まれ、大阪市立大学大学院生活科学研究科博士課程満期退学。桃山学院大学教授、東洋大学教授等をつとめる。専門は障害者福祉論。障害者の自立生活運動に関する研究を多く手がけた。

思う。半年くらいで、結論はセルフケアプランありね、というところまでで終わった。だから、ケアマネージャーに圧倒的な力が、介護保険だったらケアマネージャーが［ケアプランを］つくらないと、動けないものになっているでしょう。そこが死守できた感じがしている」（樋口二〇一六）

介護保険と障害福祉。その統合をめぐる動きが顕在化するのは二〇〇四年のことだが、布石は打たれていた。自立生活を送る障がい者たちは統合には反対だった。その一つの理由が「ケアの自己管理」、すなわち日々の介護のプランの主導権をケアマネージャーに握られないということであり、その点でセルフプランが有効であることを示すことができたのは、障害者運動側がその自治権を死守したということだった。

樋口は、翌二〇〇一年に参議院選挙に立候補するため、ＪＩＬの代表を辞し、中西に代わった。

2　制度は誰のもの

支援事業の打ち切りとホームヘルプ「上限」問題

二〇〇二年十二月、厚生労働省は障害者の地域生活を支援する二つの事業の補助金を打ち切り、地方交付税で措置することを決定した。その事業とは、支援事業と障害児（者）地域療育等支援事業である。国が事業費の二分の一を補助していたが、それを一般財源化するというのだ。二〇〇三年四月から支援費制度が導入され、障害児者は必要なサービスを自分で選択することになる。そのため、専門的なアドバイスが重要であると、厚労省は当初は次年度からこの二事業を拡充するという方針を示していた。にもかかわらず、である。

十二月二十七日に出された通知では「自治体が弾力的に事業展開できるようにした」と説明されたが、一般財源は使途が限られていない。この措置のために、事業を実施しなかったり、途中で中止したりする自治体も出てくる恐れがあった。障害保健福祉部企画課は、「予算との兼ね合いで、年末まで省内で議論を続けていたため、打ち切りを都道府県側に示す機会が取れなかった。二事業とも都道府県や市町村の創意工夫で事業展開できるよう、引き続き指導していきたい」と釈明した。

これには拡充の方向で予算編成の準備をしてきた自治体からも異論が出た。京都府は撤回を求める要望書を提出し、「補助を前提に事業推進を呼びかけながら、突然打ち切るのは承服しがたい。補助を前提に来年度予算を策定中の市町村もあり、大きな混乱が生じている」とした。

当然これには全連協として反対の請願行動を起こした。次年度から始まる支援費の仕組が理解できず、支給申請ができないで右往左往している障がい者や障がい児を抱えた家族が多くいた。相談の要ともいえるこの事業が打ち切られたら、どうなるのか。

そうこうしているうちに、二〇〇三年一月九日、今度は厚労省が支援費制度のホームヘルプ事業の上限設定を検討しているという情報が明らかとなった。翌一月十日から、一応の決着がつく二十七日まで連日厚労省と障害者団体との激しい交渉が行われた。生活の根本を揺るがす事態に、一気に障害者運動も各自治体もマスコミ報道もホームヘルプ上限問題に焦点化していった。JIL、DPIといった自立生活運動の中心団体だけでなく、全日本手をつなぐ育成会連合会など親の会も共闘した。[10]

一方、支援事業は議論されることなく、三月にその補助金が打ち切られた。全連協は、補助金制度廃止の影響を調べようと、年度が変わってから約三〇〇カ所の事業実施団体にアンケート調査を行った。結果、平均一カ所あたり一割近く補助金が減っていた。これまで国が二分の一、都道府県が四分の一、市町村が四分の一という割合で構成されていた補助金の市町村負担分のみの四分の一に補助金がカットされた例もあった。しかしそれも致し方ないだろう。財政に余裕のない市町村（多くの市町村はそうだろう）は、一般財源化されたら、国や都道府県の補助なしで予算を確保することは困難であり、むしろ市町村負担分をひねり出すのも大変だったのではないか。このままでは次年度以降事業を継続することは難しくなる。全連協の理事長として近藤は、補助金復活を求める約五万八千人分の署名を二〇〇三年五月六日に厚生労働省に提出した（『朝日新聞』二〇〇三年五月七日）が、その努力は実らなかった。

近藤　「次の事業（支援費制度の開始）で押し上げられてしまって長持ちしなかったね。それがどういう原因でそうなったのかというのは、大きなテーマとして考えてみる要素はある。行政が［自立生活センターの活動意義を］認めて、全国に広がるかわきりになったのがこの事業」（近藤　二〇一六）

「ピア・カウンセリング」を元に戻す

時を同じくして、支援事業の目玉とされたピア・カウンセラーを認定するＪＩＬの中の仕組「ピア・カウンセラー認定制度」は、二〇〇四年度いっぱいで廃止された。その後、ピア・カウンセラー養成講座修了書の発行を行っていた養成講座も二〇〇七年度いっぱいで廃止となった。理由の一つはやはり支援事業がなくなっていったことの影響である。

樋口　「認定制度をつくらなくてはと思った要件自身がなくなったというか。障害者自身がピ

10　身体障害者は月一二〇時間、知的障害者は重度で月五〇時間、中・軽度で月三〇時間程度という具体的な数字も示された。障害者団体の取り組みや新聞報道などについては、「支援費・ホームヘルプサービス上限問題に関する報道」http://www.arsvi.com/d/a02200303.htm　参照。

ア・カウンセラーとして雇われるというよりは、健常者中心の仕事場の中に、週に一回ボランティア的に半日だけここに座って、ピア・カウンセラーとして来てくれる人を頼むというふうに、自立生活センター以外の委託先が変わっていった。支援事業はそうやって終焉していったというか。収まってしまった。そんなんだったら、［認定制度を継続して］しんどい思いをしてなくてもいいんじゃないかということでなくしていったんじゃないか」（樋口　二〇一六）

加えて、養成事業開始時から懸念事項であった「ピア・カウンセリングの名前が一人歩きし、ピア・カウンセラーが専門職のように認識されるという新たな課題」（白杉眞　二〇二〇、七八頁）が生じたからだった。白杉は、自らもピア・カウンセリング講座を受講した際、養成講座を受けるために長期講座に参加しているような、認定を急ぐ参加者の様子や、実際に自立生活センターによっては「ピア・カウンセラー認定証を額に入れて飾ったり、団体の経歴としてピア・カウンセラー認定証の交付を受けた者がいることを載せたりと、自立生活センター自身も正しく理解できていない状況」（同前、七八頁）があったと述べている。

こうした状況を、樋口とともにピア・カウンセリングを広めてきた安積遊歩（第5章）は問題視していた。認定制度は、結果として、ピア・カウンセラーの中にヒエラルキーをつくることになり、対等性が奪われてしまった。加えて、確かに稼げない今までの状況もよくないが、ピア・カウンセラーとして稼げるようになったからといってお金のために認定制度がほしくて講座に出てくるというのも違う、と安積は考えていた。これは樋口も同じ意見だった。実際、そういう人が増えていた。

「ピア・カウンセラーのもっとも大きな仕事は、直接的な相談にのることや情報を提供することではありません。その場の仲間たちのロールモデルとして位置することです。（中略）自分が外の世界にどう働きかけているかという点です」（安積　一九九九、五七頁）

はたして今、認定しているピア・カウンセラーにその役割が担えているのだろうか。

「ピア・カウンセリングというのは大事だなって思っていたからこそ、これをこの社会のシステムの中で汚したくないというか、巻き込まれてね、ぐちゃぐちゃにしたくないという感じがして、辞めよう、辞めようって何回かね［言った］」（安積　二〇一七）

認定制度の廃止は、「あっさり」決まった。樋口、安積、そしてピア・カウンセリング委員会の長をつとめたこともある野上温子が同じ考えだった。ピア・カウンセリングは互いに助け合い、対等にかかわり合う関係を基礎にして互いを癒す活動に、そして何よりも自分を癒し、自分を好きになり、エンパワーメントするための活動に戻った。

ホームヘルプサービスと支援事業、その後

支援費制度が施行されたあと、地域での暮らしは変化し始めていた。今までホームヘルプサービスをほとんど支給していなかった市町村ではその利用が伸びたが、町田市のようにもともと利用者、特に重度の身体障害者が多く、一人ひとりの時間数も多かった地域では、補助基準額に加えて、前年度利用実績を確保する調整交付金が支給されたが、それでも足りなかった。町田市はホームヘルプサービスの利用上限を、これまでの一日二〇時間から一五時間とし、新規利用者には上限を四時間とした。以前と同じ暮らしは保証されなかったばかりか、新規利用者との大きな格差を生じることとなった（安藤　二〇〇三）。

一方、自立生活センターは順調に数を増やし、事業を伸ばしていた。二〇〇三年にＪＩＬの加盟団数は一二五団体となり、樋口が代表をつとめていたＮＰＯ法人スタジオ文京ＩＬでは、支援費制度後、ヘルパー派遣事業所を開設し、制度内外で必要な人に必要なだけのサービス提供を行うようになっていた（第５章）。

小括——自立生活の具体的支援の拡大を求めて

一九九五年、近藤は退職後、地元町田市の自立生活センターに勤めた。行政マンだった経験を生かし、行政とのパイプを生かしながら、障害者の自立生活を支援したいという近藤の思いは、個別支援に加え、町田市の障害者計画や介護認定審査会など自治体単位での障害者、高齢障害者への支援に活かされた。加えて支援事業をきっかけとして、全国に活動の範囲を広げていった。ここで改めて近藤の活動を振り返ってみよう。

中島康晴は、「ソーシャルワークとは次の5つの実践を通して、すべての人間の尊厳が保障された社会環境を創出する専門性の総体をいう」とし「①暮らしに困難のある人々に直接支援を行うこと［ミクロ］②人びとが暮らしやすい地域社会環境を構築するような社会的活動（ソーシャルアクション）を行うこと［メゾ］③人々のニーズを中心に、人々と地域社会環境との関係を調整すること［ミクロとメゾの調整］④政策（政府・行政）、さらには人々を排除する、社会的に優位な価値規範、支配的な思想に対して、人々のニーズを代弁した社会的活動（ソーシャルアクション）を行うこと［マクロ］⑤人々のニーズを中心に②の地域社会環境と、④の政策（政府・行政）及び、社会的に優位な価値規範との関係を調整すること［メゾとマクロの調整］」[11]（中島二〇一九、七四頁）を挙げている。

このソーシャルワークの定義からすると、近藤のこの頃の活動は町田ヒューマンネットワークにおいて①、②、③を、障害者計画や介護認定審査会では②、③、④を、全連協及び各地の自立生活センターの運営への関与では②、③、④、⑤を実践していたといえるのではないだろうか。このように考えると、近藤はいわばジェネラリスト・ソーシャルワーカーとして、対象をミクロ、メゾ、マクロとその活動の範囲を広げ、深化させていったといえるかもしれない。

さらに中島は③個々のニーズを中心に個人と地域社会との調整を行うことが重要であり、これを「地域変革」と呼んでいる。そしてこの地域変革を進めることによって、地域に暮らす個人の生活①にもプラスの影響を与え、暮らしやすい地域社会の構築を促進②し、さらにそれが地域レベルから政策や主要な価値への問いかけへと展開し⑤、それらの変更へ結びついていく④という。この②と④を社会変革と呼び、地域変革を進めることによって、特に②の社会改革が進行していくと述べている（同前、七三－七九頁）。

近藤の場合は、すでに公務員であったときから地域変革を実践しており（第3章）、それが自立生活センターに場を変えても継続した。さらに支援事業をきっかけとした全国的な動きのなかで、政策ともかかわり、そのなかでの障がい者の立ち位置を、従来の「福祉の対象者」という「社会的に優位な価値規範」から「支援の担い手」という新たな価値へと転換するよう働きかけた。

近藤は行政と障害者、双方から「使われた」と表現したが、近藤自身がその立場を利用し、双方のつなぎ役として、まさにソーシャルワーカーとして振る舞った。さらに重要なことは、近藤は自らの活動を広げるだけでなく、障がいの経験という専門性を深化させ、他者に伝え、人材育成も行った。

樋口はこの頃町田市議としての仕事とＪＩＬでの仕事を精力的にこなしていた。樋口の仕事も直接支援こそしていなかったが、町田という地域社会の中で人びとのニーズを政策へと転換していく仕事と、障害者の全国組織の長として障害者のニーズを政策に反映させていくような活動を展開する仕事を担っており、②メゾ・④マクロレベルでのソーシャルワークを実践していたといえよう。

折しも社会福祉基礎構造改革の時期と重なり、在宅福祉の充実・計画的実施が進められ、サービス供給主体の多元化が進められる時期であった。自立生活センターもそれまでの運動体としての立ち位置から民間事業者の一翼を担うサービス提供組織へ変更していく時期であり、支援事業はまさにその賭場口であったといえよう。事業の委託を勝ち取るために、これまで障害者運動を各地で担っていた人びとが事業の実施要件であるピア・カウンセリングの実施のために養成講座を受け、認定をとった。近藤は重度の障がい者ほど、この事業で雇われ、自らの体験をほかの人に伝え、地域行政に役立てるべきだと説いてまわった。自立生活センターの立ち上げや支援事業の獲得・実施を通して、近藤いわく「重度障害者が一番元気になった時代」であった。

11 ［　］は理解しやすくするために筆者が加筆した。

しかしながら、いざ在宅福祉の充実を目的とした支援費制度が開始されようとしたときに大きな揺り戻しが起こった。支援事業の一般財源化、ホームヘルプサービスの「上限」設定という情報がもたらされた。緊急性の高い、毎日の生活を支えるホームヘルプサービスの問題に焦点が当たるなかで、支援事業は、生活の基盤整備を形づくる重要な制度ではあるが、議論の中心からは外されていった。全連協の代表だった近藤はこの波の中に飲み込まれていった。樋口の場合は、支援事業の中にピア・カウンセリングが位置づけられた時点で、その認定制度をめぐっての揺れ動きがあり、むしろ事業の終了によってピア・カウンセリングは本来の在り方に戻ったともいえる。

なぜ支援事業が一般財源化されたのかははっきりしない。当時のＪＩＬの代表であった中西正司は、「市町村障害者相談支援事業は二〇〇三年の頭につぶされました。あれは介護保険への統合政策に反対したＣＩＬが主に受けている国の事業だからつぶした」（中西　二〇一四、二三二頁）といい、行政との折衝をゲームだと表現する。

「運動はそういうゲームだと思っています。あまり勝ちすぎたら、必ず負けが来る。賭け事は最終はイーブンになって終わる。でもイーブンになって終わったときに、前よりちょっと上に上がってないと嫌だというのが、運動の論理です。勝ってもいいけど、勝ちすぎてはいけない。相手を怒らすほど勝たないで、ほどほどに勝つ。これが難しい」（同前、二三一－二三二頁）

さて、ホームヘルプサービスの「上限」問題以降の障害福祉はどうなったのか。

「上限」問題の行く末は、その後「障害者（児）の地域生活支援の在り方に関する検討会（以下、在り方検討会）」にゆだねられた。二〇〇四年七月までに一九回開催され、議論の整理がなされた。それによると、国庫補助基準の設定と経過措置として従前額の保障が正当と説明し、今後は障害種別等より細かい基準の設定、長時間利用のホームヘルプは分けて議論し、その包括的な報酬体系の設定、幅広く従事者を確保できる仕組の検討、生命維持にもかかわるような支援とそうではないものを分けていく方向性が示された。これがのちに二〇〇六年に施行された障害者自立支援法における障害程度区分（総合支援法以降は障害支援区分）、重度障害者等包括支援、重度訪問介護支援従事者研修、移動支援の補助金事業化へとつながっていった。

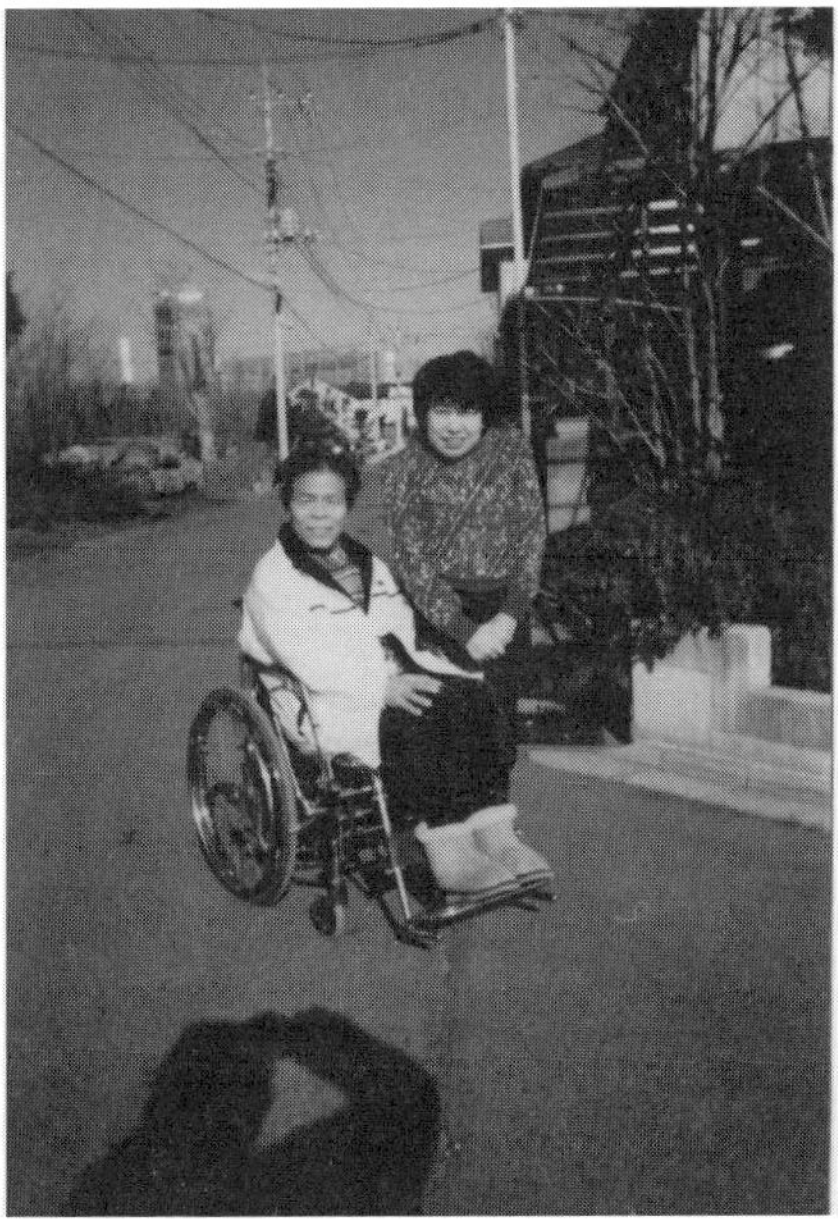
住み慣れた町田の自宅の前で

一方で、財源をめぐって介護保険と

の統合が目指され、これに対する反対運動が起こった。介護保険との統合は、厚労省としては以前から視野に入っていたことだった。介護保険への統合に際しては賛否両論あり、障害者団体は一枚岩になれなかった。しかし、財界からも反対の意が示され、政府を動かした。二〇〇五年、介護保険との統合は見送られたが、厚労省は、支援費制度の課題であった、精神障害者の対象化、市町村による一元サービス提供体制の実現、支給決定の手続きの明確化、就労支援の強化、そして安定的な財源の確保をあげ、二〇〇六年からの障害者自立支援法の施行へと結実した。

この間、さまざまな場面で厚労省前への座り込みや日比谷公園に集まってデモ行進を実施するなどの抗議行動が必要とされた。自立生活センターの職員でもあり、障害者運動の研究もしている白杉眞は、抗議行動への参加は団体の職員として参加していたが、交通費がかさみ、結果として、連日の行動に参加できたのは首都圏の団体、または財政規模の大きな団体が実際のところだったと述べている（白杉 二〇二〇）。一方、ＪＩＬやＤＰＩ日本会議は「上限」問題以降、中央の議会メンバーになり、その中で意見を求められるようになった。もちろん、大行動や障害者運動が後ろ盾として重要な力をもっていたが、しかし、議論の中心は別の次元にシフトしていったともいえよう。

支援費制度以降、ホームヘルプサービスの時間数は自治体ごと、障害者個々に、自治体の財源や個人が申し込んだ時期といった本人のニーズとは関係のない要素も相まって決まっていった。一方、自立生活センターは事業体として数を、役割を大きくしていった。

さてここまでの状況は「前よりちょっと上にいる」のだろうか。行政に「ほどほどに勝つ」状態なのか、判断は難しい。自立生活にかかわる障害者が、利用者だったり、事業者だったり、行政を相手にデモ行進をする人だったり、審議会の委員だったり、さまざまな立場や次元で課題に取り組むようになった。複雑で簡単には判断できなくなった。それだけ互いの立場から相手を理解しえない、結果として当事者が分断されやすい環境でもある。それでも障害者自身が声を上げる、自分たちの意見を表明する、セルフアドヴォカシーの重要性は共通している。そしてそれをもとにどう連帯していくことができるのか。

第7章　故郷の地域おこしに乗り出す

1　帰郷

二〇〇七年は忙しい年だった。四月に都知事選があり、七月には参議院選挙があった。都知事選には、石原慎太郎が三期目をかけて立候補しており、優勢と言われるなか、それを阻止すべく対抗馬として元宮城県知事の浅野史郎が立候補していた。浅野はかつて厚生官僚として北海道に出向した際、障害福祉課長をつとめ、札幌の自立生活運動を進める障害当事者の小山内美智子[1]と深い親交があった。また、宮城県知事時代には「みやぎ知的障害者施設解体宣言[2]」を行うなど、障害福祉に理解のある政治家ととらえられていた。一方の石原は、第一期の一九九九年九月に東京都立府中療育センターを視察した際、「ああいう人ってのは人格あるのかね」と発言し、物議を醸したこともあった。当然、障害者運動のリーダーたちは浅野を支援していた。

樋口は浅野の選挙活動を手伝い、奔走した。しかし、石原は二八〇万票を集め、次点の浅野の一七〇万票に一〇〇万近い大差をつけて大勝した。七月の参議院選挙では、自立生活運動に携わっていた障害当事者のリーダーが立候補し、樋口はこの選挙活動も支援した。しかし、必死の選挙活動もむなしく、彼も落選してしまった。

すでに二〇〇二年頃から、樋口は父親の介護のために高知に帰ることが増えていた。介護で帰郷しているといっても、東京にはない自然に囲まれ、ゆったりとした時間が流れる空間の中で心身ともにリラックスする感覚が高知にはあった。父と向き合う時間を、樋口は「遠くにおいてきた生活のゆとりのようなものを取り戻させてくれる」（樋口 二〇〇四、二〇四頁）と感じていた。月のうち一〇日間を実家で過ごすような生活を三年間過ごし、二〇〇五年に父が他界すると、それ以降は高知に帰る機会は少なくなっていた。[3]

突然の連絡は姉の友人からだった。安芸市が整地して土地を分譲するという。これを機会に帰ってこないかと声をかけられたのだ。それまでまったく帰郷する気はなかったが、樋口はなぜかその誘いがとても魅力的なものに感じられた。町田のデパートの地下で贈答用の箱に入ったビワを目にしたとき、傷だらけだったけれど甘くておいしかった高知のビワを思い出した。まだ実

1　一九五三年生まれ。脳性マヒの障がいがある。一九七七年札幌いちご会を立ち上げた。
2　二〇〇四年二月二十一日、当時宮城県知事であった浅野は、「宮城県内にある知的障害者の入所施設を解体して、知的障害者が地域の中で生活できるための条件を整備すること」と宣言した。
3　父の介護については樋口の自著（二〇〇四）に詳しい。

があるかと急いで姉に連絡すると、高知ではもう旬が終わっていると言われた。ビワだけではなかった。新鮮でみずみずしい野菜や果物、海の幸、雄大な景色。「帰りたい」。

近藤も、終生東京・町田で暮らすものと思っていたが、樋口の話を聞いて反対しなかった。樋口は障がいの重度化で在宅酸素療法を始めていた。近藤も七〇歳を超え、これからを考えたとき、自然豊かでおいしいものがある高知で、樋口の家族や生まれ育った環境でのんびりと暮らすのも悪くないと考えた。分譲される土地は姉の家からも近い、見晴らしのいいところだということが分かり、さっそくその一部を購入することにした。引っ越しの準備はとんとん拍子に進んだ。

2 新天地での地域おこし

二〇〇七年十二月に引っ越してきて、しばらくはあちこちに出かけ、おいしいものを食べ、自然を満喫する日々を過ごした。しかし高知に戻ってきてみて驚いたのは、純粋に障害者福祉制度を利用した在宅サービスがないことだった。事業所のほとんどは介護保険の指定事業者である。行政から障がい者にもヘルパーを派遣するように要請され、それに応じるが、派遣内容等は介護保険に準ずるという規則にしている。介護保険のホームヘルプサービスはやれることが細かく決まっている。一方、樋口と近藤が町田で実践してきた障害者支援は本人の自己決定を尊重した支援だった。これは自分たちでヘルパーを探し、育てていくしかないと意気込んでいたが、とてもいいヘルパーがあっさり見つかった。

新居の庭の設計を、樋口の甥（姉の息子）の同級生の庭師に頼んだ。ある日、庭木を見に出かける際、その庭師の妻が同行し、車椅子を押してくれた。彼女は学校給食の仕事をしていたが、近藤は、庭師の妻の介助があまりに的確で、自分の意見を受け止めてくれることにすっかり魅了された。話をしているうちに、彼女はヘルパー資格を持っているが、介護保険のヘルパーは制約が多すぎて面白くないから、やっていないということが分かったのだった。さっそく自薦ヘルパーとして来てもらうことを約束し、登録できる事業所を探したら、それもあっさりと見つかった。

「向こうはよろこぶわけよ。人手不足のところに、お客さんがヘルパーをつれてきて」。

ヘルパーも見つかり、楽しい毎日を樋口は「サンデー毎日」（樋口　二〇一六b、五〇頁）と表現するほどだった。そんななかで、東京での経験を話してほしいと人から頼まれることが時々あった。その話が終わるたびにみんなから「『安芸は違う』『安芸はだめだ』という諦めの言葉」（同前、五〇頁）が聞かれた。樋口は、同じ法律のもとで暮らしているのになぜこうも違うのだろうかと疑問に思い、安芸市の議会事務局から二年分の議会報告を借りて目をとおした。高校の同級生が事務局長をしていて、快く貸してくれた。驚いたことに、二年の間に障害にかかわる質問は二件しかなかった。その二件の内容とは、地域で一人暮らしをしていた障害者が、ヘルパー事業所の閉鎖に伴い、夜間のヘルパーが受けられなくなったために施設入所を余儀なくされていることについてであった。障害者福祉が進んでいないことは確かだった。だが、「だめだ」という諦めの

講演会の様子

言葉だけで終わらせていいのだろうか。

一方で、近藤のこれまでの経験をまとめて話す機会として、「近藤塾のようなものをやってはどうか」（同前、五〇頁）という話も具体化し始めた。二〇〇九年五月から始まった「福祉講座」は特別講座を含めて全部で七回開催された。当日の様子は新聞でも取り上げられた。講座の内容は、車椅子ケースワーカーとしての経験や障害者運動での経験、専門学校などで教えてきたことなど、多彩であった。

講座の案内のチラシには、

「この講座は、安芸市に住む「障害を持つ仲間」たちに「お～い」と呼びかけ…その家族の人たちに…「元気ですか」…と声をかけ、障害福祉に関心のある人に…「寄ってみませんか!!」と誘い掛けることを目的として開催されるものです。　近藤」（『土佐の太平洋高気圧5周年記念誌』、一九頁）

とある。もともとこうした会合のために家のリビングは二〇畳と広くし、壁にはパワーポイントなどを映写できるスクリーンも組み込んであったが、この講座はより多くの人を巻き込むため、安芸市健康ふれあいセンター「元気館」で開催された。

主催は「バリアフリー地域探検隊・土佐の太平洋高気圧」である。近藤は、高知の古い名称である土佐という名称を愛していた。名前から、突き抜けるような青い大空が思い浮かぶ。加えて、太平洋高気圧という名称には、台風の意味も含まれているという。台風はまわりを巻き込んでパワフルに環境を変えていく。近藤はそのエネルギーに惹かれるのだ。

「エネルギーこそ「活動・運動」の源であり、いつでも自分の中に持ち続けたい「活力の源」」だ(同前、付属資料、二頁)。幕末の時代を切り開き、新しい時代の基礎をつくった坂本龍馬の生きざまをも感じさせる言葉を団体名にしたのだった。

3　自立生活センターの立ち上げ

講座の最終回、集まった人たちと「安芸に何があったらいいのか」を話し合い、六二の声が集まった。たとえばこんな声があった。

「家・金・介助等を具体的に相談できる場所」「親には相談しにくいことでも聞いてくれる場所」、

「日常楽しい仲間が「自立」について話せる場所」、「部屋と車椅子用トイレがあり、障害者が集まって悩みを話し合える場」「親なきあとの支援体制」「自立支援を行うヘルパーの質」「ヘルパー不足」「道路、建物の段差をなくしたい」「障害を分かり合える仲間」「町の中のバリアチェックをできる仲間」

これを、①相談・場所、②交流・集う場所、③仲間づくり、④介助・サービス（制度）、⑤環境・交通・住宅、⑥その他、に分類した。この段階では、すでに障害者の自立生活を基本に据えた相談支援の拠点と介助者派遣事業所、いわゆる自立生活センターを二〇一〇年に開設する方向で有志との話し合いが進んでいた。講座の中で出てきた六二の声に、この自立生活センターでどのように答えていくのかが問われていた。

当時まだ一緒に動こうという障がい者はいなかった。「シニアカーに乗って、畑に行き、道端に乗り捨てて、農作業するたくましい高齢者」の存在は見えるけれど、「障害者を街で見かけることは」なかった（同前、五〇頁）。講座の中で知り合ったのは、障がい者の親、福祉ボランティアの人たちだった。それでも、スタートすれば、一緒にやっていこうという障がい者は見つかるだろうと楽観視していた。とっかかりに、議会報告の中にあった、在宅生活から施設入所に至った障害者を訪ねることにした。狭い人間関係なので、その人がどこにいるのかはすぐに分かったが、先方は近藤のことも樋口のことも知らない。施設を訪ね、「施設を出て地域に帰ってこないか」と声をかけたが、相手にとってはにわかには信じがたい話だった。近藤と樋口を信用し、施設から出てくることを決めるまでにはしばらくの時間がかかった。

その間に樋口と近藤は着々と準備を進めていった。二〇一〇年三月には、第一回バリアフリーチェックとして、岩崎弥太郎の生家をまわった。岩崎弥太郎は明治を代表する実業家の一人で、三菱財閥、現在の三菱グループを創設した経済人である。その生家が安芸市にある。安芸の有名観光地がすべての観光客に開かれたものになっているのか、障害の視点からチェックすることを目的にイベントは行われ、その様子は新聞に掲載された。参加者はおそろいのピンクのジャンパーを着て、活動をアピールした。また、八月には市議会議員選挙に立候補した候補者に障害者施策について意見を聞く質問状を送った。

さらに銀行で見つけた助成金に締め切りギリギリで応募し、当初予算の一〇倍の金額を獲得し、事務所改造費を得た。商店街の一角にスペースを借り、大家の理解のもと、車椅子で使用しやすいように改造した。NPO法人格を取得し、事務所を開設したのは、二〇一一年五月六日だった。理事長は樋口、副理事長は近藤であった。だがその少し前に大きなできごとがあった。

4　東日本大震災

二〇一一年三月十一日に発生した東日本大震災は日本中を震撼させた。さらに福島第一原子力発電所事故が起こり、人びとの生活は一変した。遠く四国の高知で、自立生活センターの設立に向けて準備を着々と進めていた樋口と近藤にとっても、とても大きなできごとであった。震災の被害は東北全土に及び、原発の影響は、福島はもちろんのこと、風向きによっては東京も必ずしも安心できる場所ではなかった。

二〇〇一年まで全国自立生活センター協議会の代表をつとめた樋口にとって、全国の障がい者リーダーは障害者運動をともに進めてきた仲間であった。特に福島県には自立生活センターが四カ所もあり、多くの障害のあるリーダーを輩出していた。近藤も、全連協の理事長を辞め、すでに障害者運動の表舞台からは退いていたが、全国に多くの障害者の仲間がいた。津波の映像が繰り返しテレビで放映され、原発の状況が刻々と伝えられるなか、仲間の顔が次々と思い浮かんだ。

二〇〇九年に政権交代があり、当時は民主党政権だった。内閣府に障がい者制度改革推進本部（以下、推進本部）が設置され、担当室長は車椅子の弁護士で、自立生活センターヒューマンネットワーク熊本の東俊裕が担当していた。推進本部は、二〇〇六年に国連で採択された障害者権利条約の批准を目指し、国内法を整備するなど障害者施策の集中的な改革を行うために設置されたものである。障害福祉の抜本的な改革が行われようとしていたなかで大震災が起きた。政府の動きも重要だったが、障害者に支援の手をいち早く差しのべたのは、ゆめ風基金という被災障害者の支援団体だった。一九九五年に起きた阪神・淡路大震災の際に設立して以来、災害時に障がい者を救済してきた団体である。今回もいち早く動き出し、東北の障がい者たちの支援を行った。樋口と近藤もこの動きに連動し、「土佐の太平洋高気圧」として募金活動を開始した。街頭募金は八回にわたって行われた。

5　活動開始

二〇一一年五月二十二日、「NPO法人自立生活センター土佐の太平洋高気圧」の事務所開設記念講演が行われた。総合テーマを「被災から再生へ―そしてこれからの福祉の方向性は」とした。講演の第一部は、内閣府障がい者制度改革推進会議担当室長の東俊裕が担当し、「新しい障害者基本法と制度改革で、障害者の暮らしはどう変わる?」を、第二部は滋賀県の自立生活センターであるCIL湖北代表の佐野武和が「東日本大震災―被災地からの報告と、支援の在り方」について語った。イベントは質疑応答の時間を設け、また終了後には会場の近くにある新しい事務所でお茶とお菓子の交流会を開催し、関心のある人たちとの交流を大事にした企画となった。

NPO法人土佐の太平洋高気圧の設立趣意書には次のようにある。

「私たち「土佐の太平洋高気圧」は、障害者・障害児を持つ親・障害を持つ高齢者の「当事者の立場から」安芸という暖かい地域の福祉風土を、「誰もが安心し住み続けられる」を基本理念として「集う・学ぶ・体験・働く・いやし」をテーマに掲げ設立しました」

土佐の太平洋高気圧の事務所

事業所は「障害者自立生活センター　土佐の太平洋高気圧」、「介助者派遣センター　ヒューマンケア・安芸」、「相談支援事業所　ヒューマンネットワーク」の三部門に分かれた。このうち、自立生活センターについては、以下のような説明がある。

「自立生活センターの仕事は、障害を持つ仲間が【地域で自立して生活できる（続けられる）環境整備】から、精神的サポートまでの、【生活力を高めるための支援】です」

介助部門の説明には、「自立生活センターの目標は、「エンジョイ自立生活」です。一枚の着衣を30分かけて自分で着るのではなく、着衣は介助者を使って5分で済ませ、あとの時間をどう有効に活かすかが自分の「生活設計」であり、「選択・決定」だと考えています」とあり、これは自分自身で「やる」ことよりも、介助者を使いつつ自分がどう過ごすのかを「決める」ことの重要性を説いた、アメリカの自立生活運動の中で主張されてきた理念である。

自立生活（ＩＬ）部門は、金銭管理や日課の組み立て方、介助者との接し方、外出や時間管理、健康管理など自立生活におけるさまざまな情報収集やその体験をするプログラムであるという説明があり、町田ヒューマンネットワークと同様に「とりあえずの家」が体験の場として用意された。樋口がアメリカ帰国後に仲間とプログラムを作成し、近藤が町田で「自立の助っ人」として一人暮らしを始める障がい者に伝えてきたことが、ここに生かされていた。

また、ピア・カウンセリングの説明では、「「新しい自分との出会い」がピア・カウンセリングです。「庇護された自信のない」これまでの自分ではなく、否定され続けてきた「障害」の中に発見したエネルギーは、多くの仲間のなかに活かされ、認められ、逞しいリーダーに生まれ変わります」とある。樋口自身がピア・カウンセリングをとおして解放された経験、そして講座をとおして多くの障がい者が解放され、リーダーへと変わっていくさまを見てきた経験が投影されていた。

こうして、樋口がアメリカ研修で学び、日本の自立生活センターに取り入れ、そして仲間や近藤とともに町田で実践してきたあらゆるものが含まれた「土佐の太平洋高気圧」が、ここに誕生したのである。六月十九日には介助部門のヘルパーステーション「ヒューマンケア安芸」が始動した。以前から訪問していた、施設入所中だった障がい者が地域での生活を開始し、利用者第一号となった。

「土佐の太平洋高気圧」は次々とイベントを実施して、その基盤を固め、高知県内に情報を発信した。まず、十一月八日から十日の三日間にわたって、高知県で初めての第一回重度訪問介護従事者養成基礎研修を行った。研修を実施しようと高知県に問い合わせた際、県は重度訪問介護という制度の存在をまったく知らなかった。近藤たちは、重度訪問介護が障害者の自立生活を実

事務所で仲間と

現し、継続していくための基盤となる制度であること、それを広げていくことの重要性を説き、さらに東京で自分たちが研修講師をしてきたことを告げ、ようやく研修実施の許可を得たのだった。

翌十一日には「タウンミーティング安芸」を開催し、障害者差別禁止条例を高知県でつくるべく働きかける会合を行った。障害者権利条約の批准を目的として、国が障害者差別解消法を制定したのは二〇一三年のことだが、二〇〇七年に千葉県が実施したのをはじめとして、各自治体が先行して障害者差別条例を制定していた。その動きに高知県としても取り組むようはたらきかけたのである。

十七日には福島県田村市から自立生活センター船引の代表・鈴木絹江を呼んで「福島からの提案」と題し、講演を行った。鈴木絹江は車椅子ユーザーで、東日本大震災、続く福島原発事故によって新潟に避難し、この当時は福島と新潟を行ったり来たりしていた。その後、京都への移住を経て福島の事業所を再開、現地の障害者支援を行っていた。樋口、鈴木、さらに安積遊歩と、二月生まれ、一〇日ずれての誕生日でみんな仲が良かった。

なお、鈴木絹江はその後二〇一二年十月、二〇一三年三月にも高知を訪れ、講演会や震災を取り上げた映画の上映会を行い、福島からの声を届け続けた。[4]

十二月にはダスキン・アジア太平洋障害者リーダー育成事業の一環で、パプアニューギニアの実習生を受け入れた。足に障がいがある二六歳の男性で、学校の教員をしていた彼は、研修後「祖国にバリアフリーを普及させ、障害者が自立して暮らせる社会を目指したい」と夢を述べた。ダスキンの実習生の受け入れは、二〇一三年一月、二〇一四年一月と続いた。

二〇一二年一月と二〇一三年五月には連続講座を開催した。二〇一二年の講座は一月から三月までの全六回にわたるもので、テーマは「骨格提言に見る「障害者総合支援法」の方向性」であった。二〇〇六年に始まった障害者自立支援法は、利用者にサービスの利用料の一割負担を課したことを主たる原因として、法が憲法第十三条〈個人の尊重と公共の福祉〉、第十四条〈平等原則〉及び第二十五条〈生存権〉、加えてノーマライゼーションの理念に反するとして、障がい者たちを原告に訴えられることとなった。二〇〇八年から始まった裁判の渦中で、マニフェスト

4　二〇二一年五月一五日、福島原発後に発症した甲状腺乳頭がんのため、死去。享年七〇。

に障害者自立支援法の廃止を掲げていた民主党が二〇〇九年から政権を握ることになり、障がい者制度改革推進本部・会議を設置。その後、障害者自立支援法に代わる、障害者に係る総合的な福祉法制の制定に向けた検討を行うため、障がい者制度改革推進会議総合福祉部会が二〇一〇年に設置された。その会議において、今後の日本の障害者施策についての議論が行われ、その結果、二〇一一年八月に「障害者総合福祉法の骨格に関する総合福祉部会の提言」（骨格提言）が提出された。連続講座は、この骨格提言を読み解くもので、内閣府の中枢にいる東らとつながりの深い樋口や近藤ならではの企画であった。

二〇一三年の連続講座は設立二周年を記念して、「障害者の自立と介助とその周辺」と題した講座を行った。四回にわたる講座は、戦後から今日までの障害者福祉の歩み、障害の問題から少子高齢化社会と障害の関係、さらに市民参加としてのＮＰＯの役割、自立生活センターの役割と、これもまた樋口と近藤がこれまで実践してきたことをまとめ、さらに広げる内容となった。

二〇一五年には相談支援事業「ヒューマンネットワーク」が開設となり、「土佐の太平洋高気圧」は設立当初から目指してきた事業をすべて展開することとなった。

小括——高知での新たな地域おこしはなぜ必要だったのか

高知への移住は、「終活というか、終い方として、東京の時代とは違う生き方・求め方をしていこうと整理しての帰郷」（樋口、二〇一六b、三頁）であった。移住を考えた当初はゆっくりのんびり暮らしていこうと思っていた。だが、日々を暮らすなかで、高知は「福祉的に何か貧しい」と感じ、このままでいいのだろうかとも考えた。樋口は持ち前の好奇心で安芸市の議会報告を読み始めた。貧弱だと感じるままで高知の、安芸の福祉を終わらせることはできなかった。「どんな状況にあっても自己選択、自己決定を手放さない暮らしが、私の根っこだということに改めて気づき、再出発をした」（同前、三頁）という言葉にもあるように、これまでの人生の中で、生活の中で培ってきた力を種にし、故郷で撒き、その種は芽吹き、成長していった。

障がい者に対する支援が何もなかった安芸に、二人が帰郷し、バリアフリーチェックや連続講座の開催をとおして地域の人びとの希望を寄せ集め、自立生活センターの設立、重度訪問介護従事者研修での人づくりなど、徐々に障害者支援の活動が広がっていった。同時に二人の人脈やこれまでの活動をとおして、東日本大震災や国政でのできごとなど日本全体の情報が安芸に集まった。

二人の最後の、そして新たな地域おこしが始まったのだが、もともとのんびり暮らしていこうとしていた二人がなぜ活動を、しかも精力的に行うことになったか。樋口と近藤が移住した二〇〇七年は、契約制度である支援費の施行から四年、障害者自立支援法の施行から一年経っていた。にもかかわらずなぜか安芸には何もなかった。一方で、介護保険制度はこの地でも（十分であったかは定かではないが）機能していた。むろん、介護保険制度の成立は二〇〇〇年であり、七年経っているという違いはあるかもしれない。しかし、おそらく時を待っても変わらなかったかもしれない。

高齢者福祉と障害者福祉。前者は「自分が利用したことのある、あるいは利用する可能性が高い社会福祉」であり、「私たちの生活に深く入り込み、その一部として「溶け込んだ」イメージ」がある。一方、後者は「自分はそうなる可能性は低いが、あの人たちには支援が必要だというような、一種の「区分」のイメージ」「「他者」の福祉というイメージ」だ（岩田 二〇一六、九一一頁）。貧困研究者である岩田正美は、生活保護制度を例に、そのバッシングの理由として、第一に生活保護は「区分」された社会福祉と受け取られ、「自分」とは関係のない「かれら」の問題と認識されやすいこと、第二に「われわれ」にかかわる社会福祉である高齢や医療は、保険制度によるものが多く、保険料の支払いに対する当然の権利としてその利用が正当化されるが、生活保護は「税金から支払われる」ため、「われわれ」は負担側、「かれら」はその恩恵を受ける側とみられやすいこと、そして第三に生活保護水準でありながら、あえて保護を受けずに耐乏生活を送る人びとを賞賛すること、すなわち自助原則の賛美、なんとか自分でやっていくことがよいこととされているため、と述べている（同前、二五八－二五九頁）。「生活保護制度」を「障害福祉」に置き換えてみると、どうだろうか。

自立生活を送る人たちのことを、「わがまま」と表現することがある。障害者のくせに、人の手を借りなければ何もできないくせに、文句を言わずに我慢している人だっていっぱいいるのに……「区分」された「他者」の福祉は、時に「慈善的」に支援が施されることもあるが、その対象とされる人たち自身が声を上げていかなければ本当に必要なものは認識されることもない。だが、本人たちも世間の価値観を内面化させている。声を上げるには、そこから抜け出さなければならない。

樋口と近藤は自ら動いた。制度があってもそれを使う人がいなければ、制度は生かされない。近藤たちはなぜ動けたのか。それは自立生活という実践を知っていたからだ。障がいのない人と同じ生活を送るのは「わがまま」ではなく、当然の権利だと知っていたからである。実際にどう動いたらいいのかも知っていた。地域格差は歴然とあるが、それを変えていくためには、知ること、実体験として知っていること、そして動くこと。介護保険に準じるのではなく、それでは生活が成り立たないと、障害者のための制度を利用すること、利用できるようにしようと声を上げること。動くこと。

近藤と樋口が帰郷する前、安芸で一人暮らしをしていた障害者は、夜間の支援がなくなって施設に入った。障害者を地域から排除する仕組はまだ機能している。そうではない仕組を、地方でもつくり上げていかなくてはならない。

5　たとえば映画『こんな夜更けにバナナかよ　愛しき実話』、映画『インディペンデントリビング』など。ただし、映画では一般的に「わがまま」と言われるようなことを、我慢をしないで行う人を賞賛する意味で使っている。

終章　障害と向き合う

1　パラリンピック再び

新型コロナウイルス感染症は、二〇一九年十二月初旬に中国・武漢で初めての患者が確認されてから瞬く間に世界を覆い、人びとの生活を一変させてしまった。二〇二〇年に開催を予定していた東京オリンピック・パラリンピックは、開催が一年延期されることが同年三月に決定した。その後もウイルスの威力は、さまざまな失策も重なり収まらなかった。一週間後にはパラリンピックが開催されるというときに、全国の感染者数は過去最高を毎日更新した。オリンピックもパラリンピックも最後まで反対があったが、開催は決行された。

東京二〇二〇パラリンピックはオリンピックのあと、二〇二一年八月二十四日から九月五日までの一三日間開催された。スポーツ好きの近藤は、ほとんどの競技をテレビで観戦した。自国開催で時差を気にすることもない。毎日テレビをつけ、何気なく、またときにはかじりついて見ていた。

車椅子バスケットボールは見入っていた競技の一つだ。一九六四年の東京大会のときには自分が出た競技だった。そのときは、アメリカの選手に花道をつくってもらってもシュートできなかった日本選手が、今回は決勝戦でアメリカと互角に戦っていた。

「外国の選手と比較して、日本は、それほど大きな格差はもうないですね。特に背が小さいからできる良さを身につけていて、それが強みになっている。ルールも障がいの重さを考慮したものになっていて、私たちの時代と完全に違う。いろんな人を一緒に同じチームに入れないと、チームが組めないようになっているんですね。世界規模のスポーツのルールとしてとってもいいですね」

車椅子バスケットボールは、障がいが、そのレベルに応じて1・0から4・5にクラス分けされており、コート上の五人の選手は合計一四点以下で構成されなければならない。このクラス分けは、障がいの重い選手も軽い選手も等しく試合に出場するチャンスを与えることを目的として定められている。[1] こうしたルールを設けることで、誰もがそれぞれの障がいを生かしてチームに

1　一般社団法人日本車いすバスケットボール連盟ホームページ　https://jwbf.gr.jp/

貢献できるようになっている。

「［障がいのない］元気な人たちのオリンピックでは考えられない仕組がパラリンピックでは展開しているんだなと。こういうのはオリンピックにも取り入れてもいいのかもしれない。背の高い低いとか、人間の持っている当然の、超えることができないものは無理しなくていいんだよ、というようなルール。人間のもっている個性のようなものを尊重する仕組だから適用されてもいいんじゃないかなと思いました」

コロナ禍での開催は、前述のように賛否両論あったが、近藤はこの状況下で大会を行ったことについて、今後に生かすことのできる経験を積む機会だったと見ていた。コロナウイルスがこれからも簡単には収まらないとすれば、今後の国際大会はコロナウイルスを前提として開催を実施していかざるを得ない。そのときに、この東京大会は大きな問題もなく「高いレベルで成功した」ものとして、今後の国際大会運営において、その意義が検証されていくことになるというのだった。

近藤は最初の東京パラリンピックを経験した者として、またその後の今日までの人生を含めて取材を受け、その内容は二〇二〇年九月九日から十月一日まで朝日新聞の高知版に連載された。この前後から近藤への取材は増えていき、パラリンピック開催中はコロナ禍にもかかわらず、ドキュメンタリー映画の撮影のために、監督が東京からハンディカメラを抱えて、車椅子バスケットボールの試合を見る近藤を撮りに来たという。取材に追われて忙しい毎日を過ごしたが、その祭典も終わり、一呼吸おいて考えてみると、五七年前の祭典でのできごとが思い出された。あれが近藤の人生の原点だった。

2 けが、病気、人びととの出会い……障がいは恵みとなった

近藤にとって、障がいは最初から恵みだった。もちろんけがをしたときの痛みは激しいものだった。その後四十代になってから、本来は感覚を失って感じるはずもないのに、時折激しい痛みを足に感じるようにもなった。最近ではその頻度が以前より増えているようにも感じられる。そうした身体的な苦痛はあっても、一六歳で受傷するまでの近藤は事実上「戦争孤児」として、運を天に任せ、生と死をさまようような生活を送った。幸運にも「親方」に拾われたが、自分の居場所を確保するために必死だった。それがけがをきっかけに衣食住を、生きるための生活環境を与えられたのだった。もう生活のために無理な労働をする必要はなかった。そして障がいは施設という安定した生活を提供した。障がいがあったからこそ、パラリンピックに出場することができた。その後のタッパーウェアへの就職、市民活動への参加、四〇歳を前にしての町田市役所への就職、国際障害者年でのさまざまな経験、海外の障害者との交流など、どの経験も障がいと

切り離せない、障がいのある近藤だから経験できたことだった。

　そしてそのときどきに素晴らしい出会いがあった。事故当時、親身になって対応し、障害者入所施設を紹介してくれた福祉事務所の職員、母と別れ施設入所を迷う近藤に、これからは家族ではなく福祉制度が障害者の生活を支えるんだと背中を押してくれたのは、病床で隣り合わせたおじさんだった。褥瘡の手術で出会った中村裕医師に導かれて、パラリンピックに出場し、散々な結果だったが、その後のジャスティン・ダートとの出会いにつながった。ダートと全国をまわり、障がいのある子どもたちを励ます活動にも力を入れた。その中でのちに妻となる樋口恵子との最初の出会いもあった。

　一方、樋口にとって障がいは「損なクジを引いた」と思わせる負の経験からスタートした。道行く人にじろじろ見られるのも、学校に行くために施設に入らなくてはならないのも、研修医たちに囲まれて体を観察されるのも障がいのせいだ。「障害者」として扱われるのは、体に障がいがあるから……。おそらくこの樋口の体験が多くの障害者と共通するものだろう。

　しかし近藤と再会し、近藤に導かれて、樋口は人の輪の中にいることが心地よいことであることを学んでいった。近藤の背中越しに人と接していた樋口が、やがて一人で自分の世界を切り開いていく、そのきっかけはアメリカ研修への参加であった。「障害はパワーだ、エネルギーだ」といったエド・ロバーツの言葉を、樋口はアメリカ研修の中で自分のものにしていった。帰国後は日本の自立生活運動の基礎を形成する一人として活躍し、やがて障がいのある自分だからできることがあると政治の世界にも乗り出していった。

体の特徴としての障がいは、近藤にとっても樋口にとっても彼らの人生を形づくる、なくてはならないものとなった。近藤はＮＨＫの番組でこうも応えている。

「障がいは乗り越えるんじゃなく、もう財産ですよ。持ち続けている。一生。乗り越えるもんじゃなく、失うものでもなく、持ち続ける。一生」

また樋口は著書の中で次のように述べている。

「「もし、障害者でなかったら」の設定はできませんが、障害者であったからこそ、自分の人生を幼いときから考え、常によりよい道を選ぼうと、一生懸命に前向きに生きてきた、その自分にありがとうと言います」（樋口　一九九八、一九五頁）

体の特徴としての障がいが、本人やまわりの人びとにプラスの意味を与えることを一旦認めたうえで、社会にある障害との関係を次に考えてみよう。

3 「障害」を発信し、社会を変える

「尻の下のぬくもりからの発信」。これは近藤が車いす市民集会で発した言葉であり、後にスローガンとなった。車椅子を利用している近藤だから言えた言葉だった。当事者としての主張である。

では、当事者とは何か。

「当事者とは「問題をかかえた人々」と同義ではない。問題を生み出す社会に適応してしまっては、ニーズは発生しない。ニーズ（必要）とは、欠乏や不足という意味からきている。私の現在の状態を、こうあってほしい状態に対する不足ととらえて、そうではない新しい現実をつくりだそうとする構想力をもったときに、はじめて自分のニーズとは何かがわかり、人は当事者になる」（中西正司・上野千鶴子、二〇〇三、二―三頁）

近藤はパラリンピックに出場し、海外の選手たちの状況と自分たちの状況との歴然とした違いに愕然とした。でもそのときにはまだその違いがいったい何からできていて、どうしたらいいのか分かっていなかった。施設から出て地域で暮らすようになって、初めて自分にとって必要なものは何か、パラリンピックの経験を経て、こうであってほしい状態を知り、不足しているものを

とらえ、新しい現実を創り出そうと動き出したのである。近藤は施設から出て地域で生活を始めて「当事者」になった。

近藤の活動は、いつも障がいのある自分の、自分たちの経験をもとにしていた。大下勝正町田市長のもとで企画された障害者スポーツ大会の開催に際しても、障がい者たちの声を聴くことから始めた。町田市で働くようになってから、自らの体を使って「福祉環境整備要綱」をつくり、その後もどこへでも自分の車を運転して出かけていき、直接障がい者や障がい児の親の声を聴き、生活状況を見て必要な施策を考え、そしてそれが機能するように組織にはたらきかけた。由美子を引き取ったときなど、ときに公務員として行き過ぎた対応ではないかと思われるようなこともあったが、近藤は当事者であることを背景に、他の公務員とは違う役割を担う必要性を認識していた。障がいのある自分だからこそできることを近藤は追求し、そしてそこにあるニーズを見出し、社会における生きにくさとして目に見える形で提示し、それを変えていく施策を考案し、その実現を求めたのだった。ひかり療育園の建設もそうした仕事の一つだった。

近藤の仕事は時代の波に乗って、やがて町田市役所を飛び出して国政にも加わっていくこととなった。国際障害者年の各省庁の取り組みに、近藤は当事者として参加した。のちには全連協の代表となり、市町村障害者生活支援事業を広めるべく全国をまわり、障害の経験をもとに障がい者が自信をもって地域で生きていくこと、活動していくことを推し進めた。

国際障害者年を皮切りに、障害は国際的な課題になった。その対応には国境を越えた障がい当事者同士の連帯が形成された。ちょうど樋口は、アメリカ研修を経験し、バークレーで、ワシントンで、アメリカの障害者運動のリーダーたちに学び、そして帰国してすぐに日本の自立生活運動の立ち上げに参加し、近藤とともにアメリカと日本の障害者運動をつなぐ役割を担った。

近藤と樋口、二人に共通していることは、アメリカなどの先進諸国とあまりにもかけ離れていた日本の障害者がおかれていた状況を切り開くべく、当事者として障がいのある自分の経験から分かることをベースに、あるべき姿を思い描き、それと現実との差であるニーズをとらえ、その解決につとめたことだった。そして現状を、社会を変えようと、ときには国境を越えて仲間と連帯した。

違いを見つけるとすれば、樋口が、一つに障がいのある女性の立場から社会を変えようとしたこと、二つには政治を活用しようとしたことだろう。前者については、DPIバハマ会議で障がい女性が声を上げ、立ち上がった場面に遭遇し、日本の障がい女性が男性のサポート役から脱していないことに疑問をもち、DPIの中に女性のネットワークをつくった。そして、それまで障がい女性が日本の中で無性の存在として扱われてきたことのおかしさに気づき、その根源的な原因として優生保護法をとらえ、変更するために立ち上がった。後者については町田市議として、障がいのある立場から市政に関わり、その経験をさらに国政につなげようとした。樋口は現実を政治の力で変えようとしたが、近藤は行政マンとして実務をとおして社会を変えていった。

こうした近藤と樋口のはたらきかけ、当事者としての主張は一九七〇年代から徐々に受け止められるようになっていた。パラリンピックや国連障害者年などの国際的な動き、高度経済成長とその矛盾、学生運動を含む社会運動の盛り上がりなど、さまざまな影響を受けて、（日本の場合、ゆっくりではあるが）彼らの主張を受け止める社会が生まれ始めていた。その一例として民間企業の貢献についても触れておきたい。車いす市民全国集会を一九七三年から三十年近く支えたのは朝日新聞厚生文化事業団だった。樋口の価値観の形成に大きな役割を果たしたアメリカ研修は、ミスタードーナツが日本での創業一〇周年を迎え、一九八一年の国際障害者年に合わせて、地域貢献として行った記念事業だった。反響が大きかったため、一年限りのキャンペーンではなく、永続させるために財団法人を立ち上げ、現在に至っている。公益財団法人キリン福祉財団は、JILを立ち上げる前から今日まで支援してきた。こうした民間企業の息の長い貢献も障害者自身の運動の広がりに貢献してきた。

4　いのちと向き合う

近藤は社会の中に、ないものとされてきた障がい者の存在を明らかにしてきた。町田市役所時代に創設した重度心身障害者在宅訪問事業は、家から出たこともない、家にいることさえ知られていないような障がい者の存在を明らかにし、やがてそれがひかり療育園創設へとつながった。あるとき、訪問した家庭で出会った重度の男性は、言葉はなかったがこちらの言っていることは理解できていた。彼は近藤と樋口に見出され、ひかり療育園に通い、町田の街に暮らしていたが、のちに親の高齢化に伴って長野の施設に入所した。近藤と樋口は友人である長野大学の教員が近藤を授業に呼んだ際、施設に彼を訪ねたことがあった。初めて訪問したとき、彼は近藤と樋口を覚えていて、とても喜んでくれた。しかし二度目に訪問したときにはもう亡くなっていた。

近藤も樋口もその後町田ヒューマンネットワークの活動に関わり、「施設から出たい」と声を上げた人たちには最大限協力し、障害者の自立生活を推進してきた。だが、施設を出ようという意思をもたないような人には、あえて声をかけてはこなかった。そのことを後悔したのは二〇一六年に相模原事件が起きたときだった。

二〇一六年七月二十六日深夜、元施設職員の男が、刃物を持って、障害者支援施設「津久井やまゆり園」に入り、一九名の尊い命を奪った。彼が狙ったのは、「心失者」、すなわち「意思疎通ができない者」だった。このとき樋口は、アメリカで学んできた自立の概念に従って、重度の人たちの生活の場を、無意識に施設でもいいと考えてしまっていたのではないかと深く後悔した。

樋口「自立とは、自己決定権であり、選択権だ、それが自立の基本だと、アメリカでたたき込まれてきて、それを進めてきたから。自分で決めることができない重度［知的や重複］の人たちが施設で暮らすことを、施設を否定し、反対していたけれど、具体的には何もしてこなかったんじゃないかって」

樋口は忸怩《じくじ》たる思いを持っていた。確かに町田ヒューマンネットワークが支援をしてきた人たちの多くは、言葉でのコミュニケーションをとれる人たちだった。しかし、そうであったとしても、一般には重度障害者と言われ、当時は施設での生活を余儀なくされるような人の自立生活を、一から支援してきた。加えて樋口こそ知的障がい者の支援にも力を入れ、精神障がい者の支援にも携わり、障がい種別を超えた支援を展開してきたはずだ。

近藤は、高知へ移住する前の二〇〇五年の実践を思い出していた。町田では町田ヒューマンネットワークの支援を受けて、一人の重度心身障害のある少女が自立生活を実現していた。彼女は言葉もなく、体を自分の意思で動かすことも難しい。意思表示を積極的に行うような人ではない。しかし、彼女の視線や表情などから意図を読み取り、こうであったらいいのではないかと慮って生活をは形づくろうとするヘルパー集団とコーディネーターが町田ヒューマンネットワークに形成されたのである。

この女性は、かつて近藤が町田市障害者計画の策定時に会議室に連れて行った少女である。会議室の真ん中にいる彼女を目の前にして、委員は物言わぬ彼女の命を感じながら、どう支えたらいいのかを話し合った。結果として、「命の価値に優劣はない」という言葉が編み出され、この言葉は町田市の障害者計画の基本的な理念として今なお継承されているのは前述のとおりである。こうした支援体制を地域の中に創り出してきたことは、今後、従来の「自立観」に囚われない、障害者の自立生活の可能性を切り開いたといえるだろう。

5　役割の転換

近藤と樋口はその存在を通して、障がい者を、庇護される者から自分の意見を主張する者、仲間の意見を代弁する者、そして社会を創る者へと変換させた。二人の仕事は、障害当事者としての役割ももちろんだが、障害者スポーツ大会を前に行った実態調査というアクションリサーチ、重度心身障害者在宅訪問事業に見られるニーズの発掘、そして町田ヒューマンネットワークでのニーズと社会資源のマッチング、ひかり療育園や青年学級、あるいは町田ヒューマンネットワークという社会資源の創造、ピア・カウンセリングや海外ツアーの企画をとおして社会的弱者の、あるいは当事者として障がい者をエンパワーメントし、市町村障害者生活支援事業の拡大や各地の自立生活センターの設立援助などによる社会変革など、ソーシャルワークのキーワードと符合する（井出ほか　二〇一九）。二人は、地域社会の中で、ソーシャルワーカーとしての役割を果たしていたといえるのではないだろうか。

家庭の中での二人の役割も、状況の中で変化していった。近藤と樋口が出会ったときは、近藤はスポーツをとおして施設にいる障がい児を元気づける、いわばヒーローの役。一方の樋口は、施設で行われたスポーツのイベントさえ見に行くこともできず、病室で寝たきりで過ごす一人の障がいのある少女だった。自分の思うように人生が進まず、悩む日々で近藤に相談した。「自分の思うように生きていい」という近藤の言葉は、高校受験をベッドで受けようとするなど、樋口に前を向く勇気を与えた。やがて再会後すぐに結婚したが、当時の樋口にとっての近藤は、配偶者というよりも保護者のような存在であった。樋口の最初の仕事は、東京で近藤が暮らす寮の賄いだったが、その後は、近藤が代表をつとめる社会福祉法人の会計の仕事、続いては町田市役所での嘱託職員と、近藤に導かれてその活動の場が与えられていった。アメリカ研修に際しての面談では、「妻」である樋口の挑戦を「夫」の近藤がどう見ているのかという質問ばかり受けて辟易したが、研修参加の切符を手にしたあとは、樋口は自分で道を切りひらいていった。

「アメリカへ行く前と帰ってきた後とで、私と近藤との関係にどう違いが出たかというと、横に並んで歩くようになったという感じがします」（樋口　一九九八、三九頁）

その後、八王子ヒューマンケア協会や町田ヒューマンネットワークの設立、町田市議に就任、全国自立生活センター協議会代表をつとめ、国政への挑戦と、樋口が自分の力を開花させていくなかで、ともに働き、対等になっていった。かつては、同じ障害者運動をしていても、男女の役割分業の影響を受けて、「男たちは、障害者運動に夢とロマンをかけ、女たちは、日々の生活をかけた」（内田　一九九四、一〇頁）時代があった。しかし、近藤は樋口を、家庭を守る女性役割に縛りつけようとはしなかった。その結果、樋口はチャンスを得て一九八〇年代後半からの自立生活運動の中で、組織の事務局や代表などといった重要な役割を果たすようになっていった。

二〇二二年に行われた障害者権利条約批准後の日本審査において、障がい女性のエンパワーメントが重要課題の一つとされたが[2]、樋口のほかにも安積遊歩や奥平真砂子、ピア・カウンセラーとして堤愛子や境屋うらら、村山美和、東京を離れると北海道の小山内美智子や福島の鈴木絹江など、リーダーシップを取った障がい女性が本書の限りでも登場した。自立生活運動の中では比較的女性がリーダーシップをとってきたが、そうした人たちが社会の中で役割を果たすような機会があったかというと、これまでは必ずしもそうではなかった。

障がい女性の課題として「複合差別」(第4章)と並んで「差別の交差性(インターセクショナリティ)」がある[3]。もとは黒人女性に対する差別を表すものとして、アメリカの弁護士クレンショーによって編み出された言葉である。例えば就職に際し、差別の解消のため黒人に対する優遇措置を実施すると、黒人男性が選ばれる。女性に対する優遇措置を実施すると、白人女性がその恩恵を受ける。結果として、黒人女性は「複数の力に突き飛ばされた後で、自分で何とかするようにと見捨てられ」ることになる(クレンショー 二〇一六)。たとえば障がいにかかわる審議会には、構成員の一部だが、障害当事者が参画するようになった(第6章)が、構成メンバーはたいてい団体の長が入り、それが男性である。また国の審議会等における女性委員の参画状況は四割を超えている(内閣府 二〇二二)というが、障害女性はどれくらい含まれているのだろうか。樋口はJILという組織の代表であり、そして審議会の構成員になったことがあったが、稀な例である[4]。

二人は高知へ移住後、自立生活センターを立ち上げた。理事長は樋口である。近藤は副理事長として樋口を支え、また樋口は近藤の功績を広める活動を地域で展開した。安芸の地域おこしは二人の最後の共同活動となった。

「いつも前を歩いてひっぱってくれた近藤と、今は横に並んで、時には後ろにまわることがあっても、それは自分を守るためにではなく、近藤の弱くなりつつある腕力をカバーし、車いすを押すために後ろにまわるという関係です。(中略)「その言われ方は何かいやだ」とか、「こういう言われ方なら、互いの違いだから納得できる」とか、感じたことを素直に伝えるアサー

2　第1回政府報告に関する障害者権利委員会の総括所見 https://www.mofa.go.jp/mofaj/files/100448721.pdf
3　二〇二二年十二月四日に行われたDPI日本会議による第十一回DPI障害者政策討論集会障害助成分科会においてキム・ミヨン氏は障害者権利条約の作成過程でもともと「交差的差別」という言葉を推していたが、「複合差別」でさえ国際法上どこにもない言葉で、それ以上は困難と国際法学者たちの反対にあい、条文にもり込むことはできなかったと述べた。しかし現在は、キム氏が想像したとおり、交差性差別という言葉がより使われるようになったが、その理論的背景は不明であるとのこと。また女性学の研究者である飯野由里子は、「複合差別」と「交差性」の概念の関係性について、「障害女性の運動が訴えてきた複合差別は「さまざまな差別の交差に焦点化する視点がなくては捉えることのできないものである」と述べ、「障害女性の運動で用いられてきた複合差別を、交差性の視点を前提とした、あるいはそれを組み込んだ概念として解釈」するとしている(飯野由里子　二〇二二)。本書でも「複合差別」と「交差性差別」を峻別して論じない。
4　二〇二三年一月に内閣府障害者政策委員会の委員の交代があり、三人の障害女性が選出された。全国盲ろう者協会評議員の福田暁子が委員に、立命館大学生存学研究所客員研究員でバリアフリー映画研究会副理事長の臼井久美子と全日本難聴者・中途失聴者団体連合会副理事長の宮本せつ子が専門員となった。

ティブ（自己主張的）な会話を交わしながら近づいていく部分と、「お兄さんの選択・決定はそれでいいよ」と認め合う距離・空間が、二六年の長い共同生活の中で培われてきてると思います」（樋口　一九九八、四〇－四一頁）

樋口はまた、近藤が自分にとっての最初のピア・カウンセラーであるとも述べている。

「障害という共通の背景を持ち、私の中のよいところだけを言語化し、私が育つのを見守ってくれた、常により添ってくれた、大きなピア・カウンセラーです」（同前、一九五頁）

樋口は、自分の存在を受け止め、よいところを褒めて伸ばし、存在そのものを温かく包んでくれる近藤のような人は誰にも必要だという意味で、「一家に一人、近藤さん」と照れもせずに言っている。

6　当事者活動とソーシャルワーク

近藤と樋口が当事者活動の中で活躍してきたこと記し、そしてそれをソーシャルワークの枠組で読み解いていく試みを本書では行ってきた。茨木がいうように、「そこからソーシャルワークが真摯に学ぶべきことは極めて大きい」（茨木　二〇二一、一四三頁）。大津ほかがいうように「今日、ソーシャルワーカーが対峙しなければならない社会的ニーズは増加傾向にある」が、「今日において顕著に発生してきたわけではなく、徐々に蓄積されてきた」（大津ほか　二〇一七、一一三頁）。その間、当事者活動が果たしてきた「ソーシャルワーク的支援」を、私たちは近藤と樋口の活動から知ることができた。

しかし、当事者活動の側は、近藤が市町村障害者相談支援事業の展開の中で主張したように、あるいは樋口がケアマネジメントを「セルフプランでつくれると頑張った」ように、当事者であることがもつ意味にこだわった。それはなぜか。

「障害者をソーシャルワーカーとして雇用することや、ダイレクト・ペイメントやセルフ・アセスメントへの動きは、ソーシャルワーカーとその管理職に対し、無力化の過程（ディスエーブルメント）やソーシャルワーカー自身の役割に対する考え方を見直し、根本的に変えることを要求している」（オリバー、サーベイ　二〇一〇、九三頁）。

無力化の過程とは、障がいのある人たちを「ほとんど、あるいはまったく考慮しない社会との関係」（同前）の中で経験される「より「有力」になることを迫られるような社会的過程」（星加　二〇〇七、一六〇頁）であり、ソーシャルワーク／ソーシャルワーカーは「障害は社会的に構築されたものであり、必ずしも固定的な生物学的なものではないことを認識し、それに基づいて介入の戦略を立てる必要がある」（同前、八五頁）。そのとき、その障害、すなわち社会的に構築された「障害の減少や除去」は、「障害者自身が積極的に「闘う」ことによってのみ除去される」のであり、「闘い取るもの」なのである。そこでの「専門職の実践」は「障害者のために(for)」ではなく、「障害者とともに(with)」なされるべきである(同前、四六頁)。それがこれまでなされてこなかったからではないか？　障害の社会モデルにもとづいた障害理解を基礎にして、ともに闘う共同行為としてのソーシャルワーク／ソーシャルワーカーが求められている(河口　二〇一〇、二二五頁)。

茨木は当事者活動とソーシャルワークの関係をAllyshipという言葉でとらえている。Allyという言葉は、「日本ではLGBTQの活動で、当事者ではないがLGBTQの活動を支持し、賛同し、連帯する人たちを指す用語」(茨木　二〇二一、一五一頁)として用いられてきたが、「違った立場にあるものを支援する人、またはその活動を指すものであり、より広い抑圧を覆す実践に共通する存在」ととらえることができる。「自らの抑圧構造により自覚的になり、そこから障害のない者を前提につくられてきた社会構造の捉え直しをする」「障害当事者や自らの社会的位置や、抑圧構造に自覚的になること、またそのことを相互に当事者とも交流し議論すること」が求められている(同前、一五一－一五二頁)。

では、障がいがあれば共に闘うこと、社会を変えていく仲間になることができるのか。第6章では、樋口たちがピア・カウンセラー養成において苦慮していたことが示されたが、それは同じ障がいがある者同士であったとしても、社会の抑圧構造に自覚的でない者、障害の社会モデルを理解していない者では連帯し、ともに闘う仲間になることが難しいことを示していた。

さらに茨木は、障がい／非障がいだけでなく、障がい種別の違いも含めて、「その障害の当事者ではない自分は何者であるのかを省察することが重要であり、そのうえで、彼らの抑圧構造を変える活動にかかわることが可能」と述べている。

7　障がいと障害

ここまで「障がい」と「障害」を使い分けることを試みてきたが、改めて整理しておきたい。「障がい」は impairment、すなわち体の特徴を表すものとしてとらえてきた。近藤と樋口は、障がいという体の特徴を生かし、奇跡的な出会いやさまざまな歴史的なできごとを経験してきた。そのことをとおして、自分の体を「財産」と受け止め、自分の人生を肯定的にとらえるに至った。一方、社会的障壁としての「障害」disability は、街の中の段差やバリア、制度などハード面はもちろん、人びとの蔑む視線や憐れみを受けるといったソフト面も当然含む。「障害者なんだから」「障害者らしく」といったときの「障害」には、憐れみを受ける存在としてふるまえ、という含意がある。

このように整理すると、一見使い分けられているようではあるが、第一回ＤＰＩ世界会議のテーマとして与えられた「〝しょうがい〟はつくられる」という言葉ではどうだろうか。近藤はベトナム戦争の映像がこれに該当すると直感し、苦労の末にその映像を手に入れて持って行った。またその会議最終日、パーティでの化学調味料の大量摂取によって「〝しょうがい〟がつくられ」ようとしていた。このときの「しょうがい」が意味するところは、戦争や経済・社会情勢などによって身体的・精神的障がい者が生み出されること、そしてそれは自然発生的につくり出されたものではなく、その原因は極めて社会的なものであるということではないか。

こう考えると、体の特徴としての「障がい」も社会によってつくり出されるものととらえられる。近藤の場合は脊髄損傷、樋口の場合は結核性カリエスの後遺症である。近藤は、自分の「障がい」について、単なる「アル中のおじさん」が起こした事故ではなく、「時代の大きな黒い塊のようなもの」を受け止めたと表現している（第1章）。炭鉱の閉鎖、過酷な労働に加えて失業の恐怖、そしてそれを紛らわすためのアルコールがいつでも手に入る環境など、さまざまな要因が絡み合って、近藤の事故につながったととらえていた。樋口のカリエスの発症も、結核が死の病だった時代、樋口の父が罹患し、その後、樋口が生まれた当時は戦後の混乱期で薬が普及しておらず、加えて樋口の父の体には結核菌が内在していたという社会環境が影響していた。

また、そもそも脊髄損傷や結核性カリエス、そのほかまったく異なるそれぞれの体の特徴を、一括りに「障がい」と表現すること自体も、医学をベースにして社会が決めたものだ[5]。そうなると、限りなく「障がい」は「障害」と表現できるのではないだろうか。

ただし、近藤や樋口が受け止め、恵みとしたのは、社会によって構築され、社会の中にあった

「障害」ではない。それらについては、妥協せず、歴然と立ち向かった。障害を含むさまざまな逆境にある人の人生を取り上げているアメリカの作家アンドリュー・ソロモンは、人は困難に直面すると、一般的には困難に意味を見出すことによって乗り越えるというが、本当は困難に意味を見出すのではなく、自ら困難に意味を「与え、創り出すもの」なのではないかと述べている。そして、意味を与え、創り出した後には、それを自らのアイデンティティとして取り入れ、新たな自分の物語を、その困難に打ち勝った「勝利の物語」としてつくり上げるのだという（ソロモン　二〇一四）[6]。自らの体の特徴としての「障がい」は、単なる病名として存在するのではなく、それを排除しようとする社会的「障害」との格闘の渦中で、新たな意味を与えられ、価値あるも

5　障害の社会モデルをどうとらえるのかという議論が、飯野・星加・西倉（二〇二二）や、北島（二〇一九）で展開、紹介されている。また辰巳（二〇二一）は二〇〇〇年代以降の英米圏を中心とした障害学における理論的展開についてまとめ、その中で「批判的障害学（Critical Disability Studies；CDS）」を紹介している。これによれば、「古典的な障害学におけるインペアメント／ディスアビリティや個人モデル／社会モデルといった二分法そのものに対する疑義」が起こっており、「「自然 natural」で不変の事実とみなされてきたインペアメントさえもが、実は社会的・文化的な背景から構成されたものであり、歴史的にみれば「近代」以降の産物に過ぎないことを明らかにしている」という。
　加えてミクロヒストリーを代表する研究者であるアイスランド大学の教授 Sigurdur Gylfi Magnússon 氏は、近年、批判的障害学はミクロヒストリーと出会い、その手法による作品が生み出されてきていると述べている（二〇二三年三月一九日　東京大学にて行われた Magnússon 氏の講演より）。障がいの経験を語ることの意義については、改めてまとめたい。

のとして、アイデンティティの形成に寄与したのである。すなわち、近藤と樋口が恵みとしたのは、体の特徴そのものではなく、それをとおして経験したさまざまな「障害」との格闘のプロセスであり、その間の多くの人びととの出会いであった。それを「障がい」と表現するのか、「障害」と表現するのか。

近藤と樋口の人生の物語を紡ぎながら、障がい／障害について考えたとき、現時点での帰着点である。

おわりに

近藤と樋口が高知に移り住んでから、一〇年が経過した。樋口は二〇一八年七月に肺の二酸化炭素量が増加し、意識を失って入院した。最近は在宅酸素療法のため、夜間にバイパップという簡易の呼吸器を装着して就寝するようになった。樋口は一歳半のときにカリエスに罹患して以来、肺機能が低下しており、それを駆使して日常生活を営んできた。

「肺の力が今では九五歳以上だって言われた。九五歳って言ったら、もうないじゃん。後が、と思って。そうすると終活」。

最近は荷物の整理を進めている。入院前に飼い始めた猫は相変わらずやんちゃで野性的でかわいい。新型コロナウイルス感染症の流行で、引きこもりの日々の生活を豊かなものにしてくれて

6　Andrew Solomon 2014 TED Talk「人生で最も苦しい経験から、自分らしくなる」https://www.ted.com/talks/andrew_solomon_how_the_worst_moments_in_our_lives_make_us_who_we_are?language=ja

いる。

　樋口は肺疾患があるので、コロナウイルスにかかったらアウトだと、ここ二年ほど、通院や金融機関の訪問以外ほとんど外に出ていない。買い物も、宅配と移動販売に頼る日々だ。近隣に住む姉家族も何かと気にかけてくれている。自家用車は手放し、社会福祉協議会が行っている移動サービスを利用している。ホームヘルパーの利用は以前と変わらず、火曜日と金曜日に近藤の介護保険利用で一時間、樋口の障害者総合支援法利用で一・五時間である。特に利用を増やしてはいないが、医療機関にかかる回数が少し増えている。

　事業所にはほとんど行っていないが、未だに理事長をつとめている。代わりになる人がなかなか見つからず、そのままになっていて気がかりだ。

「代表のうちに亡くなったら、団体葬とか大変になるんじゃないかと思うんだけど、事業を担ってくれそうな、そういう役割を担ってくれる人がいない」。

　事業所ができて、一人暮らしをする障がい者は増えた。施設に入ることが当たり前、それ以外をなかなかイメージできなかった人たちに、樋口と近藤は、施設ではなく地域で暮らし続けることを語り、また実践してみせてきた。その効果が表れてきていた。「知り合えた人たちにはどんどん近づいていって情報提供をしている」ことで、仲間は増えてきた。だがもう一歩。次を担う人材の育成はなかなかに難しい。これは高知だけの問題ではない。もちろん元気な自立生活センターもあるが、老舗の解散もぼちぼち聞く。

近藤は言う。

「樋口恵子に合わせて、私、できるだけ早く死のうと思っているんですよ。それじゃないと私は苦労するんです。私の人生は小さいときに苦労して、大きくなるにつれてだんだん豊かになって、今、本当に最高の今があるんですけれども、これも樋口恵子あってのことですからね。彼女が三年どうかなっていうなら、私は二、三年以内に自分の人生を終えないと困るんですよ（笑）」

樋口恵子、七〇歳。近藤秀夫、八六歳。互いに助け合って暮らす日々が続いている。

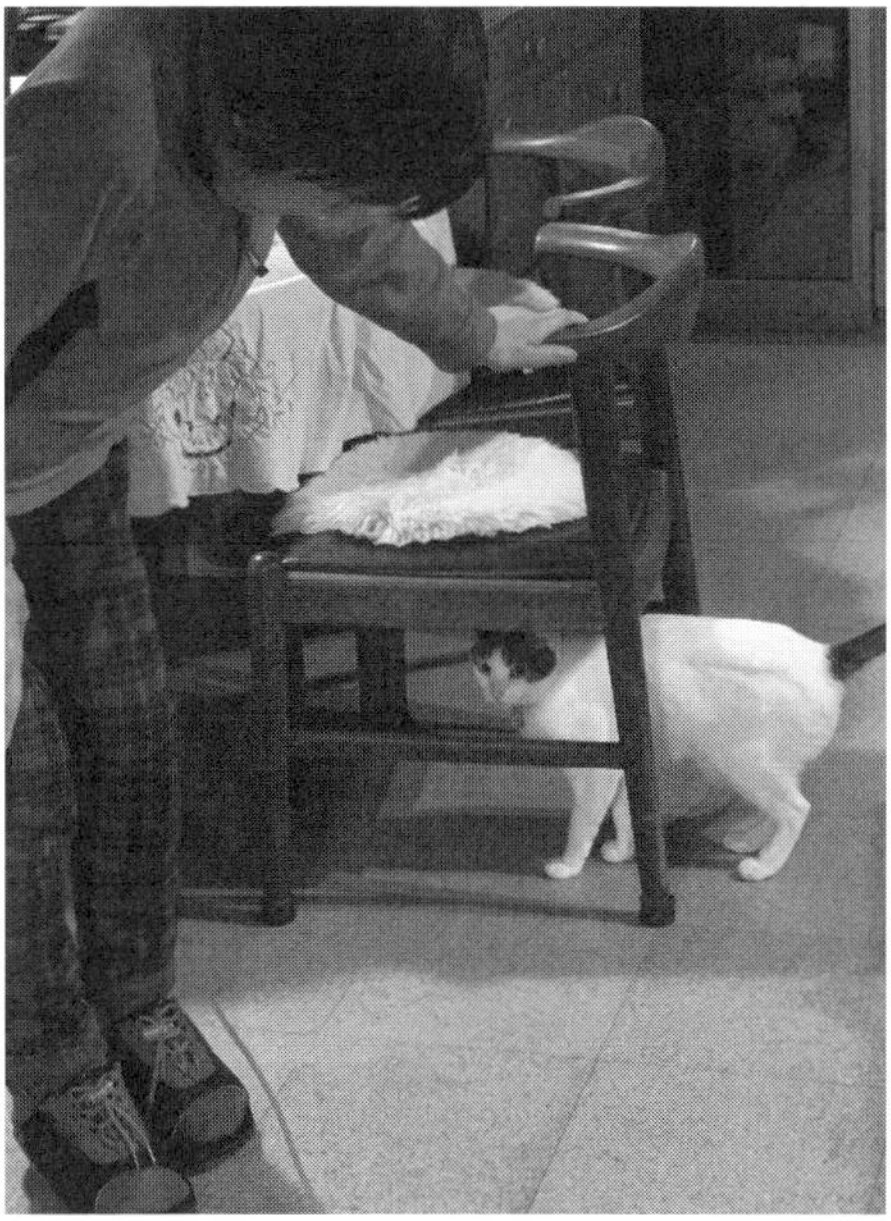

愛猫の姫と

あとがき

ようやくここまできた。二〇一八年二月のインタビューから五年が経過した。

この間に、新型コロナウイルスの影響も受けて遅れていた障害者権利条約の最初の日本審査が行われた。二〇二二年八月二十二、二十三日にスイス・ジュネーブで建設的対話が実施され、九月九日に総括所見が示された（最終版は十月七日発行）。総括所見は主に日本の現状に対する懸念とそれに対する勧告で構成されており、その数は懸念九三、勧告九二である。

この中で特に重要なものとして注意喚起がなされた二つの勧告のうちの一つが、第十九条自立した生活及び地域社会への包容に対する勧告（四二項）であった。[1] 障害者の自立生活をさらに推し進めていくことが喫緊の課題として提示されたのである。これまでその役割を全面的に担ってきた自立生活センターに対する期待はさらに高まっているといえよう。

しかしＪＩＬの加盟数は減ってきている。二〇〇四年の一二八団体から二〇二二年現在、一一四団体である。後継者が育たないうちに創設者が亡くなる、制度が複雑になって事業所の経営が難しくなる、資金的に問題はないが決定の主導権が障害者になく、自立生活センターの活動に資金が回せない等、さまざまな理由があるが、そうした現状を憂いて動き出した人の中に長位鈴子（NPO法人沖縄県自立生活センター・イルカ代表）がいる。彼女は樋口のピア・カウンセリングに参加したことで自立生活運動に目覚め、樋口をロールモデルとしてきた。沖縄で仲間と障害者運動を進めていたが、自立生活センターの設立には苦労し、そのとき近藤に助けられた経験をもつ。

「近藤さんからもらった力っていうのはすごくって、近藤秀夫さんが本当に、困ったときにぱって来て、ちゃちゃちゃっとやったら、こんなにまで行政変わるの？っていうぐらいに」（長位二〇二三[2]）。

今、長位は仲間とプロジェクトを立ち上げ、自立生活センターがない空白地域でがんばる若い人を応援している。自立生活センターに依頼してくる利用者像も変わってきており、最近は他の事業所で断られた重複障がいの人の相談が増えてきているという。センターをつくるプロセスの

1　もう一つは第二十四条教育に関する五二項。
2　二〇二三年八月五日にオンラインでインタビューを行った。

渦中で新たな相談にも乗っていく。到底自分たちの力だけでは成り立たない。地域にあるさまざまな社会資源、人びととつながっていくしか道はない。ネットワークをつくっていくこと。「それから始まるんだけど。で、そういうことってだから、近藤さんがずっと私にやってきたことやったから」（長位　二〇二三）。

「一〇〇点満点の支援じゃなくって、やりながら」（長位　二〇二三）つなげていく、つながっていく。樋口と近藤のやってきたことが、今も次をつくっている。

本書の出版にあたってたくさんの方に助けていただいた。出版を急ぐあまり、かえって遠回りもした。現代書館の向山夏奈さんにはたくさんのご迷惑をおかけした。心からのおわびと感謝を伝えたい。

近藤さんと樋口さんには、インタビューをご快諾いただき、出版にも同意いただき、その後原稿のチェック、写真を探したりと、予想を超えた面倒なことにお付き合いいただいた。それにもかかわらず、最後は出版を楽しみにしてくださっていた。ようやくここまで来ました。本当にありがとうございました。

最初のインタビューに付き合ってくれた奥平真砂子さん、写真探しの旅に付き合ってくれた西尾直子さん、貴重な資料を貸してくださり、ご助言もいただいた長瀬修さん、感謝いたします。

岩田正美日本女子大学名誉教授には、出版間際になってすべての原稿に目を通していただき、たくさんのことをご教授いただいた。突然の連絡、大量の原稿にも面白がってくださり、本当にありがとうございました。
最後に、この本の最初から、いや、私の障害にかかわる研究の最初からその姿がいつも傍らにあった立岩真也さん（立命館大学教授）に心からの感謝を伝えたい。このインタビューの企画は、科学研究費助成事業「病者障害者運動史研究―生の現在を辿り未来を構想する」（研究代表者・立岩真也）によるものである。「インタビューのデータは、研究者のものではなく、語った者のものである」というモットーのもと、私たちは当事者の許可のもとデータを共有し、それぞれが解釈を加えて文章を編んできた。これは立岩さんの遺志でもある。その成果の一つとして本書がある。なぜ出版を待たずに逝ってしまったのか。後に残された者として、とぼとぼと、でも前に進んでいくしかない。

二〇二三年八月二十日

田中恵美子

参考文献

■はじめに

カルロ・ギンズブルグ（一九九三）「ミクロストリアとはなにか―私の知っている2、3のこと」『思想』八二六号、岩波書店、四‐三〇頁。

長谷川貴彦（二〇二〇）『エゴ・ドキュメントの歴史学』岩波書店。

茨木尚子（二〇二二）「7　障害当事者運動にみるAOP――その可能性と課題」坂本いづみ・茨木尚子・竹端寛・二木泉・市川ヴィヴェカ『脱「いい子」のソーシャルワーク』現代書館、一四一‐一五六頁。

大津雅之・高木寛之・田中謙（二〇一七）「ソーシャルワーカーがソーシャルワーク機能を担ってきた者に向けるべき視座」『山梨県立大学人間福祉学部紀要』一二巻、一一三‐一二四頁。

■第1章

『朝日新聞デジタル』二〇一八年八月十三日「かすかに息ある父、目の前で捨てられた　戦争孤児の証言」https://digital.asahi.com/articles/ASL7Z35D6L7ZULZU001.html?iref=pc_photo_gallery_bottom

『朝日新聞デジタル』二〇一八年八月十四日「戦争孤児十二万人、どこへ　妻子にも口閉ざし生きてきた」https://digital.asahi.com/articles/ASL か 700CXJL7ZTIPE058.html

『朝日新聞』二〇二一年一月二日「パラ選手村でキスする外国人　64年東京大会でみた衝撃」

https://digital.asahi.com/articles/ASNDS3CMLNC3PTLC00P.html?iref=pc_photo_gallery_bottom
『朝日新聞』二〇二一年一月三日「「障害者に注力しすぎ」批判の声に社長幻滅、会社去る」

https://digital.asahi.com/articles/ASNDS4W1BNDRPTLC029.html?iref=pc_photo_gallery_bottom
ＮＨＫ、二〇二〇年三月二十九日放送、「映像記録東京２０２０パラリンピック　ＮＨＫ／ＩＰＣ国際共同制作」。

『東京新聞』二〇一九年八年二十五日「一九六四年からの手紙　パラ出場　人生の転機　六種目に参加　近藤秀夫さん」。

赤津隆（一九八三）「脊髄損傷リハビリテーションの２０年」『リハビリテーション医学』二〇巻四号、二五五 - 二六〇頁。

板山賢治（二〇〇八）「追悼　丸山一郎さんの「共生の人生」を偲ぶ」月刊『ノーマライゼーション　障害者の福祉』二〇〇八年四月号（第二八巻通巻三二一号）。

石井光太（二〇一四）『浮浪児１９４５――戦争が生んだ子供たち』新潮社、一一八 - 一二四頁。

金田茉莉（二〇〇二）『東京大空襲と戦争孤児　隠蔽された真実を追って』影書房。

川崎愛（二〇二三）「戦争孤児が被害を語るまで」『昭和女子大学紀要』九七二号、一三 - 二一頁。

『厚生白書（昭和三一年度版）』　https://www.mhlw.go.jp/toukei_hakusho/hakusho/kousei/1956/dl/03.pdf
松井和子（一九八四）「身体障害者雇用政策に関する一考察――外傷性脊髄損傷者の職業復帰を対象に」『季刊・社会保障研究』一九巻四号、四一四 - 四三一頁。

田中直樹（一九六九）「戦時下における炭鉱労働について―労働力構成を中心にして―」『慶応義塾大学大学院社会学研究科紀要』第九号、二一―三三　https://core.ac.uk/download/pdf/145731703.pdf
――――（一九八一）「戦時炭礦老小津事情論」『法學研究：法律・政治・社会』五四巻六号、慶應義塾大学法学研究会、三九五 - 四〇八頁。

田中暢子（二〇一三）「戦後日本における障害者のスポーツの発展―1949年から1970年代に着目して―」『体育研究』四七号、中央大学保健体育教科運営委員会、一一-二四頁。

高橋伸一・若林良和（一九九〇）「炭鉱労働者の移動と旧産炭地の社会変動」『仏教大学社会学研究所紀要』一一号、四五-七七。 https://archives.bukkyo-u.ac.jp/rp-contents/SL/0011/SL00110L045.pdf
土屋敦（二〇二一）『「戦争孤児」を生きる　ライフストーリー／沈黙／語りの歴史社会学』青弓社。

中村裕・佐々木忠重著、天児民和監修（一九六四）『身体障害者スポーツ』南江堂。

日本パラリンピック委員会「パラリンピックの歴史」『パラリンピックとは』。https://www.parasports.or.jp/paralympic/what/history.html
畝　博・江崎廣次（一九九三）「旧産炭地・筑豊地域における結核の疫学　＝結核と社会経済的要因に関する患者・対照研究」『日衛誌』第四七巻第六号、一〇〇一-一〇〇八頁。

渡邊勉（二〇一四a）「誰が兵士になったのか（1）：兵役におけるコーホート感の不平等」『関西学院大学社会学部紀要』一一九号、一-一八頁。

――（二〇一四b）「誰が兵士になったのか」（2）：学歴・職業による兵役の不平等」『関西学院大学社会学部紀要』一一九号、一九-三六頁。

渡　正（二〇一二）『障害者スポーツの臨界点――車椅子バスケットボールの日常的実践から』新曜社。

■第2章
荒川章二・鈴木雅子（一九九七）「1970年代告発型障害者運動の展開―日本脳性マヒ者協会「青い芝の会」をめぐって―」『静岡大学教育学部研究報告』（人文・社会学篇）四七号、一三-三二頁。

船木淑恵（二〇一七）「社会開発政策におけるコロニー―障害者の地域移行政策との関連において―」大友信勝監修『社会福祉研究のこころざし』法律文化社、一三二-一五〇頁。

――――（二〇二〇）「国立心身障害者コロニー開設課程の分析：心身障害の村（コロニー）懇談会委員のコロニー論に焦点を当てて」『大阪大谷大学紀要』五四号、五七-七四頁。

樋口恵子（一九九八）『エンジョイ自立生活―障害を最高の恵みとして』現代書館。

平川毅彦（二〇〇六）「個人の発達・成長と「福祉のまちづくり」―仙台市における生活圏拡張運動（一九六〇年代末〜）から学ぶもの―」『富山大学　人間発達科学部紀要』第一巻第一号、四三-五一頁。

近藤秀夫（一九九六）『車椅子ケースワーカーの７６００日』自治体研究社。

Louie Estrada 2002 "Justin.Dart Jr. Dies"The Washington Post June 23 2002. https://www.washingtonpost.com/archive/local/2002/06/23/justin-dart-jr-dies/ec860e45-0962-4a33-8bc9-7e2d471c931c/

三浦文夫（一九七四）「「社会福祉施設整備計画の改定について」のコメント」『社会保障研究』一〇巻一号、国立社会保障・人口問題研究所、二七-三三頁。

瀬山紀子（二〇〇一）「日本に於ける女性障害者運動の展開（１）―７０年代から８０年代後半まで―」『女性学』八号三〇-四七頁。

杉原努（二〇〇八）「戦後我が国における障害者雇用対策の変遷と特徴　その１―障害者雇用せ策の内容と雇用理念の考察」『社会福祉学部論集』第四号、佛教大学社会福祉学部、九一-一〇八頁。

田中暢子（二〇一三）「戦後日本における障害者のスポーツの発展」『体育研究』第四七号、一一-二四頁。

立岩真也（二〇一〇）「障害者運動／学於日本・１―始まり」 http://www.arsvi.com/ts/20100091.htm
上田早記子（二〇一〇）「雇用政策と障害者（１）〜障害者雇用状況報告の変遷〜」『四天王寺大学大学院研究論集』五

号、四天王寺大学大学院研究論集編集委員会、六一 - 七九頁。

山田昭義（二〇一三）「時代を読む40生活圏拡大運動から車いす市民全国集会へ」『ノーマライゼーション　障害者の福祉』二〇一三年二月号、第三三巻通巻三七九号。

横須賀俊司（二〇一六）「アテンダントサービスの導入プロセスにみるアメリカ自立生活運動の受容に関する一考察」『人間と科学：県立広島大学保健福祉学部誌』県立広島大学、一六巻一号、一九 - 三一頁。

山田耕三（一九九二）「わが国における障害者雇用促進法の歴史」『香川法学』一一巻三・四号、香川大学法学会、四九一 - 五二一頁。

■第3章

樋口恵子（一九九二年）「日本における自立生活運動」『リハビリテーション研究』第七一号。

https://www.dinf.ne.jp/doc/japanese/prdl/jsrd/rehab/r071/r071_032.html
――（一九九八）『エンジョイ自立生活――障害を最高の恵みとして』現代書館。

堀利和（一九八二）「障害者の世界組織DPIの結成にみる」『季刊福祉労働』一四号、現代書館、三六 - 四三頁。

花田春兆（二〇〇八）『一九八一年の黒船―JDと障害者運動の四半世紀』現代書館。

井出英策・柏木一惠・加藤忠相・中島康晴（二〇一九）『ソーシャルワーカー―「身近」を革命する人たち』ちくま新書。

板山賢治（二〇〇九）「時代を読む2　「完全参加と平等」を目指して―「国際障害者年」から28年」『月刊ノーマライゼーション　障害者の福祉』二〇〇九年十二月号、第二九巻通巻三四一号。

近藤秀夫（一九九六）『車椅子ケースワーカーの7600日』自治体研究社。

功刀俊洋（二〇一七）「革新市政の政治的発展―1970年の共闘と攻勢と結集」『行政社会論集』第二十九巻四号、福島大学行政政策学類、一四三‐一九〇頁。
馬橋憲男（二〇一六）「国際障害者年から35年――「当事者主体」は定着したか」『ノーマライゼーション　障害者の福祉』二〇一六年八月号、第三七巻通巻四三三号。
https://www.dinf.ne.jp/doc/japanese/prdl/jsrd/norma/n421/n421001.html
https://www2.nhk.or.jp/archives/movies/?id=D0001810392_00000
松井亮輔（二〇二〇）「証言ＲＩの盛衰――一九六九年総会・第11回世界会議から１９８０年総会・第14回世界会議までとそれ以降――」『障害福祉ＮＥＷＳ』通巻No.30　https://www.dinf.ne.jp/d/4/087.html
日本弁護士連合会（一九八一）「国際障害者年に関する宣言」。
https://www.nichibenren.or.jp/document/civil_liberties/year/1981/1981_1.html
大下勝正（一九九二）『町田市が変わった　地方自治と福祉』朝日新聞社。
杉本　章（二〇〇一）『戦前戦後障害者運動史年表――戦前戦後障害者運動と関係法制』ノーマライゼーション・Nプランニング編、関西障害者定期刊行物協会。
高嶺　豊（二〇一三）「時代を読む　50　米国ＩＬ運動家マイケル・ウィンターを偲ぶ」『ノーマライゼーション　障害者福祉』二〇一三年十二月号、第三十三巻通巻三八九号。
高阪悌雄（二〇一五）「ある行政官僚の当事者運動への向かい方――障害基礎年金の成立に板山賢治が果たした役割――」『Core Ethics』一一巻、一三五‐一四五頁。
立岩真也（二〇一九）「第６章　別れた道を引き返し進む」青木千帆子・瀬山紀子・立岩真也・田中恵美子・土屋葉『往き還り繋ぐ』生活書院、二五五‐三二二頁。
露口長（二〇一五）「「国際障害者年」という黒船」【戦後史証言プロジェクト　日本人は何をめざしてきたのか】

二〇一五年度「未来への選択」（収録年月日二〇一五年十一月八日）。
八代英太・冨安芳和（一九九一）『ADAの衝撃』学苑社。

■第4章

『朝日新聞』二〇〇七年四月二十日「（ニッポン人脈記）ありのままに生きて：5　障害はパワー、米国直伝　自立って？」。
『朝日新聞（高知版）』二〇二〇年九月二九日「道を開く—あるパラリンピアンの半世紀⑲　出会いは施設　再開後結婚」（朝刊二三面）。
Bart Barnes, Aug 14, 2013, "Micheal A. Winter, advocate and ativit for disability rights, dies at 61"The Washington Post.
https://www.washingtonpost.com/local/obituaries/michael-a-winter-advocate-and-activist-for-disability-rights-dies-at-61/2013/08/14/6fd5a432-0397-11e3-9259-e2aafe5a5f84_story.html?noredirect=on&utm_term=.df31f62b6c60
Louie Estrada June 23. 2002, "Justin.Dart Jr. Dies"The Washington Post. https://www.washingtonpost.com/archive/local/2002/06/23/justin-dart-jr-dies/ec860e45-0962-4a33-8bc9-7e2d471c931c/
荒井裕樹（二〇二〇）『凜として灯る』現代書館。
男女共同参画局『男女共同参画白書令和元年版』。
https://www.gender.go.jp/about_danjo/whitepaper/r01/zentai/html/honpen/b1_s00_01.html
エドウィン・ブラック（二〇二二）『弱者に仕掛けた戦争—アメリカ優生学運動の歴史』人文書院。
ジュディス・ヒューマン、クリスティン・ジョイナー著、曽田夏記訳（二〇二一）『わたしが人間であるために』現代書館。

県立療育センター（肢体不自由児施設）の今後の在り方を考える会（二〇〇九年）『県立療育福祉センター（肢体不自由児施設）の今後の在り方を考える会　報告書』。

牟田和恵（二〇〇六）「フェミニズムの歴史からみる社会運動の可能性」『社会学評論』第五七刊二号、二九二-三一〇頁。

長瀬修（一九九七）「カリフォルニアの光と闇―障害学の世界から・5」『季刊福祉労働』七五号。

瀬山紀子（二〇〇二）「第五章　声を生み出すこと―女性障害者運動の軌跡」石川准・倉本智明編著『障害学の主張』明石書店。

上野千鶴子（一九九六）「複合差別論」井上他『差別と共生の社会学』岩波書店。

吉野由美子（一九九三）「わが国における肢体不自由児施設の歴史的展開―緑成会整育園の歴史を中心に―下―」『人文学報　社会福祉学』9号、東京都立大学人文学部、一二三-七七頁。

谷合文廣（二〇一二）「時代を読む33　障害者リーダー育成海外研修派遣事業の実施（1981年）」『ノーマライゼーション　障害者の福祉』二〇一二年七月号、第三二巻通巻三七二号。

https://www.dinf.ne.jp/doc/japanese/prdl/jsrd/norma/n372/n372001.html

■第5章

綾野まさる（一九九七）『ありがとう！介助犬ブルース』ハート出版。

樋口恵子（一九九二）「5　自立生活センターにおけるピア・カウンセリングの意義」『自立生活への鍵―ピア・カウンセリングの研究―』ヒューマンケア協会、三五-四四頁。

―――（一九九八）『エンジョイ自立生活―障害を最高の恵みとして』現代書館。

―――（二〇〇〇）「自立生活運動の歴史とその哲学」『ノーマライゼーション　障害者の福祉』二月号、第二〇巻通

巻二二三号。　https://www.dinf.ne.jp/doc/japanese/prdl/jsrd/norma/n223/n223_01-01.html
——（二〇〇四）『父83歳、ボケからの生還』現代書館。
中西正司（一九九六）「第１章　前夜」『自立生活センターの誕生—ヒューマンケアの10年と八王子の当事者運動—』ヒューマンケア協会。
————（一九九六）「第二章　自立生活センターの誕生と展開」『自立生活センターの誕生』ヒューマンケア協会、一二－三〇頁。
————（二〇一四）『自立生活運動史—社会変革の戦略と戦術』現代書館
奥平真砂子（二〇〇〇）「ＪＩＬ（全国自立生活センター協議会）の活動」『ノーマライゼーション　障害者の福祉』二〇〇〇年二月号、第二〇巻通巻二二三号。
https://www.dinf.ne.jp/doc/japanese/prdl/jsrd/norma/n223/n223_01-02-01.html#D01-02-01
瀬山紀子（二〇〇一）「日本に於ける女性障害者運動の展開（１）——７０年代から８０年代後半まで」『女性学』八巻、三〇－四七頁。
立岩真也（一九九二）「東京都地域福祉振興基金による助成事業」『季刊福祉労働』五七号、現代書館。
横塚晃一（二〇〇七）『母よ！殺すな』生活書院。

■第６章

『朝日新聞』二〇〇三年五月七日、「委託先、３割が予算源　障害者支援補助金廃止」。

安積遊歩（一九九九）「ロールモデルとしてのピア・カウンセラー」安積遊歩・野上温子編『ピア・カウンセリングという名の戦略』青英舎、五七－六一頁。

安藤信哉（二〇〇三）「身体障害の立場から　町田市における支援費制度の問題点と課題」『月刊ノーマライゼーション　障害者の福祉』二〇〇三年一〇月号、第二三巻通巻二六七号。

https://www.dinf.ne.jp/doc/japanese/prdl/jsrd/norma/n267/n267_01-03-01.html
近藤秀夫（一九九六）『車椅子ケースワーカーの７６００日』自治体研究社。

――――（二〇〇〇年七月二日）「市町村障害者生活支援事業の現状と課題」日本社会事業大学社会福祉学会。

http://www.arsvi.com/o/jsw.htm
――――（二〇〇一）「車いすバスケットボールとジャスティン・ダートとの出会い」全国自立生活センター協議会編『自立生活運動と障害文化』現代書館、一八八-一九五頁。

村田文世（二〇〇九）『福祉多元化における障害当事者組織と「委託関係」―自律性維持のための戦略的組織行動』ミネルヴァ書房。

中島康晴（二〇一九）「第2章　ソーシャルワークの原点とは？―課題を乗り越えるために」井出英策・柏木一惠・加藤忠相・中島康晴著『ソーシャルワーカー―「身近」を革命する人たち』ちくま新書、五四-九四頁。

中西正司（二〇一四）『自立生活運動史』現代書館。

野上温子（一九九九）「ピア・カウンセリングのなりたち」安積遊歩・野上温子編『ピア・カウンセリングという名の戦略』青英舎、六五-一一四頁。

奥野英子（一九九七）「障害者の介護を含む生活支援の方策について」『月刊ノーマライゼーション　障害者の福祉』一九九七年三月号、第一七巻通巻一八八号。

https://www.dinf.ne.jp/doc/japanese/prdl/jsrd/norma/n188/n188_016.html#D016
白杉眞（二〇一八）「自立生活運動が相談支援に及ぼした影響」『Core Ethics』一四巻、七一-八一頁。

白杉眞（二〇二〇）「支援費上限問題から障害者自立支援法制定過程と自立生活運動」『障害学会第17回大会報告』。
http://www.arsvi.com/2020/20200919sm.htm

■第7章

樋口恵子（二〇〇四）『父83歳、ボケからの生還』現代書館。

――――（二〇一六a）「ありがとう！！ＮＰＯ法人土佐の太平洋高気圧」『ＮＰＯ法人　自立生活センター　土佐の太平洋高気圧　5周年記念誌』三‐四頁。

――――（二〇一六b）「私と障害―地域の中で」『ＮＰＯ法人　自立生活センター　土佐の太平洋高気圧　5周年記念誌』四九‐五二頁。

岩田正美（二〇一六）『社会福祉への招待』一般財団法人放送大学教育振興会。

小山内美智子（一九八八）『車椅子からウィンク――脳性マヒのママがつづる愛と性』ネスコ。

■終章

Andrew Solomon, 2014,「人生で最も苦しい経験から、自分らしくなる」『TED Talk』https://www.ted.com/talks/andrew_solomon_how_the_worst_moments_in_our_lives_make_us_who_we_are?language=ja
星加良司（二〇〇七）「書評：障害学の政治　イギリス障害学の原点」『障害学研究』三巻、一五四‐一六二頁。
樋口恵子（一九九八）『エンジョイ自立生活――障害を最高の恵みとして』現代書館。
茨木尚子（二〇二一）「7　障害当事者運動にみるＡＯＰ――その可能性と課題」『脱「いい子」のソーシャルワーク』現代書館、一四一‐一五六頁。

井出英策・柏木一惠・加藤忠相・中島康晴（二〇一九）『ソーシャルワーカー　―「身近」を改革する人たち』ちくま新書。

飯野由里子（二〇二二）「「社会」は失敗し続けるのか？―障害女性と複合差別」『部落解放』二〇二二年十一月号、二九―三〇。

飯野・星加・西倉（二〇二二）『「社会」を扱う新たなモード』生活書院。

キンバレー・クレンショー（二〇一六）「インターセクショナリティの緊急性」『TED Talk』

https://www.ted.com/talks/kimberle_crenshaw_the_urgency_of_intersectionality?language=ja
北島加奈子（二〇一九）「インペアメントがディスアビリティに先行するのか―インペアメントとディスアビリティの個人かをめぐって―」『Core Ethics』一五巻、二五―三四頁。

河口尚子（二〇一〇）「解題：障害学に戻づくソーシャルワーク」マイケル・オリバー、ボブ・サーベイ著『障害学にもとづくソーシャルワーク　障害の社会モデル』黄金出版。

マイケル・オリバー、ボブ・サーベイ著　野中猛監訳　河口尚子訳（二〇一〇）『障害学にもとづくソーシャルワーク　障害の社会モデル』金剛出版。

内閣府（二〇二二）「国の審議会等における女性委員の参画状況調べ」。

https://www.gender.go.jp/research/kenkyu/ratio/pdf/r4/1st/houkoku22-2.pdf
中西正司・上野千鶴子（二〇〇三）『当事者主権』岩波新書。

辰巳一輝（二〇二一）「二〇〇〇年代以後の障害学における理論的展開／転回―「言葉」と「物」、あるいは「理論」と「実践」の狭間で―」『共生学ジャーナル』五号、二二―四八頁。

内田みどり（一九九四）「私と「CP女の会」と箱根の小山」CP女の会編『おんなとして、CPとして』CPおんなの会発行、八―一六頁。

近藤と樋口の歩み

年数	世界・日本の動き	近藤の歩み	樋口の歩み
1935		誕生	
1937	日中戦争開始	2歳。母が家を出る。後に父再婚・継母に育てられる	
1941	太平洋戦争勃発		
1945	敗戦		
1946	恩給停止（一部残）		
1947	児童福祉法制定	12歳。父死亡、母は妹と実家へ。兄二人との暮らしが始まる	
1949	身体障害者福祉法制定	14歳。長兄が失踪。次兄は寮に。一人になる	
1950	（新）生活保護法制定		
1951		16歳。事故で脊髄損傷。車椅子の生活となる。病院に入院	誕生
1952			1歳半で脊椎性カリエスに
1953	恩給復活		

1954		19歳。国立別府保養所に移る	
1958			7歳。小学校入学
1960	身体障害者雇用促進法・知的障害者福祉法制定		
1961		26歳。中村裕医師と出会う	
1964	東京オリンピック・パラリンピック開催	29歳。東京パラリンピック出場。車椅子バスケットボール、アーチェリーなど6種目に参加	13歳。中学1年生。肢体不自由児施設へ入所
1965		30歳。日本タッパーウェア社に就職。ジャスティン・ダートとの出会い	14歳。施設でダート、近藤と出会う
1967		32歳。オリオン精密に就職 東京スポーツ愛好クラブ誕生	16歳。自宅に帰る
1968	東京都府中療育センター開設		17歳。高校入学
1970	社会福祉施設緊急整備5か年計画。青い芝の会を中心とした障害者運動が活気づく		
1971		36歳。結婚	20歳。結婚。大阪の大学に入学、そして退学
1972		37歳。輸出関連と車椅子オーダーメイドの会社で営業マンに	21歳。東京の大学に入学。
1973	第一次オイルショック。福祉の街づくり・車いす市民交流集会が仙台で開催	38歳。車いす市民交流集会参加	

年数	世界・日本の動き	近藤の歩み	樋口の歩み
1974		39歳。町田市・地方公務員となる。「福祉環境整備要綱」の作成に携わる	
1975		40歳。社会福祉法人身体障害者自立情報センター代表。障害者青年学級づくり。	24歳。社会福祉法人障害者自立情報センターに勤務（1年間）
1976		41歳。町田市、在宅障害者訪問事業開始。自助具の展示開始。由美子との生活	25歳。町田市の非常勤職員。青年学級で活動。
1979	女性差別撤廃条約ができる。米・自立生活運動のリーダー来日		28歳。エド・ロバーツの話を新宿で聞く
1980		45歳。ひかり療育園開園	
1981	国際障害者年。ＤＰＩ世界会議開催	46歳。ＤＰＩ世界会議参加	30歳。エド・ロングと出会う
1982		47歳。町田市に家を建てる。婚姻届を提出	31歳。母が突然死去。非常勤から正規職員になる
1983	日米自立生活セミナー		32歳。自立生活セミナーに参加
1984			33歳。ダスキン愛の輪基金運動第4期生としてバークレーに研修へ
1985	第2回ＤＰＩ世界会議開催		34歳。5月〜8月、ジャスティン・ダートの家でインターン。第2回ＤＰＩ世界会議に参加

1986	障害基礎年金開始。八王子ヒューマンケア協会設立。ＤＰＩ女性障害者ネットワーク設立		35歳。八王子ヒューマンケア協会に参加。ＤＰＩ女性障害者ネットワークを設立
1987			36歳。自立生活体験・海外旅行の企画・実施
1989		54歳。町田ヒューマンネットワーク立ち上げ	38歳。ヒューマンケア協会に参加。ＤＰＩ女性障害者ネットワークを設立
1991	（米）ＡＤＡ（障害を持つアメリカ人法）制定		40歳。障害児・者と旅を企画しアメリカへ。全国自立生活センター協議会発足、副代表に
1993			42歳。子宮摘出事件（岡山）に反対
1994	世界人口開発会議（カイロ）		
1995	世界女性会議（北京）、精神障害者保健福祉法制定		44歳。町田市議に当選
1996	優生保護法改正	61歳。市町村障害者生活支援事業で全国へ	
1997		62歳。町田市障害者計画策定委員会委員	46歳。日米障害者自立生活セミナー開催
1998		63歳。町田市障害者計画策定	
2000	介護保険法制定	65歳。町田市介護認定調査会委員	49歳。障害者ケアマネジメント検討委員会委員（～２００２年）
2001			50歳。全国自立生活センター協議会代表辞任。参議院議員選挙に立候補。

年数	世界・日本の動き	近藤の歩み	樋口の歩み
2002	第6回ＤＰＩ世界会議（札幌）		51歳。スタジオーＬ文京代表に。事故で大けが。
2006	障害者自立支援法制定		
2007		72歳。高知へ引っ越し	56歳。高知へ引っ越し
2009	民主党政権	74歳。安芸市で福祉講座を開催	58歳。安芸市で福祉講座開催
2010		75歳。観光地でバリアフリーチェック	59歳。観光地でバリアフリーチェック
2011	東日本大震災	76歳。土佐の太平洋高気圧設立。タウンミーティング実施（鈴木絹江さんを招く）	60歳。土佐の太平洋高気圧設立。タウンミーティング実施（鈴木絹江さんを招く）
2012	民主党政権終了		
2013	障害者総合支援法制定		
2016	相模原障害者殺傷事件		
2021	東京２０２０オリンピック・パラリンピック開催		

田中恵美子（たなか・えみこ）
日本女子大学大学院にて社会福祉学を専攻。その間、障害者団体にて介助等経験。障害学と出会い、研究を継続。現在、東京家政大学人文学部で主に障害分野を担当。研究テーマは、知的を含む障害者の「自立生活」、障害のある親の結婚・子育て支援等。支援者らとのオンライン・サロンや執筆等を通して障害者の地域での自立生活の可能性について発信中。

障《しょう》がいを恵《めぐ》みとして、社会《しゃかい》を創《つく》る
——近藤秀夫《こんどうひでお》と樋口恵子《ひぐちけいこ》

二〇二三年十月十二日　第一版第一刷発行

編著者　田中恵美子
発行者　菊地泰博
発行所　株式会社現代書館
東京都千代田区飯田橋三—二—五
郵便番号　102-0072
電　話　03（3221）1321
FAX　03（3262）5906
振　替　00120-3-83725

組　版　プロ・アート
印刷所　平河工業社（本文）
東光印刷所（カバー）
製本所　積信堂
装　幀　大森裕二

校正協力・川平いつ子

 ISBN978-4-7684-3599-1
定価はカバーに表示してあります。乱丁・落丁本はおとりかえいたします。
http://www.gendaishokan.co.jp/

活字で利用できない方のための
テキストデータ請求券
『障がいを恵みとして、社会を創る』